SABIDURÍA ANTIGUA PARA UNA NUEVA ERA

Una Guía Práctica para el Crecimiento Espiritual

Terry Hunt y Paul Benedict

Traducido por Fred Fernández Coll

Un libro publicado por Twin Star Nexus — Las Vegas, Nevada

Copyright 2012 Terry Hunt y Paul Benedict

Traducido del inglés por Fred Fernández Coll
Diseño de libro: Paul Rippens
Diseño de portada: Paul Rippens

La imagen en la portada es la de un cuadro, *El Mensajero*, pintado por Nicholas Roerich en 1922 en homenaje a Helena Blavatsky.

Todos derechos reservados. Es prohibida la reproducción, transmisión, y grabación total o parcial en cualquier forma, sin previo permiso de la editorial, salvo breves pasajes en una crítica.

ISBN 978-0-9856256-3-4

Sabiduría Antigua para una Nueva Era

"¿Quiénes somos? ¿Cuál es el propósito de nuestra vida? ¿Cómo podemos desarrollar nuestras potencialidades? *Sabiduría Antigua para una Nueva Era* fue escrito para asistir al lector en esta búsqueda. En sus páginas, el estudiante encontrará una exposición moderna de la Sabiduría Antigua, a la vez profunda y clara, explorando de un modo serio y honesto la naturaleza del hombre y de la vida; de Dios y del cosmos. Para que el conocimiento se convierta en sabiduría es necesario llevar a la práctica los conceptos adquiridos. Para ello, los autores de este libro ofrecen ejercicios y consejos prácticos que pueden ser aplicados en la vida diaria moderna por todo aquel que decida embarcarse en esta aventura de descubrimiento y transformación."

— Pablo Sender, PhD, autor de *Las Siete Dimensiones del Ser*

"He escuchado gente quejándose de que cuando nacieron no tuvieron una pauta para su desarrollo espiritual. Nunca es tarde, aquí lo tienen. Este libro es una 'Guía Práctica para su Crecimiento Espiritual'. En el primer capítulo los autores explican de manera excelente la migración de la consciencia desde el estado mineral hasta el de 'homo sapiens', en su largo camino de regreso a su origen espiritual; los subsiguientes capítulos forman un compendio de conocimientos prácticos aplicables a la vida moderna. Se lo recomiendo."

— Albert Amao, PhD, autor de *Beyond Conventional Wisdom*

"Este libro nos presenta con precisión y sencillez los principios que dan origen a las principales Tradiciones Sagradas de la Humanidad. Lo considero esencial para el buscador sincero ya que aquí podrá encontrar las herramientas necesarias para el conocimiento de sí mismo, para el conocimiento del SER en su forma prístina y esencial. Su lectura, entendimiento y prácticas irán desarrollando esa característica esencial humana, la intuición profunda, que nos permite vivir una vida más eficaz, confiada y clara incluso en los momentos más oscuros. Pero tal y como los autores indican, tú eres el que decides: 'o no hacemos nada diferente y simplemente continuamos como lo hemos hecho en el pasado, o podemos hacer el esfuerzo requerido para discernir como es que funciona la vida'."

— Fernando A. de Torrijos, ex Director Clínico de programas mindfulness en los departamentos de medicina y psiquiatría de la Escuela de Medicina de la Universidad de Massachusetts y Fundador de rebapinternacional.com

Hay un camino, empinado y espinoso,
acosado por peligros de toda clase,
pero es un camino,
y lleva al corazón mismo del Universo.

Puedo decirte cómo encontrar
a aquellos que te mostrarán la puerta secreta
que solo se abre hacia el interior,
y se cierra rápidamente para siempre
detrás del neófito.

No hay peligro
que un valor indómito no pueda conquistar.
No hay prueba
 que una pureza sin mancha no pueda atravesar.
No hay dificultad
que un fuerte intelecto no pueda superar.

Para aquellos que triunfan en su avance,
hay una recompensa más allá
de cuanto pueda decirse:
el poder de bendecir y de salvar a la humanidad.
Para quienes fallan,
hay otras vidas donde poder alcanzar el éxito.

— Helena P. Blavatsky

CONTENIDO

INTRODUCCIÓN   1

CAPÍTULO 1 – NUESTRO VIAJE ESPIRITUAL   3

   El Hijo Pródigo   3
   Migraciones   6
   Nuestro Viaje Espiritual   7
   La Jerarquía Espiritual   11
   Evolución Física y Evolución de Conciencia   15

CAPÍTULO 2 – LA EXPERIENCIA HUMANA   19

   El Juguete Mágico   19
   Los Juguetes Mágicos en Nuestras Vidas   22
   La Naturaleza del Alma   23
   Los Niveles de Conciencia   26
   La Constitución Humana   28

CAPÍTULO 3 – EL ALMA HUMANA   33

   Fe   33
   Verdad y Verdad Absoluta   36
   Iluminación   37
   La Naturaleza del Alma Humana   42

CAPÍTULO 4 - REENCARNACIÓN   51

   El Sueño Recurrente   51
   El Período después de la Muerte   59
   Muertes Accidentales y Violentas   60
   Devachan   68

CAPÍTULO 5 – MÁS ALLÁ DEL REINO HUMANO   71

   Nuestra Meta Como Seres Humanos   71
   Los Adeptos   79
   El Discipulado en la Nueva Era   83
   Valor Indómito   88
   Pureza sin Mancha   89
   Fuerte Intelecto   92

Kriyāśakti   99

CAPÍTULO 6 – LA NATURALEZA DE DIOS   103

Nuestro Concepto de Dios   103
Mitos y Leyendas   105
El Período Atlante   107
La Naturaleza del Mal   114
El Divino Arquitecto   118

CAPÍTULO 7 – LA LEY DE CAUSA Y EFECTO   123

Uno Cosecha Lo que Siembra   123
La Justicia Perfecta Gobierna al Mundo   130
¿Violencia o Paz Mundial?   132
Pasar Juicios   133
Hacer Elogios   135
Karma Grupal   142

CAPÍTULO 8 – LOS CICLOS DE VIDA   149

Según Es Arriba Es Abajo   149
El Ciclo Humano de Vida   153
Los Primeros Veinticinco Años   155
Los Segundos Veinticinco Años   157
Los Terceros Veinticinco Años   159
Los Ciclos de Siete Años   163

CAPÍTULO 9 – EL AHORA ETERNO   165

El Pasado Nunca Ocurrió   165
Un Caso de Memoria Defectuosa   167
Los Registros Akáshicos   170
Visión Remota   173
El Futuro Nunca Sucederá   177

CAPÍTULO 10 – CONTROL DEL PENSAMIENTO   181

Pensamientos   181
Tres Prácticas Espirituales   190
Meditación   190
Controlando la Mente Tipo Mono   194
Rāja Yoga   195

Las Escuelas de Yoga   196
Kuṇḍalinī Yoga   198
Nuestro Espacio Sagrado   202
Los Estados de Conciencia   203

CAPÍTULO 11 – NUESTRA PRÁCTICA ESPIRITUAL   211

Nuestra Práctica de Meditación   211
El Centro de Mi Universo   212
Conectarse con una Planta o un Árbol   213
Nuestro Diario Espiritual   214
La Caminata por la Naturaleza   215
Movimiento Ultralento   217
Visualización   218
Todos Pueden Leer Mis Pensamientos   223

CAPÍTULO 12 – EMOCIONES, ¿SON AMIGAS O ENEMIGAS?   225

La Mariposa Elusiva   225
El Poder del Pensamiento   233
¿La Vida Es Real o Irreal?   234
El Poder de las Emociones   235
Controlando las Emociones   237
Emociones Compuestas   239
Clarividencia   239

CAPÍTULO 13 – CÓMO LAS EMOCIONES NOS AFECTAN   247

Amor y Felicidad   247
Relaciones de Maltrato   249
Amor Incondicional   251
El Poder de la Tristeza   252
Gozo versus Felicidad   254
Almas Gemelas   255
La Casa a la Vera del Camino   257
El Relato de la Estrella de Mar   261
Preocupación   266
La Adicción al Drama   271

CAPÍTULO 14 – EL SENDERO ESPIRITUAL   275

   Solo Podemos Salvar a Una Persona   275
   El Sexo y el Sendero Espiritual   279
   Etapas Tempranas del Desarrollo Humano   286
   Honestidad   291
   El Fin No Justifica los Medios   294
   La Ética y el Aspirante Espiritual   294
   La Ley de Atracción   297

CAPÍTULO 15 – LA COMPASIÓN DE LOS
   NIRMĀNAKĀYAS   301

   El Propósito de Este Libro   301
   Afirmaciones   303
   Vegetarianismo   306
   El Ayuno   306
   Gerencia   308
   Dar   309
   Compasión   310
   Los Dos Portales   311
   Resumiendo   312

GLOSARIO   315

BIBLIOGRAFÍA   355

ÍNDICE   360

DIAGRAMAS

   El Continuo de Espíritu y Materia   30
   Cuerpo – Alma – Espíritu   30
   La Constitución Humana   31
   Los Planos de Nuestro Sistema Solar   31

PRÓLOGO A LA EDICIÓN EN ESPAÑOL

Cuando por vía del coautor de este libro, el señor Terry Hunt, surgió la posibilidad de traducir el mismo al español, acepté inmediatamente. Visualicé que podía contribuir en algo con mis hermanos de habla hispana a poder acceder al material que en este libro se presenta.

El que los seres humanos hagamos un esfuerzo por contactar nuestra alma o Yo Superior de forma consciente, debería formar parte de un proceso de vida. El que en estos momentos nosotros consideremos al alma como algo abstracto e inasequible conscientemente se debe a que, para manifestarse en el mundo de las formas como parte del proceso de evolución de la Vida, nuestro Ser se bifurca en dos conciencias; una superior de la cual no nos percatamos aún y que es patrimonio de nuestra alma, y una inferior de la cual sí nos percatamos y que nos permite animar una forma física de manera inteligente, constituyendo así una personalidad integrada por los cuerpos mental inferior, astral y físico. Como consecuencia de este proceso natural, la conciencia inferior de nuestro Ser se ha identificado con esta personalidad, que no es otra cosa que el vehículo creado para obtener conocimiento y experiencia en estos tres planos inferiores, a tal punto que nos hemos creído que nosotros somos nuestros pensamientos, nuestras emociones y nuestro cuerpo físico. El comprender que ello es así, y el estar convencido de la necesidad de transformar esto, sienta las bases para un desarrollo espiritual. Tal desarrollo podemos entenderlo como el tener la capacidad de percatarse de las realidades existentes en los planos superiores y funcionar allí inteligentemente. Para lograr esto, primero debemos experimentar y aprender lo pertinente a los planos inferiores. Cuando este proceso haya culminado, nos liberamos de la necesidad de encarnar y solo así podremos convertirnos en Maestros de Sabiduría y pasar a la próxima etapa en la evolución de la Vida.

Espero muy sinceramente que el contenido de este libro ayude a toda persona que con honestidad quiera superarse espiritualmente y esté dispuesta a hollar el sendero requerido para ello. Los conocimientos que quieren comunicar los autores de esta obra son producto de seres que poseen un adelanto espiritual. La información que nos ofrecen nos puede ayudar a ir rompiendo de forma consciente con la dualidad de conciencias que forma parte de nuestra naturaleza humana actual, de forma que podamos eventualmente fusionarlas ambas en una sola unidad de conciencia expandida con capacidad de acción en los planos superiores.

Bien convendría a los lectores de esta obra el conceder credibilidad a lo que en ella se expone. El que esto se haga no constituye una solicitud de mi parte para que se le otorgue infalibilidad a los autores, sino una exhortación a la apertura de mente que faculte la captación de realidades de las cuales quizás en estos momentos no nos percatamos.

Fred Fernández Coll
Caguas, Puerto Rico
abril de 2013

RECONOCIMIENTOS

Un libro de esta índole requiere ayuda de varias clases. Somos muy agradecidos por todos aquellos que la proporcionaron. A Eugene Godina, le agradecemos su aliento incansable. Su apoyo fue crítico en crear este libro.

Paul Rippens ha sido una ayuda inmensa. Apreciamos su talento en artes gráficas y su trabajo benevolente para hacer de nuestro sueño una realidad.

Janet Kerschner, archivista en el Olcott Library and Research Center, nos proporcionó ayuda y consejos expertos durante el proceso de producción.

No hay palabras adecuadas para expresar nuestra gratitud a Fred Fernández Coll. Recibimos su oferta de hacer la traducción en español antes de haber comenzado a escribir el libro en inglés. Su conocimiento de las enseñanzas de la Sabiduría Antigua y su amor por la humanidad le permitieron lograr una traducción que sobrepasa la perfección. Él tendrá por siempre nuestra profunda gratitud.

Recibimos mucha ayuda de enseñantes en otros niveles de conciencia. A esos individuos sin ver y sin nombrar quedamos profundamente agradecidos.

INTRODUCCIÓN

No hay nada nuevo en este libro. Como cuestión de hecho, la mayor parte de la información contenida aquí proviene de publicaciones que han estado disponibles por muchos años, en algunos casos por más de cien. A pesar de que la información no es nueva, sí hay algo diferente en este libro y es su enfoque. No empece a que la mayoría de los libros que sirvieron de referencia para este contenían una cantidad impresionante de información, pocos de ellos incluían sugerencias prácticas en cuanto a la aplicación de esa información en nuestras vidas cotidianas, especialmente para el siglo veintiuno.

En este libro hay algo para todo el mundo, condicionado a que el lector tenga una mente abierta y esté dispuesto a aprender una forma nueva de ver la vida. El que esté buscando la clave de la felicidad no la va a encontrar aquí, la misma no existe. En vez de esto, el lector podrá encontrar en este libro la fórmula para sentirse satisfecho e inclusive podrá encontrar la clave hacia la vida eterna, pero queden advertidos, el precio a pagar es elevado y no traerá consigo ni la fama ni la fortuna.

La persona que esté buscando tres pasos fáciles a seguir para alcanzar la iluminación tendrá que buscar en otro lugar. El que esté impaciente en su deseo por lograr crecimiento espiritual, se topará solo con frustración. Por el contrario, la persona que esté dispuesta a tomar las cosas un paso a la vez y a moverse hacia el frente de forma firme y silenciosa en su búsqueda por el entendimiento, entonces tal persona es el tipo de estudiante que podrá beneficiarse al máximo del material contenido en este libro.

Toda criatura en el mundo, ya bien sea un dondiego de día, un colibrí, un tigre o un humano, tiene una meta solamente y es entender cómo es que la vida funciona. La pena y el sufrimiento que experimentamos se deben a que todavía no comprendemos y, si hemos comprendido los conceptos, todavía no los hemos aplicado en nuestra vida.

Nosotros los autores de este libro no tenemos todas las respuestas e inclusive nosotros mismos no entendemos a la perfección todos los conceptos presentados aquí. Sin embargo, hemos concertado esfuerzos para ser lo más precisos posible y en ser honestos en nuestra presentación. Hemos construido sobre los cimientos que han dejado otros que vinieron antes que nosotros. A lo largo del camino surgirán otros instructores que traerán consigo información más precisa y más útil que la que tenemos al presente.

No todo el mundo entenderá o estará de acuerdo con todo lo que nosotros enseñamos. Esta es la forma en que deben ser las cosas. El lector debe enfocarse en aquellas cosas que le lleguen al corazón y le suenen a verdad, y dejar a un lado cualquier cosa que no comprenda o con lo cual no esté de acuerdo.

Instamos a las personas a ser tolerantes con sus compañeros viajantes en el sendero. El sendero no es uno fácil de hollar, y es nuestra responsabilidad inspirar a las personas y brindar asistencia en todo lo que podamos, en especial cuando nuestros hermanos caen. Sean bondadosos con ustedes mismos cuando fallen en vivir de acuerdo a su máximo potencial. Cada vez que tropiecen, levántense y continúen hacia delante sin flaquear nunca en su determinación de llegar a la meta.

Capítulo 1

NUESTRO VIAJE ESPIRITUAL

> Así como un halcón o un águila, habiendo volado en las alturas y preso del cansancio, bate sus alas de regreso a su nido, así mismo el alma, habiendo experimentado lo fenomenal, regresa hacia dentro de sí misma en donde puede dormir más allá de todos los deseos y de todos los sueños.
>
> *Brihadaranyaka Upanishad I*

EL HIJO PRÓDIGO

Érase una vez, en una tierra muy, muy lejana, una familia muy acaudalada. Poseían muchas tierras y animales, y mucho oro, plata y joyas de gran valor. Había muchos sirvientes que velaban por las propiedades vastas de la familia.

Un día, el hijo menor vino hacia su padre y le dijo: "Padre, he estado pensando. Toda mi vida he estado aquí en el hogar. Tengo todo lo que pudiera desear en la vida, pero siento que falta algo. Existe todo un mundo allá afuera que nunca he visto. Quisiera emprender un viaje para ver lo que hay allá afuera y lo que me he estado perdiendo. Pero necesito algún dinero para cubrir los costos del viaje. ¿Estarías tú dispuesto a darme la parte que me corresponde de la herencia, de manera que pueda yo llevar a cabo esta aventura?"

El padre era muy sabio y consintió, sabiendo que la experiencia que su hijo adquiriría saliendo hacia el mundo sería algo que jamás obtendría quedándose en casa. "Hijo mío, lo haré", le contestó el padre, "Te daré tu parte de la fortuna familiar para ayudarte en tu aventura. Ve y experimenta todo lo que hay allá afuera. De seguro que te hará una persona más fuerte y sabia. Te extrañaremos mucho y pensaremos en ti todos los días. Si deseas regresar, siempre serás bienvenido".

El hijo partió con su parte de la fortuna familiar. Cada vez que llegaba a un pueblo o villa, hacía amigos nuevos y los agasajaba financiando festejos espléndidos. Experimentaba las mejores cosas que la vida podía ofrecer y se regocijaba en los placeres y deseos recién descubiertos. Cada vez que se sentía aburrido con un grupo de amigos, emprendía viaje nuevamente, conocía amigos nuevos y tenía nuevas experiencias. Esto lo hizo hasta que se encontró muy lejos del hogar y su vida anterior se convirtió en un recuerdo lejano.

Un día en que el hijo introdujo su mano en el bolsillo para extraer dinero para pagar por su cena, descubrió que éste se había terminado. Había gastado toda su fortuna y ahora se encontraba desprovisto. "¿Qué haré ahora?", pensó. "Nunca he tenido que trabajar un solo día en mi vida. No sé ni tan siquiera cómo trabajar".

Siguió su marcha y dondequiera que iba se ofrecía para trabajar a cambio de alimento, pero nadie quería ocupar a una persona de su edad que nunca había trabajado antes. Finalmente, logró conseguir un empleo alimentando cerdos. Era un trabajo repugnante, pero no tenía otra opción, así que aprendió a tolerar el trabajo arduo y los malos olores. Había días en que no tenía alimentos y su estómago se quejaba, y hubiera ingerido gustosamente la bazofia que estaba repartiendo a los cerdos.

Una noche tuvo un sueño. En este vio su hogar, sus padres y hermanos, y vio lo mucho que ellos lo extrañaban. Él casi se había olvidado de ellos, ¡había pasado tanto tiempo desde su partida! Cuando despertó, sus ojos estaban húmedos por el llanto. En ese momento tomó la decisión de regresar a su hogar, no empece el tipo de recibimiento que pudiere recibir.

Lentamente repasó los pasos andados, muchas veces pasando por los pueblos y villas que había visto antes. Con frecuencia se encontraba con las mismas personas que habían sido sus amigos, pero éstas parecían no reconocerlo. Ya no era el joven guapo y rico que habían conocido, y ellos no tenían tiempo para alguien que era pobre. Hubo veces que dormía en el bosque, rodeado por lobos que aullaban y por otras criaturas de la noche. Pero él no temía. Ya tenía mucha experiencia en cómo era que funcionaba el mundo y las cosas y sabía cómo protegerse de los animales salvajes.

Luego de viajar muchos meses, un día reconoció al fin los lindes de la propiedad de su familia. Su corazón palpitó con expectación y temor a medida que caminaba hacia el hogar que había abandonado tanto tiempo atrás. Alguien salía a recibirlo y era su padre, al cual no había visto en muchos años. Su padre lo abrazó con cariño y dirigiéndose a uno de los sirvientes le dijo "Ve y mata al becerro más gordo que tengamos, y prepara una fiesta para mi hijo".

Al escuchar esto, el otro hijo enfureció. "No puedo creer esto", dijo. "Este hijo tuyo haragán e inútil, que despilfarró su parte de nuestra fortuna familiar, regresa ahora sin rendir ninguna cuenta por lo que hizo. En cambio, yo me quedé aquí todo el tiempo y tú nunca hiciste una fiesta para mí. Esto es injusto".

El padre se volvió hacia él sin la más mínima señal de enojo y le dijo: "Siempre he estimado y agradecido todo lo que has hecho y eres muy apreciado para mí, pero mi hijo, el cual había perdido, ha regresado. Es entonces propio y adecuado que nos regocijemos y demos la bienvenida a su regreso".

¿Cuál de estos hijos está más capacitado para administrar la hacienda del padre cuando llegue el momento de entregar esta a un miembro de la familia? El padre, siendo muy sabio, reconoció el inmenso valor que tenía la experiencia que su hijo menor había adquirido. Aquí había una persona que comprendía los problemas de la vida y podía apreciar las adversidades que vivían las personas que no eran tan pudientes como ellos. Este hijo podía entender y apreciar a los animales, los cuales constituían una gran parte de la fortuna familiar. Él se había sobrepuesto a grandes dificultades y había aprendido lecciones de vida muy valiosas mientras estuvo fuera del hogar. Esta era una persona en la cual se podía confiar para que condujera una gobernanza de la hacienda con cuidado y consideración para con todas las partes involucradas, tanto humanas como animales y el cual podía ser su sucesor de confianza.

MIGRACIONES

Existen unos hechos sorprendentes con relación a la migración de los animales. Por ejemplo, hay un tipo de mariposa anaranjada y negra, llamada mariposa monarca, que vive durante el verano en las latitudes del norte, pero se ve precisada a migrar hacia climas más cálidos en el sureste de los Estados Unidos o de México. Lo que resulta poco usual acerca de esta mariposa es que ninguna de ellas en su plano individual efectúa la jornada migratoria en su totalidad. El largo de vida de estas mariposas es tan corto que nacen y mueren generaciones múltiples de ellas durante la travesía. ¿Cómo es que una bandada de mariposas, ninguna de las cuales ha completado jamás el viaje en su totalidad, puede encontrar el camino sin equivocarse? Este es uno de los grandes misterios de la naturaleza. Quizás la conciencia de una mariposa moribunda se transfiere a la larva que luego se convertirá en oruga.

La golondrina del ártico ostenta la marca para la migración a larga distancia. Todos los años estas golondrinas completan un viaje ida y vuelta del ártico al antártico. Cada pequeño pájaro vuela más de 44,000 millas al año, y ni siquiera reciben un bono de millas por ser un viajero frecuente. Dado que la golondrina del ártico puede vivir más de 30 años, en su vida habrá volado más de 1.3 millones de millas, cantidad equivalente a tres viajes ida y vuelta a la luna.

Nosotros también nos encontramos en una gran migración. Nosotros también hemos abandonado nuestro hogar ancestral hace mucho, mucho tiempo, para de esta manera adquirir experiencia en el mundo de las formas. Nosotros también estamos efectuando nuestro camino de retorno al hogar, en muchos casos con solo un recuerdo vago de hacia dónde es que nos dirigimos y cuál es el camino para llegar allí.

NUESTRO VIAJE ESPIRITUAL

Nuestra migración es más increíble aun que la de los animales. Nosotros comenzamos dicha migración desde nuestro hogar espiritual ancestral hace ya una cantidad de tiempo tan larga que resulta indeterminada. Desde esa época, la conciencia que utiliza a nuestro cuerpo humano en la actualidad ha pasado por transformaciones innumerables, experimentando así niveles de desarrollo incalculables. En la parte de nuestro viaje correspondiente a la partida, experimentamos no solo varios niveles de existencia entre lo más elevado espiritualmente hasta lo más denso en términos físicos, sino que también experimentamos la conciencia en diferentes formas: mineral, vegetal, animal y ahora humana. Es importante que tengamos presente que cuando hablamos de formas, no son necesariamente formas físicas. Las formas pueden existir también en materia que sea menos densa que la física, tal y como veremos más adelante.

Durante millones de años en el reino mineral, esta conciencia experimentó mayormente un sentido de presión. Los minerales que existen en la actualidad en nuestro planeta, experimentan no solo presiones tremendas, sino que también temperaturas extremadamente elevadas, en muchos casos tan intensas que cambian los enlaces químicos. Por ejemplo, los átomos de carbono, por medio de grandes presiones y calor, se transforman en diamantes. Esta transformación sorprendente es simbólica de una transformación aun mayor que ocurre a lo largo de extensos períodos de tiempo. La conciencia que en la actualidad experimenta la vida a través de cuerpos físicos humanos aquí en la Tierra, experimentó el equivalente a la etapa mineral hace mucho tiempo atrás, en una forma que pudo haber sido muy diferente de la del reino mineral actual.

La experiencia adquirida en el reino mineral es pequeña si la comparamos con la adquirida en otros reinos. Además de calor y presión, los minerales, cuando se encuentran en la superficie del planeta, experimentan también la luz solar, el viento y la lluvia. Este es el comienzo de nuestra experiencia con las sensaciones físicas. La experiencia que nuestra conciencia adquirió en el reino mineral fue mucho menor a esto, mayormente un sentido vago de existencia y una sensación de presión. Los ejemplos más excelsos del reino mineral en la actualidad lo componen las piedras preciosas y semipreciosas: diamantes, rubíes, zafiros, esmeraldas y muchas otras.

La etapa de conciencia subsiguiente nos llevó a realizar varias experiencias en el reino vegetal En términos de tiempo terrestre, el período al que nos referimos como las etapas mineral y vegetal, es tan extenso como para ser inconmensurable por nuestro sistema de medición de tiempo. De todas formas, en estos otros niveles de existencia el tiempo no se puede medir de la forma en que este se mide en el mundo físico.

Las plantas primitivas existentes en esta Tierra física eran organismos unicelulares similares a las algas. Estas, a su vez, comenzaron a desarrollarse en versiones más complejas y finalmente migraron a vivir en tierra firme. Las primeras plantas terrestres, las cuales aparecieron alrededor de 480 millones de años atrás, eran similares a los musgos y plantas relacionadas modernas. Ellas no tenían sistemas para conducir agua, por lo que tenían que mantenerse cerca de los abastos de este líquido.

Una vez las plantas desarrollaron sistemas vasculares, estas podían vivir más alejadas de los abastos de agua. Ellas desarrollaron esporas como medio de propagación. Más adelante, surgieron plantas con tejido leñoso ramificado y aparecieron entonces pequeños arbustos. A lo largo de períodos de tiempo extensos, estas plantas se desarrollaron en los magníficos bosques de árboles tanto de hoja perenne como de hoja caduca que conocemos actualmente. Eventualmente las plantas comenzaron a producir semillas. Las plantas productoras de flores fueron de entre las últimas en desarrollarse, asistido esto por la aparición de abejas y otros insectos que ayudaron con el proceso de polinización. De hecho, las flores, junto con los grandes árboles, representan la culminación del reino vegetal. Los miembros más avanzados del reino vegetal tienen una relación muy cercana con el reino animal, proveyendo lugar para anidaje y alimento a muchos pájaros, varios mamíferos y numerosos insectos. Las plantas tienen la capacidad de absorber minerales directamente de la tierra a través del sistema de raíces que han desarrollado.

¿Cuál es la experiencia en el reino vegetal en la actualidad? Las plantas han aprendido técnicas de sobrevivencia y de reproducción, así como que han logrado adaptarse a condiciones del tiempo, cambios climatológicos y variaciones de estaciones. Las plantas producen feromonas para atraer insectos polinizantes e inclusive las utilizan para comunicarse entre sí. Ellas han aprendido a tener un sentido de comunidad y de interrelación. El reino vegetal experimenta lo que es el nacimiento, desarrollo, reproducción, deterioro y muerte. Podemos decir que el reino vegetal es el más exitoso de los reinos en la Tierra. Debido a su capacidad de transformar la energía del sol en alimento mediante el proceso de fotosíntesis, ninguna vida animal o humana puede existir en forma física sin las plantas.

Una vez la vida que mora en el interior ha llegado a determinado nivel de conciencia dentro del reino vegetal, comienza su transición hacia el reino animal conforme una nueva vida incipiente va insuflando los rangos más bajos del reino vegetal, desplazando las otras vidas hacia arriba en el escalafón para que estas hagan uso de las formas más complejas que están siendo creadas constantemente. Esta es una de las leyes de la naturaleza; a medida que ocurre crecimiento y desarrollo espiritual, aquel que inició el crecimiento se mueve hacia arriba en la escala y automáticamente sube a otros detrás de sí. Como dijo Jesús, "Yo, si fuese levantado, atraería a todos los seres humanos hacia mí". La naturaleza nunca reinventa la rueda. Este es el mismo método que se ha venido usando por tiempo inconmensurable en otros sistemas aparte del nuestro. Aunque el proceso luce como increíblemente lento, tomando miles de millones o millones de millones de años, sabemos que los conceptos de tiempo y espacio son en realidad una ilusión. Parecen ser reales para nosotros aquí en la Tierra, pero en otros niveles de conciencia dichos conceptos son desconocidos.

El reino animal ha creado formas aún más complejas para que la vida que mora en el interior las utilice en su experimentación del mundo exterior. No olvidemos que nuestra conciencia no existe en el plano físico únicamente, sino que también existe en otros planos de experiencia, los cuales poseen tasas vibracionales más sutiles a las que estamos acostumbrados en el plano físico. A medida que vamos consolidando en nosotros las vibraciones más burdas correspondientes al plano físico, vamos perdiendo capacidad de percatarnos de las frecuencias vibracionales más elevadas. Sin embargo, esto no debe ser motivo de preocupación. Así es la forma en que la naturaleza opera. Recuperaremos la conciencia a esos niveles más elevados una vez hayamos logrado la experiencia necesaria en este nivel de conciencia más bajo. Entonces comenzaremos el proceso consciente de regreso a la Fuente de Origen.

Resulta fácil maravillarnos ante las complejidades del reino animal. Las variedades de formas que existen allí y los instintos y hábitos que observamos en los distintos animales nos parecen milagrosos. ¿Cómo criaturas que se desarrollaron de los reptiles adquirieron la habilidad de volar por los aires? ¿Cómo es que los animales migran de forma infalible a lo largo de miles de millas? Tomando en consideración la gran variedad de animales, tanto extintos como existentes, que se han desarrollado a lo largo de millones de años, no podemos menos que admitir que la naturaleza posee unas habilidades que aturden. Los dinosaurios gigantescos y las criaturas acuáticas enormes que habitaron la Tierra en un momento, continúan produciendo asombro y admiración entre niños y adultos por igual.

LA JERARQUÍA ESPIRITUAL

La pregunta de si todo este desarrollo prosigue por su cuenta de forma fortuita y por selección natural o si existe intervención divina, ha constituido un tema de debate por muchos años. Aunque la naturaleza es maravillosa en sus habilidades naturales, también incluye dentro de sí a una Jerarquía Espiritual que asiste en el proceso. Esta Jerarquía Espiritual la componen una variedad de individuos casi infinita, algunos con un nivel de conciencia menor al humano y muchos con niveles de conciencia muy superior al humano. Cada uno de los miembros de esta Jerarquía ha pasado, o pasará, por la etapa humana de conciencia. Esta Jerarquía Espiritual no tiene necesidad de recurrir, en los diversos reinos existentes, a métodos de creación "mágicos". La "magia" que utilizan consiste en las leyes normales de la naturaleza, las cuales ellos siguen y obedecen de forma escrupulosa. Este es el significado del adagio traducido del inglés literalmente como que *Dios geometriza*. Todo se desarrolla y crece conforme la ley natural, con la vigilancia esmerada de aquellos que están llevando a cabo dicha creación.

¿Qué es lo que se aprende en nuestra residencia temporal en el reino animal? Resulta que los animales han aprendido mucho. Aprendieron acerca de la locomoción, la habilidad de nadar, caminar o volar y moverse a voluntad. Los animales experimentan el sexo y el placer que va de la mano. También han aprendido lo que son los celos y la determinación de repeler a aquellos otros que tengan la intención de arrebatarle su pareja o parejas sexuales. Una de las cosas aprendidas es un sentido muy fuerte de identidad propia, o sea el ego. El ego personal es muy débil en animales que funcionan como un grupo coherente, tal como una escuela de peces o una bandada de pájaros, pero a medida que la conciencia va escalando en la evolución animal, el ego se vuelve cada vez más fuerte. Surgen el macho y la hembra alfa y se establece una jerarquía. Esto se desarrolla de forma natural como un mecanismo para asegurar que los animales más fuertes tuvieran la mayor posibilidad de sobrevivir y reproducirse. Por este medio, el grupo como un todo tendría mayor posibilidad de sobrevivencia. Es interesante notar que nosotros también recuperaremos este sentido de *conciencia de grupo*, en donde cada miembro del grupo podrá acceder todo el conocimiento y experiencia de todos los otros miembros del mismo. Para algunas personas adelantadas, esto ya ha comenzado a ocurrir. Para otros, esto ocurrirá en el futuro distante aún.

¿Cómo es que una gacela nacida en la sabana africana aprende en pocas horas, no solo a caminar, sino a correr? Resulta obvio que esta capacidad es crucial para la sobrevivencia de la especie, pero eso no explica cómo es que puede suceder. No importa si hablamos de un geranio, una mariposa, una gacela o un ser humano, estamos todos conectados en varios niveles con todas las criaturas, pero en especial con aquellas de nuestra misma especie y en particular con ese grupo específico cuyos miembros viajan juntos en esta travesía espiritual, todos los cuales están aproximadamente en el mismo nivel de desarrollo.

Los animales han aprendido a criar y cuidar a su prole, con frecuencia por períodos de tiempo prolongados. Ellos forman familias y comunidades, muchas veces de gran tamaño. Los animales tienen un sentido fuerte de pertenencia al grupo, y ello constituye una parte primordial de su identidad. El estar separado del grupo y vivir en aislamiento resulta comúnmente en el peor destino que un animal pudiera tener.

El instinto de pelear o huir ha sido muy bien aprendido por los animales, así como muchas otras emociones como el miedo, la ira, los celos, la venganza, el afecto y la satisfacción. Los animales han aprendido a pelear por su propia vida, así como para proteger a los miembros de su familia que llevan sus mismos genes, y también por el bienestar de la bandada o manada a la cual pertenecen. Cada miembro tiene que trabajar en conjunto con el resto de la comunidad. No se tolera la insubordinación ni ninguna otra actividad que vaya en contra del bienestar de la comunidad. Aquellos que entren en este comportamiento son castigados y con frecuencia matados. El bienestar del grupo es mucho más importante que los deseos de cualquier individuo.

¿Hemos pasado en realidad por todos los niveles de conciencia que usted describe?

Uno como individuo no. Sin embargo, la conciencia que obra en la actualidad en nuestro cuerpo humano, y más importante aún en nuestra alma humana, ha recorrido todos estos niveles variados de conciencia. Aun cuando sea algo difícil de comprender, nuestra conciencia no ha estado siempre en el nivel físico tal y como lo conocemos en nuestra vida diaria. Existen varios niveles de conciencia, los cuales discutiremos en mayor detalle más adelante. Lo importante es que mantengamos presente que la naturaleza del Espíritu es el crecimiento y que esto ocurre por medio de la expansión de conciencia. Como reza un antiguo adagio Cabalístico, "El aliento (ātma) se convierte en piedra; la piedra en planta; la planta en animal; el animal en ser humano; el ser humano en espíritu; y el espíritu en un dios".

Es casi imposible concebir que una planta exista en el plano de las emociones o del pensamiento, mas sin embargo sí ocurre. La dificultad surge como resultado de nuestra identificación con las formas físicas de las cosas. Una vez nos adiestremos en ver todo como campos de energía y en patrones de energía que se interconectan, el asunto sí cobra sentido. Podremos entonces reconocer que cada paquete de energía espiritual debe experimentar todos los niveles de conciencia, comenzando por el primer paso. Esta transformación, tal y como la hemos estipulado, requiere de períodos de tiempo inmensos. Sin embargo no debemos preocuparnos, ya que tenemos todo el tiempo que sea necesario, y además, no existe ni el pasado ni el futuro, solo el Eterno Ahora.

Nos resulta apropiado examinar cuidadosamente la naturaleza del reino animal. ¿Por qué? Porque los cuerpos que habitamos en la actualidad fueron desarrollados del reino animal y llevan dentro de sí muchos de los instintos que fueron surgiendo durante la fase animal de la evolución. Tenemos todavía dentro mucho de naturaleza animal. Solo tenemos que observar el instinto de manada de muchas personas y la forma en que grupos étnicos y religiosos tratan de obligar a sus miembros a cumplir con sus patrones de conducta grupales. Aún hoy, existen culturas en donde ciertas actividades que no cumplen con los patrones grupales son castigables con la muerte.

Conozco a muchas personas que han retenido en definitiva mucho de sus características animales, como la agresividad, la desconfianza y la avaricia.

En algunos aspectos no hemos progresado mucho a partir de nuestras raíces animales, pero en otros aspectos sí. La gran diferencia entre la conciencia animal y la humana estriba en que nuestra mente se ha desarrollado muy por encima de la del animal. De hecho ese es el rasgo más importante que nos separa, la habilidad de pensar en patrones complejos, el planificar y ejecutar dichos planes, el proyectar y construir. Los seres humanos tenemos libre albedrío, poseemos la capacidad de tomar decisiones y afectar nuestro propio destino, cosa que no existe en ninguno de los reinos inferiores. Este libre albedrío trae consigo responsabilidades añadidas. Dado que ahora no dependemos en los instintos naturales únicamente, pues hemos adquirido injerencia en determinar cómo vivimos y qué hacemos con esta habilidad maravillosa de pensar, ahora nosotros somos responsables por nuestras decisiones. Hemos entrado en el reino del karma, algo que no existía en los reinos animal, vegetal y mineral, al menos no de la misma manera que existe en el reino humano. Ahora somos responsables por todos nuestros pensamientos y emociones.

El karma es el resultado de haber adquirido el rango de cocreador. Nosotros ahora tenemos la capacidad de crear usando nuestras habilidades de pensamiento. Un artista concibe en su mente la imagen antes de que esta aparezca en el lienzo o en la piedra. El escritor crea en su mente la frase o el concepto antes de que este aparezca sobre el papel. Con todas estas habilidades añadidas surge también la responsabilidad añadida. El karma es la ley natural que conecta toda acción creadora con el resultado que esta produzca. La causa produce un efecto. Nosotros, como creadores de la causa, hemos creado también el efecto, aun cuando no veamos este de inmediato. El karma, visto desde una perspectiva diferente, mantiene una presión sobre nosotros, a veces sutil a veces no, la cual siempre nos guía en la misma dirección en la que obra la ley natural. Mientras más nos alejemos de la ley natural, mayor será la intensidad de la presión para traernos de vuelta a la dirección correcta.

EVOLUCIÓN FÍSICA Y EVOLUCIÓN DE CONCIENCIA

Las teorías sobre la evolución que tiene la ciencia se enfocan en un aspecto limitado de la misma. De hecho, existen tres tipos de evolución diferentes ocurriendo en todo momento: la evolución del espíritu, la de la conciencia y la de la forma física. Las formas físicas que están evolucionando continuamente no son otra cosa que instrumentos para proveer vehículos para que tanto el espíritu como la conciencia que moran dentro adquieran experiencia. En esta etapa de nuestra evolución espiritual, estamos inmersos tan profundamente en la evolución física, debido a la etapa de desarrollo mental que hemos adquirido, que nos encontramos en contacto con el aspecto más elevado de nuestro ser solo escasamente. Es nuestro apego a la forma y el hecho de que hemos perdido la conexión con nuestra naturaleza espiritual lo que nos causa dolor y sufrimiento en la vida.

¿Cuáles animales representan la culminación de la conciencia animal? Los elefantes, caballos, perros, gatos, ciertas cotorras, simios, delfines y ballenas. Muchos de estos han venido a estar en contacto estrecho con los humanos por medio de la domesticación. Esto es una fase importante en su desarrollo y una en la que tenemos una responsabilidad tremenda de respetar la conciencia que evoluciona dentro de estas formas.

¿Significa esto que algunos de estos animales más desarrollados se convertirán en seres humanos en una encarnación futura?

Sí, pero esto no sucede enseguida. En la etapa actual del proceso evolutivo, no resultaría adecuado tener más individuos entrando a los escalafones más bajos del desarrollo humano. Al presente no existen las condiciones necesarias para que tales seres tuvieren una existencia significativa, y su presencia podría representar grandes dificultades para aquellos que ya están un tanto adelantados en la experiencia humana. Tenemos nuestras manos llenas tal y como están las cosas sin tener que lidiar con dificultades adicionales.

El karma como tal no afecta a los miembros de los reinos mineral, vegetal y animal. Estos están simplemente siguiendo las leyes de la naturaleza, las cuales tienen como resultado el desarrollo de los instintos que todos ellos siguen de forma natural. Todos los minerales son perfectos como minerales. Ellos se han estado desarrollando bajo el efecto de la ley natural a lo largo de miles de millones de años. Las plantas también son perfectas como plantas. Ellas siguen fielmente el flujo natural del universo y cumplen con su función a la perfección. La mayor parte de los animales también son perfectos como animales. Aun actividades que nos resultarían repugnantes, tal como observar a un animal de presa seleccionar, matar y comerse a otros animales, son parte del proceso natural. Muy pocos animales se apartan de este proceso natural, y la mayor parte de los que sí lo hacen es por haber sido influenciados mediante su contacto con los humanos y por imitación del comportamiento humano. Todos estamos familiarizados con algunos cuentos de elefantes bravos y feroces que efectúan embestidas a ciegas luego de haber sido maltratados por años y de las mascotas que "castigan" a sus dueños cuando sienten que han sido descuidadas o tratadas injustamente.

El reino humano es el más avanzado de todos aquellos que una persona promedio pueda percatarse de que existan en este planeta. Por tal razón hemos considerado, por largos períodos de tiempo, que todos los otros reinos, mineral, vegetal y animal, han estado aquí para nuestro uso de la forma que deseemos. Como consecuencia de una carencia de entendimiento, no somos conscientes, lamentablemente, del espíritu que habita en toda forma de vida, aun dentro del mineral. Es tiempo de que nosotros los humanos reconozcamos la responsabilidad tan tremenda que tenemos para con las otras formas de vida. Esto lo podemos comenzar a hacer honrando la vida espiritual que mora en todas las formas de la naturaleza.

Una vez el consciente que habita dentro de nosotros tomó residencia en la forma humana, un cambio tremendo tuvo lugar. La Sabiduría Antigua nos enseña que, llegado al nivel humano de conciencia, ocurre una emanación de Espíritu adicional que crea al alma humana. Los humanos somos, de hecho, especiales por virtud de este principio guía en nuestras vidas, de cuya existencia hemos estado, por largas épocas, conscientes solo escasamente. Uno de los propósitos del presente libro es enseñarnos más acerca del alma humana y en cómo podemos incrementar nuestro contacto con ella, abriendo así nuevos campos de desarrollo espiritual.

¿Cuál es la naturaleza de esta gran migración en que nos encontramos? ¿Cuál es nuestra función actual y qué podemos esperar en las etapas de desarrollo espiritual futuras? El propósito de este libro es explicar tan claro como sea posible en dónde es que estamos actualmente en el esquema del desarrollo espiritual, cuál será nuestro estado de conciencia en el futuro y qué pasos podemos dar ahora para acelerar el proceso.

Capítulo 2

LA EXPERIENCIA HUMANA

> Guíanos, ¡Oh! Señor,
> de las tinieblas a la luz;
> de lo irreal a lo real;
> de la muerte a la inmortalidad.
>
> *Brihadaranyaki Upanishad I*

EL JUGUETE MÁGICO

Érase una vez un niñito. Había aprendido a gatear y pasaba cada momento del día explorando e investigando su entorno, aprendiendo cosas nuevas cada día. A veces se reía de deleite al más mínimo descubrimiento nuevo que hacía. En otras ocasiones se encontraba de mal humor e inquieto, aburrido con lo que tenía y en espera de su próxima aventura.

Un día, apareció ante él un dios que tenía colgado de un hilo un objeto brillante. Dicho objeto no era otra cosa que una pieza de madera tallada y cubierta con pequeños trozos de cristal de espejo, pero cuando el dios le dio vueltas bajo la luz del sol, al niñito le pareció que dicho objeto era lo más excitante que jamás hubiera visto. La luz reflejada por la cantidad numerosa de espejos en la superficie del objeto se proyectaba en las paredes y el techo en un despliegue de movimiento que resultaba deslumbrante y encantador. El niño quedó fascinado. Intrigado por este objeto mágico, entendió que no podría vivir sin él. Ciertamente este era el objeto más valioso que jamás hubiera existido y él debía obtenerlo a cualquier costo.

¿Cómo podría él obtener este objeto? El mismo colgaba un poco más lejos de lo que sus manitas carnosas podían alcanzar. Una y otra vez trató de agarrarlo, pero el objeto ilusorio fuente de sus deseos se mantuvo fuera de alcance, convirtiéndose así en un deseo insatisfecho. "Ya sé", pensó en su pequeña mente. "Voy a llorar para demostrar así mi descontento. De seguro el dueño de este objeto preciado se apiadará de mí cuando vea lo mucho que lo quiero".

El niño dejó escapar el llanto más triste que jamás hubiera efectuado en su vida, seguro de que esto ablandaría el corazón de este dios y así conseguiría satisfacer su deseo. Pero no sucedió así, el dios despiadado no se conmovió ante este lamento y el niño mostró su descontento por haber fracasado en obtener lo que quería dando la espalda de forma malhumorada.

"Debe haber alguna forma", pensó y comenzó a tramar, intentando así de descifrar una forma de conseguir su deseo. "Sé que hay personas que pueden levantarse y caminar", pensó, "y que esto siempre los hace más altos". El niño había intentado antes hacer esto por sí mismo, pero había resultado ser una tarea imposible, por lo que se había dado por vencido en sus intentos previos de aprender esta destreza. Ahora, incentivado por la necesidad de poseer este objeto mágico, él tenía la determinación de aprender a caminar o morir en el intento.

Una y otra vez el niño levantaba su cuerpo, haciendo presión con sus brazos, e intentaba balancearse sobre sus piernas tambaleantes. Una y otra vez él se caía, a veces tan estrepitosamente que lloraba del dolor. Sin embargo, esto solamente fortalecía su determinación de aprender esta destreza nueva. Cada intento realizado le proporcionaba un poco más de confianza.

Cada vez que intentaba levantarse y caminar, observaba cuidadosamente aquello que parecía funcionar y en qué punto durante el procedimiento estaba fallando. Cada vez que hacía el intento, se acercaba un poco más a dominar esta habilidad de levantarse y caminar.

Un día al despertar, el niño supo de alguna manera que este sería el día en que podría caminar. A lo largo de todos los intentos fallidos, sus pequeñas piernas se habían fortalecido y su sentido de equilibrio había mejorado. Cada intento fallido había logrado añadir un poco a su abasto de conocimiento y experiencia.

El niño enfocó toda su fuerza de voluntad en sus piernas, se irguió utilizando sus pequeños brazos y, ¡albricias!, estaba de pie aunque tambaleando. Al principio el niño estaba sorprendido y se sonrió, complacido consigo mismo. Tomó entonces un pequeño paso. Su cuerpo comenzó a bambolear y para poder recuperar el equilibrio, trajo a su mente la experiencia adquirida producto de sus otros intentos de levantarse y caminar. Una vez el tembleque de su cuerpo se detuvo, tomó otro paso y luego otro. Se le escapó un grito de felicidad y orgullo, ¡podía caminar!

Los ojos del niño nunca se apartaron del objeto destellante durante todo este tiempo. Ahora nada podía detenerlo en obtener dicho objeto. Pronto tomaría posesión de él y sería el niño más feliz del mundo. Paso tras paso, el niño avanzó hacia su objetivo. Con gran confianza se alzó para agarrar su premio. Ahora era suyo y nadie podía arrebatárselo. Lo apretó firmemente entre sus manos con la intención de protegerlo aun a costa de su propia vida.

Cada día al despertar, el primer pensamiento del niño era asegurarse de que su preciada posesión aún estaba ahí. Él se deleitaba por horas jugando con el objeto bajo la luz del sol, riéndose con alegría sabiendo que se había ganado con esfuerzo este premio increíble.

A medida que iban pasando los días e iba aumentando su conocimiento acerca de las cosas mundanas, el niño un día quedó estupefacto al percatarse de que había sufrido un engaño. Él estaba conmocionado profundamente al ser consciente de que este objeto, motivo de sus mayores deseos, no era otra cosa que un pedazo de madera con pequeños pedazos de espejo pegados a la superficie. Este objeto mágico, el cual él había estado seguro que era el objeto más preciado en el mundo, no era más que una chuchería sin valor. En un arrebato de ira, lanzó el objeto contra el suelo y este se desmenuzó en mil pedazos.

LOS JUGUETES MÁGICOS EN NUESTRAS VIDAS

¿Tenemos algunos juguetes mágicos en nuestras vidas? Sí los tenemos. Se llaman dinero, poder, cónyuges que nos place exhibir, relaciones afectivas, automóviles, embarcaciones, negocios, casas, títulos y muchos otros nombres. Cualquier cosa que comprenda un sentimiento de deseo si no la poseemos, se convierte en un juguete mágico para nosotros. Cada vez que haya un sentido de orgullo en poseer algo o alguien, esto se convierte en una forma de desear engrandecer nuestro ego. Cada vez que el deseo es parte de un anhelo personal hacia algo, existe involucrado un elemento de emoción. La emoción es el elemento controlador en las vidas de la mayor parte de las personas y esto lo examinaremos en mayor detalle más adelante. En muchas ocasiones, nuestro deseo hacia algo está fundamentado en un anhelo de hacer ostentación de ello ante los demás y jactarnos acerca de lo que hemos obtenido. Estos juguetes mágicos son los engrandecedores de nuestro ego.

El universo es muy inteligente. No existía, en nuestro estado espiritual original, mucho de interés en el plano físico que nos pudiera cautivar para abandonar nuestro entorno agradable y lanzarnos voluntariamente hacia algo que al menos sospechábamos que sería mucho más difícil que nuestra situación actual. Así las cosas, el universo balancea objetos destellantes ante nosotros a manera de tentarnos a experimentar el "inframundo".

En la mitología griega, a veces los dioses son tentados a abandonar su aposento celestial y descender al inframundo del campo o esfera de lo físico como consecuencia de haberse enamorado de algún humano. Este humano es el juguete mágico que los cautivó para abandonar su mundo y entrar al nuestro.

Los juguetes mágicos del mundo físico nos parecen ser lo único que tenemos. Esto ha ocurrido a lo largo de extensos períodos de tiempo. Cada vez que logramos obtener uno de nuestros deseos, sobreviene un lapso de satisfacción que nos brinda felicidad y estamos ansiosos de mostrar a los demás cuán felices somos. Sin embargo, luego de un período de tiempo, la felicidad se aplaca y nos quedamos en un estado de aburrimiento o infelicidad, de modo que ahora buscamos un objeto nuevo. De seguro este ahora será uno que nos traerá felicidad eterna.

No existe tal cosa como felicidad eterna en tanto esa felicidad involucre a las emociones. En todo este proceso, la fascinación estriba en el drama que presupone; el establecimiento de una meta, la planificación y esquematización para lograrla y entonces anunciarle al mundo lo que hemos obtenido. Nos complacemos por la atención que obtenemos y de la envidia que incitamos en otros. Cuando esa atención comienza a disminuir, entonces nos consternamos y emprendemos la búsqueda de otro objeto que satisfaga nuestros deseos emocionales.

LA NATURALEZA DEL ALMA

La mayoría de las personas creen que poseen un alma. Las enseñanzas antiguas se referían con frecuencia al ser humano como uno compuesto de espíritu y cuerpo. El apóstol Pablo decía que nosotros los humanos nos constituimos de espíritu, alma y cuerpo. Esta aseveración es certera y puede dividirse subsiguientemente en otras categorías, las cuales nos ayudan a analizar mejor de qué es que estamos hechos. Un entendimiento claro de la constitución humana resulta vital para aprender cuál es la mejor forma de trabajar hacia la meta de regresar a la Fuente.

Nosce te ipsum o "Conócete a ti mismo" es una frase que pocas personas entienden a cabalidad. No podemos esperar llegar muy lejos en nuestro trabajo espiritual sin un conocimiento de psicología humana, y no nos referimos a la psicología moderna, la cual dista mucho de entender a los seres humanos. Hay mucha más información disponible acerca de la naturaleza humana, pero la misma no es algo que pueda necesariamente ser probada a la comunidad académica actual. Algunos miembros de dicha comunidad reconocen el valor de estas enseñanzas, pero la academia tiene sus normas y criterios y no puede admitir algo que no sea aceptado ampliamente por sus miembros más prestigiosos.

No podemos esperar el conocernos a nosotros mismos hasta que no hayamos aprendido a ser honestos de forma escrupulosa. Pocas personas son honestas, aun con ellas mismas. Nos podríamos sorprender si nos percatamos de que podemos ser deshonestos, no solamente con otros, sino con nosotros mismos también. Esto no quiere decir que no haya personas honestas en el mundo, pero el adagio "Una persona honesta es difícil de encontrar" no resulta ser una frase hueca.

¿Qué significa ser honestos con nosotros mismos? Muchas veces nos sentimos tentados a darle un giro a las cosas, a torcer la verdad de forma tal que la acomodemos a las necesidades de nuestro ego para así lucir bien ante los demás. Esto resulta ser deshonesto. Aprendemos a hacer esto desde pequeños y les mentimos a nuestros padres para salvar cara: "¿Rompiste tú el jarrón?"; "No mamá, se cayó de la mesa y se rompió." Como niños estamos convencidos de que nuestros padres no se percatarán de nuestras mentiras. Aunque esto es un comportamiento pueril, la mayoría de las personas continúan arrastrando hacia sus vidas adultas este patrón de mentir: "¿Has tenido una relación amorosa con esa persona?"; "No, no la he tenido."

El ego insiste en lucir bien y se avergüenza mucho si no lo logra o si es sorprendido en una mentira. Aun cuando resulte evidente que estamos mintiendo, nos enfurecemos e insistimos en nuestra inocencia de forma inexorable: "¿Cómo te atreves a acusarme de eso?"; "¡No puedo creer que hayas podido caer tan bajo como para creer que yo soy capaz de hacer eso!" La ira es una forma común de hacer que las personas retrocedan cuando queremos proteger a nuestro ego. Es como si esgrimiésemos un lanzallamas diciendo: "¡Mejor que retrocedas si no quieres salir lastimado!"

Resulta muy difícil trabajar de forma efectiva con personas que mienten y que utilizan la ira intensificada hacia los demás como un mecanismo para manejar a las personas a su antojo. La persona que miente, aun en las cosas pequeñas, no puede alcanzar mucho progreso espiritual. ¿Cómo se puede ver con claridad cuando se intenta, con premeditación, mantener las cosas enturbiadas y confusas a manera de camuflar la mentira? En sentido figurado, tomemos la linterna más brillante que podamos encontrar y dirijámosla hacia todos los rincones obscuros de nuestro ser. No temamos de lo que pueda salir a la luz. Sin consideración a cuán malo o embarazoso sea lo que salga hacia fuera, aceptémoslo tal como es, sin reaccionar a ello, sin tratar de hacerlo lucir diferente. Es mucho mejor decir: "Caramba, nunca me percaté de cuanta ira y resentimiento he estado albergando dentro de mí", que continuar ignorando la realidad y pretender que no existe. Solamente entonces podremos en realidad comenzar a trabajar para mejorar nuestro carácter.

Hablamos con frecuencia del espíritu y la materia como si fuesen dos cosas diferentes. No lo son. Toda materia es parte del espíritu. No existe un solo átomo en nuestro mundo, sea físico o en algún otro campo o esfera, que pueda decirse que está separado del espíritu. El concepto de materia se origina cuando el espíritu comienza a manifestarse creando niveles nuevos, cada uno con una frecuencia vibratoria diferente, a través de los cuales la conciencia puede ganar experiencia. Este concepto de varios niveles de frecuencia vibratoria es clave para entender los principios que se presentan en este libro. No existe ningún punto a lo largo de este continuo en donde podamos decir: "En este punto la materia cesa de existir y el espíritu comienza." Es solamente eso, un continuo ininterrumpido. Nosotros denominamos "materia" a cualquier cosa que sea una manifestación del espíritu, pero la materia sigue siendo una forma del espíritu. Resulta completamente cierto que somos seres divinos, no porque tengamos la divinidad dentro de nosotros, sino porque somos una parte integral del Espíritu Divino. Nosotros somos la Divinidad misma.

La ciencia está en lo correcto cuando estipula que todo es energía o una representación física de ondas energéticas determinadas. El libro que tenemos ante nosotros, el cual aparenta ser completamente sólido, de hecho no es más que una ilusión. El mismo es energía de una frecuencia específica, y es percibido como sólido por otras formas que manifiestan esa misma frecuencia. Nuestro cuerpo físico es una ilusión actuando recíprocamente con otra ilusión, en este caso el libro que tenemos delante. Si a usted le resulta difícil creer esto, piense sobre sus sueños. ¿Ha soñado usted alguna vez sobre el estar manejando un automóvil o el estar caminando? En nuestros sueños, estamos completamente convencidos de que estamos experimentando un mundo sólido, sin embargo no hay nada sólido en él. Esto nos da un indicio acerca de la naturaleza real de nuestra existencia "física".

LOS NIVELES DE CONCIENCIA

La parte más espiritual del ser humano se puede dividir en Ātma y Buddhi. Estos dos términos en sánscrito describen las frecuencias vibratorias más elevadas dentro de nosotros. Ātma es el Espíritu como tal en manifestación. Según nuestro punto de vista, que es desde donde estamos obrando en la actualidad, Ātma nos parece ser nuestro yo espiritual. En su propio nivel, Ātma no percibe la individualidad sino el ser uno con todas las cosas en manifestación.

Buddha significa "despierto" o "iluminado". Gautama Buddha fue el primero en nuestra propia evolución humana en alcanzar la budeidad, el cual es un nivel de conciencia avanzado.

La meta espiritual de todos los seres humanos es convertirse en iluminado, despertar espiritualmente a niveles de conciencia nuevos. Cuando reconozcamos esto, el sendero ante nosotros se aclara. Una vez estemos claros acerca de nuestra meta, nuestro progreso futuro es seguro ya que no hay nada que pueda nublar nuestra visión.

Resulta mucho mejor detenerse y tomarse el tiempo necesario para ordenar todo lo que ya sabemos y aprender cualquier información adicional necesaria antes de intentar proseguir. Pensamos que todo lo que necesitamos hacer es leer el libro correcto, asistir a la clase o taller correcto y obtendremos todo lo que necesitamos saber. Sin embargo, entender la vida no funciona de esta forma. El conocimiento es solamente una pequeña parte de lo que se requiere. La otra parte la compone la sabiduría, ese entendimiento intuitivo que nos viene a través de la contemplación y de separar y descifrar las cosas. Parece ser un concepto sencillo y de hecho lo es, pero estamos inclinados a seguir patrones viejos, aun cuando estos no produzcan resultados. La definición de demencia que dio Einstein fue: "hacer lo mismo una y otra vez y esperar que ocurran resultados diferentes".

Más abajo en la escala de frecuencia vibratoria se encuentra el campo o esfera de la actividad mental. En sánscrito, el vocablo para denominar mente es *manas* y es de ahí que se obtiene la palabra en inglés *man* para referirse al ser que posee una mente. Es la mente la que nos separa de los animales, esto y el hecho de que poseemos un alma humana. El alma humana como tal, en la realidad existe en los niveles más elevados del campo o esfera mental.

Hablamos comúnmente de los "planos" de existencia y esto a menudo trae confusión. Tenemos la tendencia a visualizar dichos planos como si fuesen anaqueles en un estante para libros, o sea, uno debajo del otro. Este concepto funciona hasta cierto punto, pero debemos tener siempre presente que los planos no son lugares o sitios sino estados de conciencia. Por tal razón, utilizaremos preferentemente "campo o esfera" cuando nos refiramos a estos estados de conciencia diferentes y así evitar el uso del vocablo "plano". Estos campos o esferas de conciencia se interpenetran los unos con los otros hasta cierto punto. Cada campo o esfera de conciencia tiene una zona diferente de tasa vibratoria.

Podemos utilizar toda la información disponible académicamente acerca de la psicología humana, pero también podemos aprender de aquellos que poseen sabiduría y también nosotros mismos podemos aprender a observar y llegar a saber a partir de nuestras propias observaciones. La clave para este tipo de conocimiento estriba en ver con claridad, en no permitir las distracciones que traen constantemente ante nosotros nuestra mente unida a nuestros deseos. Podemos aprender cómo hacer esto y este libro contiene muchos de los conceptos y prácticas necesarios.

LA CONSTITUCIÓN HUMANA

Los gráficos en las dos páginas que siguen nos proveen una ayuda visual para entender los niveles de conciencia que hemos discutido. El primer gráfico indica el hecho de que el espíritu y la materia son un continuo y que no existe un punto a lo largo de este gradiente en donde podamos decir que termina el espíritu y comienza la materia. La materia *es* espíritu. En el segundo gráfico vemos que podemos indicar la existencia de pasos intermedios en este continuo tan vasto. Basado en esto, San Pablo nos habla de cuerpo, alma y espíritu como tres aspectos de la naturaleza humana.

El tercer gráfico muestra la constitución humana en sus diversos niveles de conciencia, con el físico como el aspecto más denso y Ātma como el más espiritual. Este diagrama es solamente una variante de varios posibles y no todos los autores utilizan las mismas descripciones gráficas, aunque existe coherencia entre todos en cuanto a los conceptos generales presentados.

El último gráfico muestra los distintos planos, campos o esferas de conciencia que existen en nuestro sistema solar. Todos estos campos o esferas tomados juntos como grupo representan únicamente una pequeña porción de los niveles de conciencia existentes en el cosmos. Los campos o esferas superiores existentes en nuestro sistema solar son inconcebibles para nosotros los humanos en la actualidad y resulta inútil especular sobre ellos.

EL CONTINUO DE ESPÍRITU Y MATERIA	CUERPO — ALMA ESPÍRITU
Espíritu	Espíritu
	Alma
Materia	Cuerpo

LA CONSTITUCIÓN HUMANA	LOS PLANOS DE NUESTRO SISTEMA SOLAR
Ātma	Divino
Buddhi ⎱ Buddhi-Manas	Monádico
Manas Superior (Mental Superior) ⎰	Ātmico
Manas Inferior (Mental Inferior) ⎱ Kāma-Manas	Búddhico
Astral (Emocional) ⎰	Mental
Prāṇā (Fuerza Vital)	Astral
Físico	Físico

La Experiencia Humana

Capítulo 3

EL ALMA HUMANA

> Creer sin conocer es debilidad. Creer porque uno conoce es poder.
> — Eliphas Lévi

FE

"¿Puede alguien en la clase decirnos qué es fe?", preguntó el maestro de la escuela dominical.

"¡Yo puedo!", gritó Tomasito. "Es la habilidad de creer en algo que sabemos que no es cierto".

Esta definición, desafortunadamente, es acertada en muchas ocasiones. Creemos en algo porque alguien nos ha dicho que es cierto o porque seremos castigados si no lo creemos. Dicho asunto es repetido miles de veces hasta que se convierte en una tradición. Al no tener razones para dudar, resulta más fácil seguir la corriente y "creer en algo que sabemos que no es cierto".

¿Existe en nuestras vidas un espacio para la fe o debemos depender solamente de aquellas cosas que puedan probarse científicamente?

Existe un espacio para la fe, siempre y cuando tengamos un conocimiento mejor de lo que es la fe. Cada palabra tiene un significado diferente para cada persona que la emplea. Lo bonito de esto es que podemos definir el significado que le queremos adscribir a una palabra. A veces tenemos que explicarle a otros lo que queremos decir y este es el caso de la palabra fe.

La fe, a nuestra manera de pensar, es la creencia en los conceptos o enseñanzas de alguien en quien tenemos una gran confianza o en algo que nos "parece verdad", que nos resulta plausible. Podemos escoger el adaptar esta enseñanza sobre una base de fe temporeramente y aplicarla en nuestras vidas hasta que tengamos experiencia suficiente para que dicha enseñanza quede probada ante nosotros mismos. Cuando llegamos a este punto, la enseñanza deja de convertirse en creencia para convertirse en conocimiento, ya que tenemos experiencia personal y prueba de que el concepto o principio funciona.

Puede llegar un momento cuando nos percatemos de que lo que habíamos aceptado previamente a base de fe resulta que no es cierto, o quizás que es cierto solo parcialmente. En ese momento, debemos estar dispuestos a descartar el concepto en cuestión o a revisar nuestro entendimiento para atemperarlo a nuestra experiencia. Si continuamos creyendo en algo sin haber probado su valía, esto es entonces superstición. Para demasiadas personas sus creencias están arraigadas con mucha firmeza, son una parte integral de su identidad, de su ego. Los egos son sumamente frágiles y necesitan ser reforzados constantemente. Una manera de hacer esto es por asociación con otras personas que profesen las mismas creencias que nosotros. Seguramente que si diez millones de personas tienen la misma creencia, entonces debe ser verdad.

Para algunos de nosotros nuestras creencias están moldeadas en hormigón, para no ser modificadas nunca. Esta actitud es necesaria y sirve una función útil en las etapas tempranas de la transformación espiritual, pero llega un momento cuando el modo antiguo de proceder deja de ser efectivo y somos forzados a adoptar, muchas veces en contra de nuestra voluntad, un sistema nuevo de creencias, uno que sea más útil a nuestro nivel actual de entendimiento espiritual.

¿No debemos ser capaces de probarles las cosas a los demás antes de poder nosotros cambiar de creer a saber? Esto es lo que requiere el método científico.

No hace ninguna diferencia si uno puede probarle las cosas a los demás o no. Existen principios o leyes de la naturaleza que solo relativamente pocas personas comprenden y uno puede estar entre ellos. ¿Por qué debe uno probarles las cosas a todos los demás? Si resulta ser un principio que funciona, uno lo adopta en la acción recíproca diaria con otras personas. Cuando dichas personas vean que en uno hay algo diferente, algo que quisieran tener en sus propias vidas, ellas indagarán sobre esto. En ese momento uno puede explicar el principio, cómo fue que uno se lo probó a uno mismo, y permitirles a las otras personas la oportunidad de adoptar una creencia nueva por el potencial de cambio que produce en ellos el respeto hacia con uno y hacia con la manera en que uno interactúa con los demás. El resultado de esto dependerá de si la otra persona se toma o no la molestia de probarse a sí misma el principio en cuestión.

Estaremos practicando el no pasar juicio cuando le permitamos a cada persona progresar a su propio ritmo y cuando no nos irritemos si dicha persona no cumple con nuestras expectativas. Una vez la persona haya utilizado el principio en cuestión lo suficiente como para probárselo a sí misma, dicho principio deja de ser una creencia para convertirse en una verdad. Es así como un entendimiento nuevo acerca de la ley natural se transmite de una persona a otra hasta que el mismo se convierte en parte integral del entendimiento humano.

Resulta de suma importancia mantener una mente abierta. Debemos refinar constantemente nuestros conceptos de lo que es verdad. Si en algún momento estamos convencidos de que conocemos todo lo que es verdad y no estamos dispuestos a expandir o revisar nuestro concepto de verdad, nos habremos cerrado las puertas a un progreso espiritual subsiguiente y a alcanzar niveles de conciencia nuevos.

VERDAD Y VERDAD ABSOLUTA

¿Existe tal cosa como Verdad Absoluta?

Sí existe y es en el nivel del Absoluto, Sat en sánscrito. Sat significa simplemente "eso", debido a que el Absoluto no posee cualidades.

¿Qué es Sat o el Absoluto?

El término no puede definirse, solamente podemos indicar lo que Sat no es. Sat es incomprensible, indefinible, inconmensurable, inconcebible e indivisible, ni tan siquiera podemos decir que existe. Podemos decir que es el potencial para la existencia, pero aun esto no sería acertado por completo. Sat es lo que "era" antes de que cualquier cosa existiera. Uno puede concebir solamente lo que uno puede observar. ¿Cómo puede uno observar algo cuando no existe dualidad, cuando no existe polaridad?

Debemos recordar que el Absoluto no puede ser comprendido. Lo mejor que podemos hacer es reconocer que tal cosa existe y que la Verdad Absoluta se encuentra en ese nivel. En nuestro nivel de conciencia actual y por mucho en el porvenir, podemos comprender solamente las verdades relativas. Nos encontramos "ascendiendo hacia" la Verdad Absoluta por medio de una serie larga y continua de despertares, de expansiones de conciencia. Una vez nos fusionemos con el Absoluto nuevamente, dejaremos de existir como algo separado de ello hasta que ocurra otro período de manifestación. Este acto de fundirse nuevamente con el Absoluto es descrito de forma poética por Sir Edwin Arnold como la gota de rocío que se desliza hacia el mar resplandeciente. La gota de rocío no pierde su identidad sino que ahora es una con el Absoluto, ella *es* el Absoluto.

ILUMINACIÓN

Es importante percatarnos de que no poseemos un entendimiento pleno. Con cada despertar vemos las cosas de una forma diferente y tiene que haber un período de asimilación. La manera en que ponemos en práctica el entendimiento que acompaña ese despertar es observando las cosas con otros ojos y actuando en nuestra vida diaria de forma diferente.

Usted habla de iluminación y de "despertares". ¿Puede expandir acerca de esto un poco?

Nuestro progreso espiritual consiste en una serie de expansiones hacia campos o esferas de conciencia nuevos. Este proceso es uno muy lento y gradual. Para alcanzar nuestro estado actual de conciencia se requirieron miles de millones de años. En su mayoría, este proceso ocurrió sin percatarnos de él. La naturaleza, en cierto sentido, nos trae por los pelos a lo largo del camino de las experiencias que necesitamos vivir y aprendemos nuestras lecciones de vida una a una, querámoslo o no. Sin embargo, llega un punto en el desarrollo espiritual en donde comprendemos lo que está aconteciendo y hacemos un esfuerzo consciente para acelerar este proceso. En este momento nos convertimos en cocreadores con lo Divino. Ahora bien, algunas personas retrasan deliberadamente su progreso espiritual al persistir en enfocarse en el ego personal.

Escojamos nosotros a favor del flujo de la evolución espiritual o escojamos nadar contra la corriente, el resultado final será el mismo; al final la naturaleza prevalecerá. Conforme vayamos adquiriendo claridad de visión, todas las excusas para ir en contra de la corriente irán desapareciendo una a una. Uno puede hacerse la vida más fácil o más difícil dependiendo de las decisiones tomadas. Si uno quiere una vida más fácil, debe escoger trabajar a favor de las fuerzas de la naturaleza y no en su contra.

Algunas personas han experimentado lo que se denomina "iluminación instantánea". Esto, aunque raro, sí ocurre y sucede porque esa persona ha llegado a un punto en donde puede progresar rápidamente si así se lo propone. El universo "toca" a esta persona y le permite temporeramente ver cosas que antes no podía. Esta conciencia exaltada por lo general dura meses, pero va languideciendo gradualmente. No empece esto, la persona nunca retornará completamente al nivel de conciencia que tenía antes, y si hace un esfuerzo con todas las energías y recursos disponibles, puede retomar ese nivel de conciencia más elevado y retenerlo de forma permanente.

Me encantaría poder experimentar eso. ¿Cómo puedo lograrlo?

No existe garantía alguna de que una persona en específico podrá experimentar esto en un lapso de vida dado. Uno puede trabajar para desarrollar sus propios rasgos distintivos de carácter como el altruismo, la compasión, el amor incondicional y el deseo de servir a los demás. Uno debe esforzarse en transferir el enfoque mental de los niveles más bajos de frecuencia vibratoria a los niveles más elevados, que es donde mora el alma humana. Es aprendiendo a controlar nuestra naturaleza inferior y aprendiendo a cómo trabajar en el nivel de nuestro Yo Superior, que podemos ser utilizados como un instrumento de ayuda a la humanidad.

La edad biológica del cuerpo físico no es un indicador de nuestra edad espiritual cuando hablamos de la evolución humana. Un niño pequeño pudiera ser mucho más adelantado espiritualmente que un adulto de 80 o 90 años. No todos comenzamos nuestra jornada a la misma vez, por lo que resulta justo y razonable que le permitamos a cada quien funcionar y obrar conforme a su propio nivel de desarrollo espiritual. No debe existir sentido alguno de superioridad por sobre nadie, aun si nosotros hemos progresado más a lo largo del sendero espiritual. Un estudiante universitario no es "mejor que" un estudiante de escuela primaria; cada uno está en su nivel adecuado de aprendizaje basado en su experiencia. Aquellos que están más adelantados tienen la responsabilidad añadida de utilizar su experiencia mayor para ayudar a otros: "De aquellos a quienes mucho se les ha dado, mucho les es requerido".

"Cuando yo era niño, hablaba como niño, sentía como niño y razonaba como niño; pero cuando llegué a ser hombre, dejé las cosas de niño". Este pasaje de Corintios I describe el crecimiento espiritual. Muy pocas personas están prestas a abandonar las "cosas de niño". ¿Qué son estas cosas de niño? Los juguetes mágicos; todo aquello que sirve para dar realce al ego. Crecer espiritualmente significa comenzar a desarrollar fuerza de voluntad y cesar de dejarse guiar por deseos emocionales.

La voluntad existe en el nivel de ātma y buddhi y trabaja por medio de la mente superior. La parte más espiritual de nuestra naturaleza que se expresa a través del aspecto más elevado de nuestra mente la constituye buddhi-manas. Por otro lado, kāma-manas es nuestras emociones y deseos, es nuestro ego trabajando por medio de la parte inferior de nuestra mente. Cuando "crecemos" espiritualmente, comenzamos a funcionar y obrar por medio de kāma-manas en menor cuantía y aumentamos nuestro desempeño a través de buddhi-manas. El crecimiento espiritual presupone que logremos esto hasta que ello se convierta en nuestro patrón ordinario de vida.

Esto suena como algo imposible de lograr. No sé de nadie que lo haya logrado aún.

En la actualidad esto resulta en una imposibilidad para la mayoría de los seres humanos porque todavía no se encuentran en esa etapa de desarrollo. Existen, sin embargo, personas que han alcanzado ese nivel necesario, así como también existen otras que están trabajando hacia ello arduamente. Todas las personas, independientemente de la etapa de desarrollo espiritual en que se encuentren, pueden trabajar hacia la consecución de esta meta. La meta no debe ser lograr esto para el futuro inmediato, ni tan siquiera para esta vida. El objetivo se debe alargar hacia el futuro distante, inclusive hacia vidas o encarnaciones futuras, de lo contrario limitaremos nuestras posibilidades.

Usted nos ha hablado acerca de ātma, buddhi y manas, y nos ha dicho que manas significa mente. ¿Puede usted explicar un poco acerca de la mente humana?

Para comenzar, no confundamos la mente con el cerebro. El cerebro es simplemente el instrumento por medio del cual obra la mente en el mundo físico. Él puede transmitir solamente de forma parcial lo que la mente percibe. La mente existe separada del cerebro y sin ella, el cerebro puede funcionar únicamente a un nivel primitivo. El cerebro existe en el campo o esfera físico, en donde la tasa vibracional es bastante baja. La mente, por el contrario, posee una gama de vibraciones, todas las cuales son más elevadas y refinadas que las del cerebro.

Manas posee dos partes, la más elevada y la más baja. Estamos más familiarizados con la parte más baja o inferior de la mente, la cual se conoce también como la mente concreta. El término en sánscrito *rupa manas* significa la mente de la forma. Es aquí donde reside la mayor parte de nuestra actividad mental. Los pensamientos en este nivel se pueden expresar en "formas" como palabras, imágenes u otras representaciones gráficas. Cuando nuestra conciencia funciona en este nivel, ella debe utilizar algún tipo de "lenguaje" a manera de poder comunicarse con otras personas. Por lenguaje queremos decir uno por el cual podemos comunicar a otras personas conceptos, ideas y emociones, tal como el lenguaje oral o escrito, la música, el arte o cualquier otro.

La parte más elevada de la mente no posee formas y se denomina en sánscrito como *arupa manas*. En este nivel de conciencia, las ideas son tan elevadas en su frecuencia vibratoria que las mismas no se pueden expresar en ningún lenguaje. Cuando una idea que existe en el nivel de la mente superior pretendemos llevarla al nivel de la mente inferior, lo más que podemos hacer es sugerirla o insinuarla. Los símbolos, ya sean estos abstractos, concretos o aun palabras utilizadas como símbolos, resultan ser una representación deficiente de lo que estamos tratando de comunicar, pero es lo único que tenemos a nuestra disposición.

No olvidemos que el campo o esfera de la mente superior es donde reside el alma. Cuando obramos en el campo o esfera de la mente inferior, no podemos apreciar la conciencia existente en el nivel superior, y cuando obramos en el nivel emocional, estamos todavía más alejados de cualquier nivel de comprensión. Solamente si ascendemos nuestra conciencia al nivel superior, por medio de la meditación y la contemplación, es que podremos lograr adquirir algún nivel de conciencia acerca de lo que está ocurriendo en esos niveles elevados.

Para poder comprender cualquier cosa en un campo o esfera más allá del de la mente inferior, debemos elevar nuestro nivel de conciencia a ese nivel más elevado. La única manera en que dos personas pueden comunicarse al nivel de la mente superior es si ambas han desarrollado sus respectivas conciencias en ese nivel. Si una de las personas ha desarrollado su nivel de conciencia en el campo o esfera más elevado y la otra no, el que posee el mayor grado de conciencia puede tratar de inspirar a la otra persona para que se esfuerce en elevar su propia conciencia o de lo contrario, tendría que comunicarse en el nivel más bajo, el cual resulta ser inferior marcadamente.

J. Krishnamurti dedicó la mayor parte de su vida a enseñarles a las personas cómo lograr elevar sus conciencias. Muchos de sus seguidores, durante años, lo escucharon y leyeron sus enseñanzas, mas sin embargo pocos de ellos podían explicar de forma adecuada lo que él estaba queriendo enseñar. La mayoría de dichos seguidores estaban de acuerdo en que cuando se encontraban en presencia de Krishnamurti, sentían algo muy especial lo cual describían como una vibración espiritual, la cual no experimentaban en sus vidas diarias. Mientras los seguidores escuchaban a su maestro en persona, era como si ellos entendieran todo lo que él enseñaba y todo cobraba sentido. Por el contrario, cuando luego los seguidores de Krishnamurti se reunían solos y comparaban los apuntes tomados durante las charlas de su maestro, se percataban de que el nivel de comprensión acerca de las mismas no era igual al de cuando ellos estaban en presencia de su maestro, y raras veces podían estar de acuerdo en cuanto a lo que Krishnamurti había dicho.

La conciencia de los seguidores de Krishnamurti estaba siendo elevada temporalmente por medio del poder que tenía la frecuencia vibratoria del maestro. Todos tenemos un campo energético de vibraciones, el cual nos acompaña dondequiera que vayamos. Esto constituye nuestra aura y contiene vibraciones de todos los distintos niveles de conciencia. Cuando nos encontramos próximos a una persona que posee un campo energético puro y altamente desarrollado, nos vemos influenciados por este. En el momento en que nos alejamos de este campo energético, regresamos a nuestro estado "natural" de ser, pero nuestro propio campo energético ha sufrido cierto grado de cambio por haber actuado recíprocamente con esa persona que poseía el campo energético más desarrollado. Por otro lado, cuando nos encontramos en presencia de una persona con un nivel bajo de vibración, sentimos una pesadez o negatividad y nuestro primer impulso es alejarnos de esta influencia.

Una persona con un nivel alto de evolución tiene un aura compuesta solamente por las vibraciones más elevadas en cada nivel de conciencia. Las vibraciones provenientes del alma son mucho más poderosas que las que provienen de la personalidad.

LA NATURALEZA DEL ALMA HUMANA

¿Es en este nivel más elevado de la mente, el llamado arupa manas, donde existe el alma humana? Si es así, ¿qué puedo hacer para expandir mi conciencia a ese nivel?

Sí es en este nivel donde existe el alma humana y hay cosas que pueden hacerse para expandir la conciencia a manera de poder establecer contacto con nuestra alma. El resto de este libro contiene información y prácticas que se pueden utilizar para lograr este contacto con el alma.

¿Me puede usted ilustrar en cuanto a cómo es el alma?

El alma es el intermediario entre la experiencia física y nuestra naturaleza espiritual más elevada. Es el alma quien nos guía de regreso a nuestro "hogar" o morada espiritual original, redirigiéndonos de forma consistente hacia el camino de retorno. En este momento son pocas las personas que están listas para este retorno. Todavía la mayoría están "divirtiéndose" en este mundo y no les importa por el momento dejar atrás a sus juguetes mágicos. En términos espirituales, estas personas no han crecido todavía.

¿Cuáles son las cualidades del alma?

Es de suma importancia el concepto de frecuencia vibratoria si queremos conocer acerca del alma. El alma obra en un nivel donde, en la actualidad, solamente los seres humanos más avanzados pueden funcionar conscientemente. En el campo o esfera del alma, no existe nada malicioso, burdo o negativo. Cosas como la ira, el odio, el resentimiento y la venganza no son perceptibles en el nivel del alma. En vez de esto, las cualidades que el alma posee son: amor incondicional hacia la humanidad y hacia todas las otras criaturas, compasión, bondad y un deseo intenso de ayudar a otras personas en su crecimiento espiritual. Además de esto, en el campo o esfera del alma existe un gozo indescriptible, algo que va mucho más allá del sentido de "felicidad" experimentado por nosotros en este mundo físico. La vida del alma está llena de tranquilidad y de la certeza absoluta de que en el mundo todo está bien. La cita al final del libro describe estas cualidades; "Aquellos que viven en lo Eterno" se refiere a las personas para las cuales el alma, no el ego, es la fuerza motriz en sus vidas. El Yo con ye mayúscula, se utiliza comúnmente como sinónimo del alma.

En la actualidad, son pocas las personas que han alcanzado este nivel de conciencia. En el mundo existe una gran necesidad de que haya más seres humanos que posean experiencia personal en cuanto a contactar el alma. La única forma de adquirir esta experiencia es mediante un esfuerzo disciplinado y diligente. Solo aquellos aspirantes que demuestren un valor indómito, una pureza sin mancha y un fuerte intelecto podrán esperar hacer un esfuerzo que sea viable, y aun esto no garantiza el éxito.

He escuchado que el alma es eterna. ¿Es eso cierto?

No, el alma no es eterna. Una vez hayamos adquirido la perfección como seres humanos, el alma deja de existir.

No puedo imaginarme no tener un alma.

No existe necesidad para el alma una vez nos hayamos graduado del reino humano. El alma es lo que nos inspira durante el tramo humano de nuestra travesía, es el faro que nos muestra la dirección que debemos tomar. Una vez hayamos dominado el nivel más elevado de la conciencia humana, necesitamos un faro nuevo a un nivel superior. El faro previo, en este caso el alma, cumplió ya su propósito y se desintegra. El faro nuevo ha estado ahí todo el tiempo, pero ahora ejerce una función mucho más prominente que antes. Nos referimos a este nuevo faro como la Mónada y funciona por medio de ātma y buddhi.

¿Cuándo es que termina nuestra jornada? ¿Cuándo es que llegamos a la meta?

La jornada nunca termina, por eso se le llama progresión eterna. La siguiente cita del Pranava-Vada ilustra este concepto:

"Los átomos forman moléculas; las moléculas, compuestos; los compuestos, células; las células, tejidos; los tejidos, órganos; los órganos, cuerpos; los cuerpos, comunidades; las comunidades, clases y razas; las clases y razas, reinos; los reinos de muchas gradaciones y conexiones variadas, forman un planeta; los planetas forman un sistema solar; los sistemas solares forman un sistema más vasto, y así sucesivamente de forma interminable; en ningún lugar encontramos una simpleza indivisible; en ningún lugar encontramos una complejidad final. Todo es relativo".

¿Es en realidad esta jornada espiritual tan dificultosa como usted la presenta?

El ser humano promedio no logrará alcanzar este más elevado nivel de conciencia hasta pasado millones de años y cientos de encarnaciones. Periódicamente, la Jerarquía Espiritual realiza un esfuerzo especial y se ofrece una oportunidad para un progreso muy acelerado. Si uno no ha desarrollado las tres cualidades mencionadas anteriormente, valor indómito, pureza sin mancha y fuerte intelecto, uno debe concentrarse en esto primero. Este esfuerzo no es para los de corazón débil y el mismo no se encuentra libre de peligros. El tiempo para tal oportunidad es ahora.

Usted mencionó anteriormente el desarrollo del carácter. ¿Qué significa exactamente ese término?

Desarrollo del carácter significa hacer contacto con el alma y transferirle a esta, mediante un proceso largo y continuo, el control sobre nuestra personalidad. Ya no es el ego quien está a cargo, sino una parte más espiritual de nuestro ser. La personalidad pasa a convertirse simplemente en un instrumento a través del cual el alma puede funcionar en el mundo cotidiano. Podemos tener un pedazo de bambú, pero no podremos utilizarlo como un instrumento hasta tanto no hayamos removido la médula para permitir así el paso del aire. De igual forma ocurre con la personalidad humana; tiene que poseer espacio interior y mientras esté llena de ego, deseos personales y cargas emocionales no resueltas, no puede servir como un instrumento para el alma.

Eso no luce muy fácil

No resulta en nada fácil, de hecho, requiere de una disciplina y fuerza de voluntad tremenda. Aun cuando no estemos preparados ahora para hacer este esfuerzo, podemos ser conscientes de lo que el futuro nos depara y comenzar a cambiar nuestra actitud de forma que, en el futuro, estemos listos para comenzar este proceso encaminado hacia el desarrollo espiritual.

Hasta este momento usted ha mencionado que ātma, buddhi, manas superior y manas inferior son los distintos niveles de conciencia humana. ¿Existen otros niveles de conciencia?

Con los otros niveles de conciencia estamos muy familiarizados. Estos son las emociones que sentimos y las sensaciones físicas que experimentamos por tener un cuerpo físico.

¿Tienen alma los animales?

Todas las cosas en la naturaleza tienen un alma porque esta es divina. Es el alma la que nos motiva a efectuar la jornada de retorno a nuestra morada espiritual original y la que nos muestra el camino. El alma humana, sin embargo, es diferente a la de los otros seres conscientes en el sentido de que es individualizada.

Se dice que el ser humano es "parte animal y parte dios". En las etapas tempranas de nuestro desarrollo humano, éramos mucho más parecidos a los animales en el sentido de que nuestros deseos, pasiones y emociones nos motivaban a pensar y a actuar. A medida que continuamos nuestro crecimiento, vamos viendo las cosas más como son. Los asuntos del mundo ya no nos resultan tan atractivos como antes, mas sin embargo no poseemos todavía nada con que sustituirlos. Comenzamos a percibir nuestro potencial espiritual, pero el mismo todavía no queda claro.

Es en este momento cuando sobreviene una lucha intensa, el conflicto entre la inmersión en el mundo material, lo cual conocemos bien, y el llamado del campo o esfera espiritual, algo sobre lo cual conocemos muy poco. Es solamente cuando resolvemos esta lucha a favor de nuestra naturaleza espiritual, que podemos proceder hacia la culminación de la fase humana de la evolución, permitiéndonos alcanzar así un más elevado nivel de conciencia. Entonces nos convertimos en cocreadores con el universo. Hemos comprendido adecuadamente el Plan de Progreso Espiritual y tomamos entonces nuestro lugar entre aquellos que laboran por la causa sin pensamiento alguno hacia sí mismos. Nos hemos ganado un lugar dentro de la Jerarquía Espiritual, junto a aquellos que no se centran en la conciencia personal del yo, sino en la conciencia de la Vida Una.

Esta lucha fuerte entre la personalidad y el Yo Superior está descrita con mucha belleza en las alegorías del Bhagavad Gītā y en muchas de las parábolas de Jesús en el Nuevo testamento.

El cuento del juguete mágico nos demuestra cómo es que el universo utiliza las emociones para darnos lecciones de vida. ¿Es esto correcto?

Sí, exactamente. Si no tuviésemos emociones o deseos, nunca aprenderíamos las lecciones que estaba proyectado que aprendiéremos. No habría razón alguna para descender a este nivel de existencia o para hacer el esfuerzo necesario para el retorno a nuestra morada espiritual original. Los humanos somos viajeros en búsqueda de conocimiento y experiencia. Nuestros deseos son los factores que nos mueven, cautivándonos a aprender lo que sea necesario para poder lograr progreso espiritual.

Estos deseos y emociones más bajos no serán necesarios por siempre. Como podemos notar, los mismos están entre los niveles más bajos de la conciencia humana y son utilizados solamente para las etapas tempranas del avance hacia el desarrollo espiritual. Llega un momento en que estos deseos y emociones más bajos ya no son necesarios. A medida que avanzamos en nuestro desarrollo espiritual, la voluntad suplanta a los deseos como nuestro factor motivador y buddhi-manas sustituye a kāma-manas como nuestro medio operante.

El deseo existe a todos los niveles, no únicamente en el nivel físico o emocional. Ninguna estatua, edificio, planeta, sistema solar o universo jamás fue hecho sin que mediara el deseo. El deseo es el elemento motivador que nos induce a actuar, a hacer algo. El deseo puede ser de una cualidad más baja, tal como el deseo de obtener la atención o el deseo por tener posesiones, o puede ser de una cualidad superior como el que lleve a un ser espiritual elevado a manifestar en el mundo de la forma un sistema solar. En los seres humanos, hay un rango amplio de deseos, algunos motivados por nuestras emociones, los cuales son de índole egoísta, y otros motivados por nuestra naturaleza más elevada y el ansia de ayudar a otros en su progreso espiritual. Este último tipo de deseo es desinteresado y de naturaleza altruista.

Cuando un constructor quiere crear unos cimientos de un edificio, él no simplemente vierte el hormigón sobre el suelo. Primero el constructor fabrica un molde que tenga la forma del producto terminado que se quiere, vierte el material dentro y entonces este asume la forma que se pretende. El molde es un objeto temporal y es útil solamente por un tiempo limitado. De la misma forma, el Constructor Divino fabrica formas a manera de moldes y vierte dentro de ellas el material, en este caso el espíritu. Desafortunadamente, los humanos desarrollamos un apego emocional hacia estas formas y nos perturbamos cuando las mismas se destruyen. Nunca fue la intención de que estas formas fueran permanentes, las mismas existen temporalmente para que el espíritu presente en ellas adquiera experiencia. Las formas continúan cambiando con el tiempo, pero una forma puede crecer únicamente hasta cierto punto antes de tornarse inútil. Cuando este momento llega, la forma es destruida y el espíritu presente en ella se vierte dentro de una forma nueva, una que esté más en consonancia con el nivel de conciencia adquirido por dicho espíritu como consecuencia de sus experiencias previas.

En el momento en que logramos percatarnos del proceso por el cual estamos pasando y lo aceptamos de buena fe, nos encontramos entonces en posición de desarrollar y utilizar el poder de la voluntad. Aprendemos a romper con el agarre que sobre nosotros tienen nuestras emociones y deseos personales. Comenzamos a ver la naturaleza ilusoria y efímera de la vida física y tenemos ansia de convertirnos en cocreadores con el Constructor Divino.

Capítulo 4

REENCARNACIÓN

> Aquellos que son sabios en las cosas espirituales no sienten pesar ni por los vivos ni por los muertos. Verdaderamente no es así que yo nunca haya sido, ni tú, ni estos que ostentan señorío sobre los hombres; como tampoco lo es que ninguno de nosotros dejemos de existir en lo subsiguiente.
>
> *Bhagavad Gītā 2:11-12*

EL SUEÑO RECURRENTE

Un hombre joven vive junto a su familia en un palacio magnífico en la cima de una montaña. Todo en su hogar es de una belleza y calidad exquisita. Toda la familia disfruta de una música y de un arte que rebasan nuestros sueños. En el hogar se vive una atmósfera de amor incondicional, de cuido, compasión y dicha.

Cada mañana, el joven sale de su hogar en la montaña y se dirige hacia el poblado vecino que se encuentra más abajo. Cada vez, ocurre algo extraño y es que él se olvida completamente de cómo es su hogar. Por más que él trata no puede recordar, salvo de forma muy ambigua, que tan siquiera tiene un hogar.

Todos los días el joven conoce gente nueva, hace nuevos amigos, se enreda en deseos apasionados, asiste a banquetes suntuosos y tiene una gran variedad de experiencias, algunas de las cuales son agradables mientras que otras no lo son. A veces se involucra en disputas y peleas con aquellas personas con las cuales está en desacuerdo.

Mientras está fuera de su hogar, se mantiene inmerso por completo en el drama emocional de la vida en el poblado. Si un día se encuentra con una mujer joven de la cual se enamora, entonces pasa gran parte del día con ella hasta que ella lo deje por otro o hasta que él se aburra y busca otra que es más atractiva. A veces, experimenta una atracción inmediata hacia alguien, ya sea una pareja afectuosa o una amistad con la cual disfruta estar. Cuando esto sucede, le sobrecoge un vago sentir de que ha conocido a esta persona anteriormente.

Para el joven, la parte más temprana del día resulta siempre muy excitante, ya que en este momento se encuentra lleno de energía y de deseos de explorar y experimentar todo lo que el poblado tiene disponible para ofrecer. Visita el mercado, compra aquellos artículos que le atrae y comparte de la comida y bebida que allí se ofrecen, a menudo excediéndose. A veces, esto le ocasiona el sentirse indispuesto o de mal humor y la dicha se torna entonces en dolor y arrepentimiento.

El joven también experimenta deseos carnales, involucrándose así en relaciones de diversas índoles. Cada una de estas relaciones resulta al principio en una atracción fascinante, deleitándose él y su amante en descubrir nuevas maneras de hacer el amor. Luego de algún tiempo, aun esto pierde su atractivo y él entonces se da cuenta que esta excitación no trae consigo la felicidad duradera.

A medida que atardece, la energía del joven va disminuyendo. Ya para esta hora, el joven está tan cansado y disgustado de todas las actividades realizadas durante el día que su único deseo es alejarse de todo aquello. No empece que tiene escasamente memoria acerca de su hogar, él ansía regresar al mismo sin importar cómo podría ser su hogar. La atracción que ofrece el poblado ya ha perdido su encanto y solamente desea descansar.

Finalmente, el joven tiene un vago recuerdo acerca de su hogar y al finalizar el día, de alguna manera, sus pies cansados encuentran el camino de retorno al mismo. Comienza entonces el viaje de regreso, para lo cual vuelve sobre los pasos que había tomado al inicio del día. Agotado, al fin llega a su destino. Ya los recuerdos sobre los eventos del día están languideciendo. Cuando llega al patio interior del palacio, observa a sus seres queridos esperándole, mas sin embargo todavía no puede reunirse con ellos. Primero el joven debe limpiarse de toda la suciedad acumulada durante su estadía temporal fuera del hogar. Es bañado y vestido con ropa nueva. Todo trazo de su viaje es lavado y su ropa de viajero es desechada. Se deben dejar todas las chucherías que fueron adquiridas durante el día. Solamente aquello que es puro puede regresar a su hogar ancestral.

Este mismo principio se aplica a sus pensamientos y emociones. Ningún deseo egoísta puede regresar con él a su hogar, ningún deseo por placeres carnales, nada que esté en discordia con la armonía prevaleciente en este el más adorable de los palacios. Todos los pensamientos y emociones de naturaleza inferior desaparecen. Lo que perdura de todas las experiencias vividas durante el día son sus pensamientos más excelsos, sus deseos más desprendidos y la bondad y compasión que sintió hacia los demás. Todo lo demás es dejado para ser retomado el próximo día cuando regrese de nuevo al poblado. Los detalles específicos acerca de lo que sucedió durante ese día se desvanecen como la niebla.

Por el momento, durante toda la noche experimenta un descanso y una dicha muy necesarios, habiéndose olvidado por completo de todo salvo de las cualidades más exquisitas que adquirió durante los eventos del día anterior. Luego de un período de descanso, escucha nuevamente el sonido de la sirena llamándolo a regresar al poblado.

Imaginemos un vehículo explorador, el cual se transporta por el espacio sideral para ser depositado en un planeta distante. Dicho vehículo solamente se activa cuando llega a su destino, luego de una travesía larga y muy precaria. Una vez allí, el vehículo se activa por virtud de una señal enviada por el centro de mando a cargo de la operación. Este vehículo no ha conocido existencia alguna hasta que el mismo "cobró vida" en este ambiente extraño.

Si el vehículo se desempeña como se espera, procederá a explorar el área circundante, tomando muestras y haciendo pruebas de diversos materiales, transmitiendo fielmente los datos no procesados al centro de mando localizado a millones de millas de distancia. El vehículo no sabe nada acerca de este centro de mando, salvo que recibe instrucciones del mismo de vez en cuando a las cuales se espera que él responda, enviando de vuelta los datos que ha recopilado.

Finalizado el tiempo designado, el vehículo no es traído de regreso sino que muere lentamente conforme sus fuerzas vitales se van desgastando hasta el punto en que ya no es un vehículo funcional. Su experiencia de vida ya no existe dentro de su propia estructura, pero ha sido grabada cuidadosamente en el lugar de origen del centro de mando.

Los datos así recopilados pasan ahora por un procedimiento extenso. Miles de millones de fragmentos de información se escudriñan y se retienen solamente los más pertinentes. El restante de estos fragmentos de información pasa a un archivo de larga duración, de donde los mismos pueden ser revisados en una fecha futura de ser necesario.

En algún momento futuro, el centro de mando enviará al mismo o a diferente planeta un vehículo nuevo y mejorado, para así volver a recopilar información y pasar por la experiencia de vida en otro ambiente extraño. Es el centro de mando y no cada vehículo individualmente, que constituye la verdadera vida en todos los vehículos que van a recopilar información. Sin embargo, sin la existencia de los diversos vehículos y la información que estos suministran, no habría necesidad de que el centro de mando existiera ya que el mismo entonces resultaría inútil.

¿Cuál es entonces el problema? Que los humanos asociamos nuestro sentido del yo con el vehículo temporal y no con el centro de mando más perdurable, que en nuestro caso se conoce como el Yo Superior.

¿Es en realidad así de sencillo? ¿Es simplemente asunto de que nos identifiquemos con nuestro Yo Superior en vez de con la personalidad?

Es así de sencillo, pero solamente si uno sabe cómo hacerlo. Pocas personas se han tomado la molestia de aprender el procedimiento. Al igual que con cualquier cosa en la vida, lo que sabemos hacer nos resulta sencillo ejecutarlo. Lo que no hemos aprendido todavía, nos resulta imposible de ejecutar en este momento.

El alma o el Yo Superior *es* el verdadero ser humano. Por lo general, consideramos a nuestra personalidad como el ser humano y al alma como algo desconocido, una parte espiritual de nuestro ser que está más allá de nuestra comprensión. El alma es algo distinto a Ātma o espíritu. Lo que experimentamos en nuestra vida diaria es la personalidad, el vehículo temporero creado en los niveles más bajos de conciencia por el alma a forma de adquirir experiencia. Cada forma o vehículo dura un número determinado de años, y luego muere y desaparece; del polvo venimos y al polvo retornaremos.

¿Quiere usted decir que en esta vida nada es perdurable salvo la experiencia adquirida?

¿Qué más hay que amerite ser retenido? El cuerpo físico muere y a pesar de los mejores esfuerzos por medio de las ciencias mortuorias, el mismo se descompone hasta que al final se desintegra. No existe razón alguna para preservar el cuerpo físico.

¿Pero qué de nosotros que creemos en la resurrección?

¿Qué es lo que pueda resucitarse? ¿El cuerpo viejo, desgastado, enfermo, el cual por fin deja ir el deseo por continuar la existencia física?

No. Se nos ha enseñado que el cuerpo a resucitar será uno perfecto.

Pensemos en lo que estamos diciendo con esto. Si resulta ser un cuerpo perfecto, entonces el mismo no puede ser físico. El cuerpo a que se hace referencia es a un vehículo que ha tenido una existencia en un campo o esfera del ser más elevado que el físico. Al dedicar cierto tiempo para contemplar este asunto, uno se da cuenta de que la única razón para tener un cuerpo físico es para adquirir experiencia en este campo o esfera de conciencia más bajo. Nuestro verdadero nivel de conciencia como seres humanos espirituales es al nivel del alma, no al nivel de la personalidad.

Entonces cuando una persona muere, ¿nunca volverá a existir nuevamente como esa misma personalidad?

Eso es lo que sucede precisamente. La personalidad que ostentamos existe solamente por un lapso de tiempo específico con el propósito de adquirir experiencia. Una vez esta fase ha terminado, la existencia de la personalidad termina.

Eso suena como muy fatalista, y resultaría ser muy perturbador para muchas personas.

Los humanos nos apegamos a lo que nos es conocido. El dejar ir nuestro apego hacia las personas no resulta una tarea fácil de lograr, mas sin embargo al final de cuentas debemos hacerlo aunque no nos agrade. ¿Por qué entonces no aprender a hacerlo temprano en nuestras vidas? Si lo hacemos ahora, nuestras vidas resultarán ser mucho más cómodas.

Entonces, si he entendido lo que nos quiere comunicar, la clave resulta ser el sintonizarnos con la conciencia más elevada en el nivel del alma, ya que esta es eterna, ¿es esto correcto?

Aun aquello que llamamos alma no es eterno. Como dijimos anteriormente, el alma existe solamente hasta que nos hayamos convertido en seres humanos perfectos. Cuando esto suceda, nuestra estadía temporal en el campo o esfera humana habrá concluido, el alma deja de existir, y nuestra conciencia entra en una fase evolucionante nueva, mucho más elevada de lo que podamos concebir en la actualidad. En el próximo capítulo, discutiremos esto en más detalle.

Creo entender un poco lo que está usted diciendo. Luego de morir mi madre, durante mucho tiempo me sentí triste. A menudo pensaba acerca de ella y a mi mente llegaban recuerdos muy especiales sobre cosas que habíamos compartido. Ahora hay días en que no pienso para nada en mi madre, pero cuando lo hago, ya no me detengo en los recuerdos y en lo mucho que la extraño sino que más bien traigo a mi mente las cualidades que formaban una parte esencial de ella y en el inmenso amor que ella sentía hacia mí. En cierto sentido, mi madre no se ha ido porque cada vez que dirijo mis pensamientos hacia ella, todavía siento el amor que me profesaba.

Así es como es la vida. Todo adquiere su perspectiva apropiada con el paso del tiempo y con la obtención de experiencia adicional.

Conforme nos hacemos más sabios en cuanto a los asuntos espirituales, los grandes deseos y ansiedades emocionales que gobernaban nuestra vida en el pasado van languideciendo y son remplazados por una certeza sosegada de que todo está bien en el mundo. Todo es exactamente de la forma en que debe ser.

Uno nunca pierde la conexión con una persona que le es querida. Ambas personas son parte del mismo ser espiritual y ese vínculo nunca se puede romper. Mientras más elevemos nuestra conciencia por medio de la meditación y la contemplación, más nos daremos cuenta de cuán indisoluble resulta ser esta conexión.

Estoy intrigado por la idea de la reencarnación. Debo admitir que la misma aparenta tener sentido.

La reencarnación *sí* tiene sentido. Todas las leyes naturales son perfectamente lógicas en la forma en que funcionan. El universo no opera de una manera errática e impredecible. Tampoco el universo reinventa la rueda cada vez que crea un nuevo campo o esfera de experiencia.

Tomemos el ejemplo de un genio musical que compone una pieza compleja a los cinco años de edad. ¿De dónde proviene este genio?

Algunos dirían que fue un regalo de Dios.

Afortunadamente la vida es un capataz muy exigente. Tenemos que trabajar para obtenerlo todo, de lo contrario no solo no valoraríamos las cosas, sino que no adquiriríamos la experiencia que ganamos durante el proceso de lucha para aprender cómo lograrlas. Si uno le hace las tareas escolares a su hija porque uno se siente mal al verla trabajar tan arduamente, ¿cómo entonces ella va a aprender a hacerlas? No les hacemos ningún favor a nuestros hijos al tratar de hacerles a ellos la vida fácil. De hecho, hacer esto realmente es en beneficio de nuestro propio ego a expensas de la experiencia de vida que nuestros hijos hubieran adquirido de haber pasado por el esfuerzo por sí mismos.

Una persona pudiente puede contratar a un músico para que esté de guardia y haga una presentación en vivo cuando se le requiera, pero esto no proporciona la misma dicha y sentido de logro como ser un maestro de un instrumento en particular. En la vida no hay atajos. Seguimos repitiendo las lecciones de vida hasta que estas hayan sido aprendidas, y solamente entonces podemos seguir hacia adelante.

Muchas personas no creen en la reencarnación, mas sin embargo creen en una existencia después de la muerte. No hace ninguna diferencia si uno cree en la reencarnación o no, el hecho es que la muerte no representa el fin del ser humano como tal sino más bien del vehículo que se estaba usando de forma temporal. Nadie puede aprender en una sola vida todo lo que se requiere para llegar a la perfección. Como hay tantas lecciones que aprender, tiene perfecto sentido que el alma envíe nuevos vehículos hasta que se haya adquirido toda la experiencia necesaria para entonces poder moverse al próximo campo o esfera de existencia.

Un estudiante en el sexto grado de escuela primaria no se mueve al séptimo grado hasta tanto no haya adquirido un nivel mínimo de aptitud en las materias correspondientes al sexto grado. Moverse con demasiada rapidez sería un error y, al estudiante verse incapaz de trabajar en este nivel en donde se esperan mayores resultados, terminaría retirándose completamente frustrado.

EL PERÍODO DESPUÉS DE LA MUERTE

¿Puede usted decirme un poco más acerca de cómo la reencarnación funciona y qué sucede luego de que una persona muere?

Se requeriría de todo un libro para poder discutir de forma adecuada lo que sucede después de la muerte, mas sin embargo podemos señalar algunos de los aspectos más importantes del proceso. El lapso entre la muerte de un cuerpo físico y la siguiente encarnación se le denomina "bardo" en tibetano. Una persona que muere no se percata del momento en que sale de la existencia física, del mismo modo que uno no se percata del momento en que se queda dormido.

Cuando una persona nace, ya hay una cantidad de tiempo asignada para lograr la experiencia que se pretende en esa vida en particular. Dicha cantidad de tiempo puede ser de solamente algunos minutos u horas o puede ser de noventa y siete años, aunque para la mayoría de las personas este tiempo se encuentra en algún punto medio entre los dos mencionados.

¿Está usted diciendo que el momento preciso de mi muerte está ya predeterminado?

El momento preciso no, ni necesariamente tan siquiera el mes y año exacto. De hecho, podemos extender o acortar el tiempo asignado basado en lo que hagamos, los alimentos que ingiramos, cuánto ejercicios hagamos, la cantidad de estrés prevaleciente en nuestras vidas, y así por el estilo.

Cuando nacemos, el período natural de tiempo que viviremos está determinado por nuestro karma pasado. Esto está estipulado de forma bella en la frase de Eclesiastés, "un tiempo para nacer y un tiempo para morir". Este tiempo puede alargarse o acortarse dependiendo de las decisiones que tomemos durante esta vida. Si nos alimentamos inadecuadamente, si hacemos poco o ningún ejercicio, y nos creamos estrés en nuestro cuerpo por medio de emociones, preocupaciones y ansiedades no restringidas, el lapso de vida se nos acortará. Si tratamos bien a nuestro cuerpo y le proveemos la mejor nutrición, lo ejercitamos sin esforzarlo en demasía, y aprendemos a disminuir el estrés en nuestras vidas por medio del control de nuestras emociones, podemos entonces extender la cantidad de tiempo que vivimos.

Existen dos momentos en la vida de las personas cuando los ángeles están presentes invariablemente para brindar asistencia. Uno es el momento del nacimiento y el otro es el momento de la muerte. Al menos durante el proceso de muerte, al parecer los ángeles operan en un equipo de dos.

MUERTES ACCIDENTALES Y VIOLENTAS

Muchas veces los estudiantes se preguntan qué es lo que sucede con las muertes accidentales o violentas. Hay veces en que estas muertes no son para nada accidentales, ya sean las mismas causadas por un accidente automovilístico, un asesinato o un acto de guerra. En algunos casos el karma de la persona determina de antemano que esta morirá repentinamente, de forma que, de ser esto así, difícilmente podría decirse que dicha muerte fue accidental.

Existen otros casos en que la muerte sobreviene debido al descuido propio o al de otra persona. La vida de una persona también puede terminar de forma prematura por un asesinato premeditado o por suicidio. En tal caso, el lapso de vida normal no ha sido alcanzado y esto puede afectar las experiencias que esta persona tenga en el plano astral luego de la muerte.

Al final de la vida de una persona el cuerpo físico es descartado y se convierte, en ese momento, en meramente una colección de átomos y moléculas que se deterioran, ya sea de forma rápida mediante la cremación o de forma más prolongada mediante el entierro.

El cuerpo físico, incluyendo al cerebro, ha desaparecido y lo que perdura de la personalidad terrenal lo componen las emociones y los pensamientos. Recordemos que la mente no es lo mismo que el cerebro. El primer lapso de tiempo luego de la muerte es un período de inconsciencia. Este período varía entre los individuos, aunque esto no hace mucha diferencia debido a que aquí no existe el sentido del tiempo. Lentamente, la porción restante de la personalidad va redespertando en lo que resulta ser algo muy similar al estado normal del sueño. Esta fase es lo que se denomina en sánscrito como kāma loka, el campo o esfera de los deseos. Si la persona es algo evolucionada espiritualmente y ha logrado transformar y de esta manera deshacer todas o casi todas sus emociones bajas, tales como la ira, el resentimiento y la ansiedad, esta fase será una relativamente corta, a veces de solamente unos pocos días o aun horas. Para otras personas, aquellas que murieron con una gran acumulación de energía emocional, el período en el kāma loka pudiera extenderse por muchos años.

La energía emocional o mental acumulada no desaparece con el tiempo simplemente así. Una batería eléctrica debe ser descargada de forma controlada a lo largo de un lapso de tiempo o de lo contrario podría resultar en una explosión peligrosa. Así mismo sucede con toda la energía emocional no transformada que se ha ido acumulando a lo largo de nuestra vida.

El mejor curso de acción es transformar y de esta manera deshacer esta energía emocional a medida que vamos pasando por la vida, de manera tal que no haya, en un momento dado, una acumulación perceptible de esta. El segundo mejor curso de acción es trabajar activamente en la liberación o el descargue de esta energía cuando sintamos que se está acercando el final de la vida. De hecho, una cantidad relativamente elevada de personas hacen esto de forma natural. A medida que la energía va languideciendo y el cuerpo físico ya debilitado va sintiendo cada vez más el peso de cada emoción negativa, las personas comienzan a percatarse de que tales emociones no ameritan el dolor y el sufrimiento que las mismas ocasionan. Una persona sabia se percata de esto temprano en su vida y toma las medidas necesarias para controlar sus emociones. El control de las emociones es tan importante que lo cubriremos en los capítulos 12 y 13.

El último curso de acción es no hacer nada sino simplemente continuar con las reacciones emocionales ante todo en la vida, como por ejemplo permitirnos la ira, la molestia, la negación, la frustración, el resentimiento y el miedo. Desafortunadamente, la mayor parte de las personas todavía se ubican en esta categoría. Para estas personas su transición física es con frecuencia tortuosa, tanto para ellas como para aquellos que las cuidan.

La persona iluminada no experimenta nada de esto. Tal persona está completamente preparada para dejar su existencia física atrás, habiendo pensado con cuidado lo que el proceso conlleva y, más importante aún, habiendo dejado ir todas las ataduras, tanto emocionales como de otra índole. Cualquier retazo final de energía emocional es transformado y de esta manera deshecha, de forma tal que el proceso de muerte es uno tranquilo y natural, independientemente de las circunstancias externas.

Es importante tener claro el tipo de cosas que no debemos esperar luego de la muerte del cuerpo físico. Una vez se haya dejado atrás al mundo físico, no existen los alimentos, los deportes, la televisión, el alcohol o las drogas, el drama, el sexo, el ir de compras, ni tan siquiera existen las computadoras o los juegos de video. Todas estas cosas ocasionan tensión y estrés en nuestras vidas en mayor o menor grado. Ahora es nuestra oportunidad para descansar de todas estas cosas del mundo físico que requieren de nuestra atención. Resulta sorprendente que tantas personas sean incapaces de relajarse mientras se encuentran en el mundo físico. Cuando deseamos que alguien "descanse en paz", queremos con esto significar precisamente eso. Para la mayoría de las personas, esta es la primera vez en décadas que verdaderamente pueden descansar en paz y poner en práctica el desapego hacia lo mundano, no importa que dicho desapego sea uno forzoso.

De modo que existe un período de inconsciencia, seguido de un "despertar" paulatino en el kāma loka. ¿Qué sucede una vez cualquier emoción no transformada y deshecha es entonces atendida?

Dicho sea de paso, el kāma loka no es una localidad sino un estado de existencia, un campo o esfera de conciencia y no un lugar. Todo sucede en forma cíclica, y podemos notar que en la naturaleza los mismos patrones se repiten una y otra vez. Como dijimos anteriormente, el período en el kāma loka es semejante a un estado de sueño, la calidad del cual la determinan estas emociones no transformadas. Para algunas personas, si sus emociones son de una naturaleza inferior, esta estadía en el kāma loka sería más parecida a una pesadilla. Hacia el final de este lapso de tiempo en el kāma loka, a medida que la energía emocional disminuye al punto de desaparecer, vuelve otra vez a haber un período de inconsciencia al igual que ocurrió al comienzo de dicho período.

En algún momento durante este período de la vida después de la muerte, se efectúa una evaluación a los efectos de si la recién terminada vida resultó en una experiencia suficientemente útil para el crecimiento del alma o si la misma fue una experiencia desperdiciada. Si existe algo que podamos llamar el juicio final, es este proceso decisional. Si la vida es convalidada como útil, como sucede la mayoría de las veces, la esencia de las experiencias de vida, sin incluir los detalles, es absorbida por el Yo Superior. El alma no le confiere importancia alguna al drama personal, a las reacciones emocionales o al éxito o fracaso de los deseos personales. Lo que es importante para el alma es muy diferente a lo que es importante para la personalidad.

Si la decisión resultante es de que la vida recién terminada no fue una útil, lo cual sucede solamente si a la personalidad se le puede caracterizar como perversa, se descartan entonces las experiencias de vida adquiridas y el alma comienza casi inmediatamente a hacer los preparativos para una nueva encarnación. Esa vida se convierte así en "una página que se arranca" de la serie de encarnaciones vividas y, desde la perspectiva del Yo Superior, es como si la misma nunca hubiese ocurrido. Así pues, en un sentido muy real es posible que uno "pierda a su alma", aunque esto es poco común. Aun aquellas personas que aparentan ser horribles ante nuestros ojos muchas veces tienen justamente suficiente bondad dentro de ellas como para hacer que esa vida tenga valor. Y a manera de aclaración, no es que la personalidad "pierda" al alma, sino que el alma descarta a la personalidad.

Presumamos que yo haya vivido una vida lo suficientemente bien como para aprobar este "juicio final". ¿Qué le sigue a esto?

La mayoría de las personas pasan ahora a un estado de dicha y gozo pleno, el cual puede ser de más larga o más corta duración. Esto corresponde, al menos hasta cierto grado, al concepto de cielo que tienen algunas personas. En sánscrito esto se conoce como el devachan, que significa literalmente "el mundo de los que resplandecen".

Resulta un tanto difícil describir al devachan. El mismo no es la cuidad con calles de oro, árboles repletos de joyas y música celestial que muchas personas imaginan. De hecho, eso resultaría ser extremadamente aburrido para la mayor parte de las personas. En vez de esto, el devachan corresponde más estrechamente a los sueños más apacibles y dichosos que podamos imaginar.

¿Es el devachan un estado de sueño o una experiencia real?

¿Qué es real y qué no lo es? ¿No hemos alguna vez recreado un suceso en nuestras mentes tantas veces que ya no estamos seguros de qué parte sucedió en la realidad y qué parte es producto de nuestra imaginación?

En más de una ocasión me he percatado de que no estoy seguro de si un evento sucedió en realidad o de si yo lo imaginé.

¿Lo hace menos real si lo imaginamos, siempre y cuando estemos convencidos de que ocurrió?

No, supongo que no.

Es importante entender que, en nuestro desarrollo como seres con conciencia, los eventos que ocurran durante nuestra experiencia de vida no son de importancia, sino más bien cómo los percibimos y cuáles son nuestras reacciones hacia ellos. Esto es lo que constituye nuestra experiencia de vida.

¿Quiere usted decir que si simplemente imagino mis experiencias de vida, tal y como si todo fuese un sueño, que esto sería tan significativo como si hubiese ocurrido en la realidad?

Sí. Este universo existe porque un ser elevado lo creó, primero como un pensamiento y luego en materia. Todo lo existente es māyā, una ilusión.

Si uno cree que algo existe, esto es entonces muy real para uno. Si uno sueña que se está cayendo por un precipicio, el cuerpo y las emociones reaccionan tal y como si uno se estuviese cayendo en el mundo físico.

¿Pero no podemos decir que el mundo físico es real y el estado de sueño no lo es?

No, sería más acertado decir que cualquier nivel de existencia que no sea el Absoluto es irreal y que, mientras más nos alejemos del Absoluto, más irreal será dicho nivel de existencia. El mundo físico no es más real que el mundo astral o emocional, ni de que es más real que los campos o esferas mentales.

Podemos dar un golpe sobre la mesa que tenemos al frente nuestro y la misma nos parecerá completamente sólida. ¿Pero lo es? Los físicos nos dicen que los átomos están compuestos casi en su totalidad de espacio vacío y muchas personas inclusive dirían que nuestro "mundo físico" no es más que una colección de puntos focales de energía actuando recíprocamente los unos con los otros. Utilizando el ejemplo de la mesa, somos una ilusión dando un golpe sobre otra ilusión. Cuando soñamos que "tocamos" a la puerta o "manejamos" un automóvil, ¿no nos parece esto tan real como cuando estamos despiertos y alertas?

Ciertamente parece real mientras estoy durmiendo, pero entonces despierto y me percato de que fue solamente un sueño.

También despertaremos un día y nos percataremos de que toda la vida es un sueño.

Eso me hace pensar que mi vida entera es inútil si la misma es irreal y solamente una ilusión.

Para nada. Uno puede pensar que la vida es real o irreal y ninguno de los dos puntos de vista sería incorrecto. Lo que resulta importante es la realidad relativa. La única realidad absoluta está en el nivel del Absoluto. No sería inexacto decir que la conciencia del alma es más real que la conciencia física, o que la conciencia al nivel de la Mónada es más real que la del alma.

Creo que yo prefería cuando todo era en blanco y negro y no tenía que pensar acerca de estas cosas. Ciertamente la vida era más fácil entonces.

¿En verdad lo era? Como adultos podemos lamentarnos por las dificultades y responsabilidades en nuestras vidas, pensando que las cosas eran más fáciles cuando éramos niños. Tenemos que pagar un precio por adquirir una capacidad mayor para percatarnos de las cosas y por alcanzar un nivel de conciencia más elevado. No empece ello, ¿puede alguna persona en realidad estar dispuesta a ceder las experiencias adquiridas como consecuencia de haber aprendido a lidiar con las dificultades de la vida?

Puede ser desconcertante el darnos cuenta de que la vida no es tan sencilla como para que un niño la pueda comprender con facilidad pero, ¿preferiríamos aferrarnos a ideas simples las cuales ya no son útiles o crecer en nuestro nivel de conciencia?

Creo que preferiría expandir mi nivel de conciencia, pero esto aparenta ser muy difícil.

La vida solamente es tan dificultosa como la hagamos. Si escogemos aferrarnos a conceptos anticuados e inútiles y resistir el cambio, el cual tendrá lugar aceptémoslo o no, entonces la vida nos parecerá terriblemente dificultosa e injusta. Si por el contrario aceptamos con ecuanimidad y hasta con alegría lo que nos suceda, y si estamos dispuestos a ceder las viejas ideas y adoptar otras más nuevas y precisas, entonces la vida se convierte en una extremadamente sencilla. El apegarse a las cosas, la resistencia al cambio y las reacciones emocionales ante lo que nos sucede es lo que hace a la vida difícil.

¿Vemos entonces cómo es que nuestras actitudes resultan ser el factor determinante en determinar cómo es que actuaremos recíprocamente con la vida?

Estoy comenzando ahora a percatarme de eso. ¿Existe algo que yo pueda hacer para aprender a desapegarme de las cosas y para aprender a controlar mis reacciones emocionales?

El propósito de este libro es proveer la información de trasfondo necesaria y algunas prácticas útiles para lograr precisamente eso.

DEVACHAN

Anteriormente usted estaba hablando sobre el devachan. ¿Puede decirme más acerca del mismo?

El devachan no es un lugar sino un estado del ser, uno de intensa falta de egoísmo durante el cual los individuos recogen la recompensa por los actos más desinteresados efectuados durante la vida. Toda la energía acumulada a través de los actos más nobles de bondad, compasión y amor incondicional solamente puede ser recompensada a este nivel más elevado. Durante este período, el cual puede durar desde algunas horas hasta varios siglos, la persona está inmersa por completo en sueños de dicha resultantes de todas las afecciones terrenales de una naturaleza más elevada que dicha persona experimentó. Si la persona era un músico, su período en el devachan incluirá el disfrute de piezas musicales de inimaginable belleza, las cuales sería imposible reproducir en el mundo físico. Sin embargo, muchos artistas vivos que son personas avanzadas espiritualmente están, sin saberlo, siendo inspirados por estas obras magistrales que se encuentran en los planos interiores, y podemos observar algo de esta naturaleza divina en las obras de dichos artistas en el mundo físico.

En el devachan no existe el dolor, la pena ni la tristeza. Una madre que se encuentre en el devachan dedica tiempo experimentando sueños de inmenso gozo, en donde sus niños son los actores principales.

¿Está esa madre consciente de lo que está sucediendo en las vidas de sus hijos en la Tierra y, de ser así, puede ella ayudarlos a resolver los problemas a los que se enfrentan?

Si ella estuviese consciente de los problemas de sus hijos, ese no sería entonces un mundo celestial. El gozo inmenso de esa madre se intercambiaría por tristeza y ansiedad hacia con sus hijos, y este período en el devachan dejaría de ser el descanso apacible y repleto de dicha que ella se ha ganado. El devachan se encuentra en el nivel preciso en que se encuentra el alma. A ese nivel, nada que sea en lo mínimo tosco puede experimentarse. El alma en el devachan no puede bajar al nivel físico de existencia, pero en raras ocasiones uno en el nivel físico puede ascender al nivel del alma.

¿Cómo es posible eso?

Durante el sueño o durante una meditación profunda, uno a veces puede atisbar dentro del mundo de la persona que se encuentre en el devachan. El resultado más probable de esto sería el experimentar un sentido de gozo y paz indescriptible una vez uno despierte o retorne al nivel de conciencia normal. Esto no es de por sí una experiencia emocional, pero uno pudiera tener una reacción emocional a ella.

Si la experiencia del devachan es solamente un sueño, ¿por qué existe entonces? Parece como si fuese una pérdida de tiempo.

La existencia del devachan es el resultado de la ley del karma. Toda acción, todo pensamiento y toda emoción debe tener su efecto. El efecto de nuestros actos más elevados y desinteresados puede verse solamente en este nivel exaltado. Dichos actos se acumulan durante nuestra vida, y podemos entonces disfrutar de nuestro bien merecido período de dicha una vez las energías más bajas han sido descargadas en las etapas anteriores del bardo.

Esto suena como a que los miembros más espirituales de la humanidad pasan períodos largos de tiempo en el devachan. ¿No querrían ellos ceder esta estadía en el devachan y regresar más pronto al mundo físico para ayudar a sus hermanos que luchan y padecen?

Normalmente esto no es permitido, pero las condiciones actuales del mundo son tales que algunas veces se hacen excepciones. Bajo condiciones bien estrictas, es posible posponer la estadía en el devachan y regresar al mundo físico casi inmediatamente, pero esto sucede en casos muy raros. En las próximas décadas veremos algunos de estos casos, aunque esto no será reconocido salvo por las personas más iluminadas.

Capítulo 5

MAS ALLÁ DEL REINO HUMANO

> La senda de los justos es como la luz de la aurora que va alumbrando en resplandor hasta que el día es perfecto.
>
> *Proverbios 4:18*

NUESTRA META COMO SERES HUMANOS

¿Cuál es nuestra meta como seres humanos? En la Biblia se hace frecuentemente referencia al "hombre perfecto" o a "los hombres justos convertidos en perfectos". ¿Podemos en realidad convertirnos en perfectos? Sí podemos, de lo contrario, ¿cuál sería entonces el propósito de pasar por la experiencia humana? Cuando la conciencia estaba ganando experiencia en el reino vegetal, comenzó a hacerlo por medio de las formas más simples, tales como los musgos y los líquenes. Dicha experiencia no comenzó a adquirirse por medio de formas más complejas como los árboles secuoya o los pinos. En vez de esto, la conciencia atraviesa por experiencias inconmensurables en diferentes tipos de formas, incrementando en la complejidad de la forma y en el nivel de la conciencia hasta alcanzar la cima del reino vegetal. Solo entonces dicha conciencia se "gradúa" y continúa su jornada en el reino animal. La conciencia que está en desarrollo no es solamente la del plano físico, sino también la emocional, la intelectual y la intuicional.

La conciencia no tuvo que experimentar en cada especie de planta existente, pero sí dicha experiencia fue bien balanceada. La meta no era aprender todo lo que pudiese ser aprendido en ese reino, sino crecer en conciencia lo suficiente como para estar listo para el próximo nivel de experiencia en un reino más elevado.

Luego de pasar millones de años en el reino animal, la misma chispa divina, creciendo en conciencia cada vez más, comenzó su jornada por el reino humano. Al entrar en este campo o esfera humana de experiencia, dicha chispa divina adquirió un alma humana. Es esta alma humana la que nos separa de todas las otras criaturas en la tierra. La mente que hemos ganado al entrar al reino humano es la herramienta que nos permite a convertirnos en cocreadores con lo Divino.

Es importante que seamos conscientes de que nuestra mente también está evolucionando. Comenzamos nuestra jornada en el campo o esfera humana con el mismo nivel de conciencia que teníamos cuando estábamos en la cima del reino animal. La naturaleza no funciona a sacudidas, sino que sigue una expansión y un crecimiento lento y estable, tanto en la complejidad de la forma como en la de la conciencia que en ella habita. Esto no significa que todo lo que la naturaleza intenta resulta en éxito, de hecho, el fracaso es algo que los humanos tenemos en común con la naturaleza. Los humanos aprendemos intentando algo, evaluando si hemos tenido éxito o no en nuestra meta, y recomenzando si dicho intento no funcionó. Este resulta ser el mismo proceder de la naturaleza; se establece un plan el cual se evalúa en diferentes etapas de su desarrollo y si algo no está correcto, se corrige si se puede o si no se descarta. El proyecto entonces se empieza de nuevo o se comienza en su lugar un plan diferente.

¿Quiere usted decir que la totalidad de nuestro universo se desarrolla por medio de un diseño inteligente?

Así es como todo se desarrolla. La evolución de las formas y de la conciencia no ocurre por casualidad.

Pero si este diseño inteligente proviene de lo Divino, ¿por qué no funciona a la perfección desde la primera vez?

Si reflexionamos un poco, nos resultará claro por qué no todo puede siempre funcionar perfectamente. Si un maestro arquitecto diseña una casa y él mismo la construye bloque a bloque, la misma será perfecta. Pero, ¿por qué construir la casa por sí mismo? Si ese arquitecto está motivado por querer ayudar a enseñar a otros, ¿no utilizaría artífices y artesanos para realizar el trabajo a manera de que ellos pudieren aprender del proceso y a su vez convertirse en maestros por derecho propio?

Creo que eso tendría mucho más sentido. ¿Está usted diciendo que este mundo es una escuela para aprendizaje?

Claro que sí. Todos estamos aquí para adquirir experiencia. Desafortunadamente, algunas personas en este mundo tienen la misma actitud que la de ciertos estudiantes universitarios. Ellos solamente piensan acerca de las fiestas de fin de semana, el socializar, los juegos de fútbol y las posibilidades de encuentros sexuales. Los estudiantes universitarios serios y los estudiantes serios en la vida tienen la misma meta: obtener lo más que se pueda en cada fase de su experiencia de aprendizaje.

Si nuestro objetivo de vida es encontrar placer y felicidad de forma perpetua, estaremos destinados a encontrar la desilusión. No es posible encontrar felicidad eterna en este mundo físico. "Guarda tus tesoros en el cielo, donde ni la polilla ni el moho los puedan destruir, y donde los ladrones no puedan entrar a robárselos".

¿Quiere usted decir que no debemos disfrutar la vida?

No estamos diciendo eso en lo absoluto. La persona iluminada disfruta de la vida, pero de una forma muy diferente a lo que hace una persona menos iluminada. Mientras más iluminado uno sea, tanto más satisfecho se sentirá y tanto mayor será el sentido de plenitud que uno sienta, esto siempre y cuando haya puesto en práctica lo aprendido.

La persona que menos entienda cómo es que funciona la vida será la que experimente el mayor grado de vaivén en la felicidad, si dicha felicidad está fundamentada en el deseo por adquirir una plenitud emocional. Esa persona tendrá muchas altas y bajas, y muchas de estas son adictas al sube y baja de emociones cual montaña rusa. Esto es lo que hace a estas personas sentir que están vivas. La persona que es más iluminada se mantendrá alejada del torbellino de emociones que a otros les resulta atractivo. La persona más iluminada observa y actúa recíprocamente con los demás, pero desde un nivel distinto de conciencia. Que las personas más iluminadas no sean adictas a los mismos deseos emocionales que las menos iluminadas no significa que sean menos felices, de hecho, probablemente son mucho más felices.

Pero yo disfruto mucho compartiendo con otros. A todos nos gusta una buena fiesta, ¿no es así?

No, no todo el mundo encuentra el ambiente de una fiesta como algo agradable. Una persona que sea más sensible a las vibraciones que la persona promedio encontrará insoportables las vibraciones prevalecientes en una fiesta. Esto sería equivalente a estar en un cuarto lleno de ruidos ensordecedores sin tener el equipo necesario para prevenir un daño auditivo. A medida que avanzamos en el nivel de conciencia se agudiza nuestra sensibilidad a las vibraciones y nos percatamos de unas que otras personas no perciben en ningún momento.

La mayoría de nosotros se ha encontrado con personas que están tan ebrias que difícilmente pueden mantenerse de pie. Estas personas, sin embargo, están convencidas de que la están pasando bien y nos incitan a unirnos a su disfrute. Si miramos esto desde un punto de vista alejado del ofuscamiento producido por el alcohol, podremos ver con claridad que este "pasarla bien" redundará en una resaca muy desagradable y de que existe un costo elevado para esta experiencia de "pasarla bien". De igual manera, las personas más iluminadas observan desde la distancia a aquellas que están inmersas en el ego y en el sube y baja de las emociones. Dichas personas más iluminadas no envidian para nada a las otras, prefiriendo su propia vida tranquila de desarrollo espiritual y contacto con el alma.

De manera que durante esta fase humana de nuestro desarrollo vamos desde las formas más bajas de conciencia humana y vamos escalando gradualmente. ¿Quiénes son las formas más elevadas de seres humanos y cómo se diferencian del promedio?

Existe una variedad grande de seres humanos compartiendo el espacio en este planeta, y cada una de ellas se encuentra en su nivel de desarrollo particular. Como seres humanos, tenemos la tendencia a juzgar a los otros basándonos en las apariencias, tales como la ropa que llevan puesta, con quién socializan, el tipo de automóvil que poseen y el número de grados universitarios que ostentan. Ninguna de estas cosas resultan ser indicadores válidos del desarrollo espiritual de una persona, el cual se puede ver solamente con la visión interior. Algo que existe en un nivel de conciencia particular puede ser percibido mejor en ese nivel. Desde el nivel de conciencia de la personalidad no podemos apreciar con propiedad las cualidades del alma. Podemos tener un entendimiento vago de nuestra alma y sentir, hasta cierto grado, su influencia sobre nosotros, pero para apreciarla a plenitud debemos elevar nuestra conciencia a ese nivel vibracional.

Algunos de los seres más avanzados espiritualmente en nuestro planeta ni tan siquiera piensan de sí mismos como que ellos han alcanzado un desarrollo espiritual que se pueda notar. Muchos están sumidos en algo de sumo interés para ellos al punto de que el resto del mundo desvanece y se aleja. Los grandes pensadores y científicos, tales como Einstein y otros, quienes están dedicados completamente a su trabajo y no prestan mucha importancia a las cosas que la mayoría de las personas consideran esenciales en sus vidas, son ejemplos de algunos de los seres humanos más avanzados. Estos seres humanos más avanzados también pudiesen ser grandes artistas, músicos, escritores o constructores. El elemento que todos tienen en común es que su motivación no es la fama ni el dinero, sino el amor hacia su arte o su oficio y un aprecio hacia las maravillas del universo.

¿No incluiría esto también a los muchos místicos y contemplativos, aquellos que viven en un convento o monasterio?

Aquellas personas que escogen la vida en reclusión son de entre las más adelantadas de nuestra humanidad, pero ello no es garantía de desarrollo espiritual. Existen muchas razones para entrar a un monasterio o convento. Podría ser una forma de escapar de las responsabilidades y dificultades del mundo externo. También podría ser que dichas personas reconozcan su apego a las cosas materiales y escojan la vida monástica como una manera de superar esta condición. De ser este el caso, la vida en reclusión no adelantaría mucho, toda vez que significaría solamente substituir el orgullo en las cosas materiales por el orgullo espiritual. De todas formas, sigue siendo el ego en función y sigue siendo indicativo de un ser no iluminado.

¿Y qué de San Francisco de Asís, Santa Teresa de Ávila y otros como ellos? ¿No deberíamos emularlos y adoptar su modo de vivir?

Es cierto que en siglos pasados la vida monástica era muy apropiada para el desarrollo espiritual, pero ha llegado el tiempo para que los seres humanos permanezcan en el mundo y a la misma vez se desarrollen espiritualmente, estar en el mundo pero no ser del mundo, tal y como enseñó Jesús.

¿Por qué eso ha cambiado?

La humanidad se encuentra en una etapa donde hay muchas personas al borde de tomar un paso gigante en su desarrollo espiritual. El campo para este crecimiento ha cambiado de la reclusión al mundo cotidiano. Podemos tocar la vida de más personas si trabajamos con ellas, si tenemos familias, si criamos hijos en hogares donde los valores espirituales son una experiencia diaria. El tiempo ha llegado para que seamos más activos en nuestro trabajo, no meramente ser contemplativos. No resulta en nada fácil balancear estos dos aspectos de nuestras vidas, pero es aquí donde en la actualidad nos encontramos en nuestro sendero evolutivo.

Muchas personas han alcanzado la etapa en el desarrollo humano donde son muy conscientes de las limitaciones que impone el mundo físico. Estas personas están comenzando a mirar hacia algo que les resulte más significativo que los juguetes mágicos que resultan todavía tan atractivos para la mayoría de la gente. La cantidad de estas personas es bastante numerosa, pero existe una carencia de instructores lo suficientemente avanzados para ser ejemplos distinguidos y una inspiración para aquellos que están listos ya para otra cosa. No hay una carencia de predicadores y gurús ni de personas "iluminadas levemente", pero encontrar un maestro que sea iluminado genuinamente resulta raro.

¿Qué sucede cuando llegamos al final de nuestra jornada humana? ¿Dejamos de existir?

En lo absoluto. Todavía hay muchas etapas en nuestro adelanto espiritual. Una vez un ser humano ha aprendido todo lo que se requiere como humano, se "gradúa" y avanza hacia un nivel nuevo de trabajo espiritual. Existen varios senderos que se abren ante el ser humano que ha alcanzado su meta en la humanidad.

¿Nos puede usted decir cuáles son estos senderos?

Mencionaremos dos de ellos. Una opción es transferirse al reino angélico para convertirse en un deva o "el que resplandece". Otra opción es servir como instructor de la humanidad, mantenerse en el planeta Tierra en forma humana y ayudar a la evolución espiritual del mundo. Esto conlleva un sacrificio tremendo por parte de los que escojan este sendero, ya que significa que deben mantenerse en un ambiente que resulta ser muy diferente al de su propio nivel vibracional.

¿Significa eso que estos seres avanzados están entre nosotros viviendo en el mundo?

Por lo general no. Las vibraciones en el mundo, y principalmente en nuestras grandes ciudades, son tales que estos seres tendrían que gastar demasiada energía para balancear esta condición energética que es inferior de forma distinguible a la prevaleciente en ellos. En su lugar estos seres viven en áreas remotas, alejados de la civilización y desde donde pueden trabajar tranquila y calladamente. La mayor parte del trabajo de estos seres se efectúa durante un estado de meditación.

Me encantaría poder conocer y hablar con uno de estos seres. ¿Cómo podría lograrlo?

No podría, a menos que uno mismo sea un ser espiritual altamente avanzado. Estos seres son las personas más ocupadas en el mundo. Aun cuando sus cuerpos estén durmiendo, ellos están trabajando en niveles de conciencia más elevados. Para ellos, no existe tal cosa como vacaciones.

¿Cómo pueden ellos tener cuerpos físicos si ya se han graduado del reino humano?

No todos ellos escogen tener un cuerpo físico, pero algunos sí lo hacen. En estos casos, el cuerpo humano utilizado es el mejor que esté disponible para ellos. Sin embargo, sus cuerpos físicos son muy diferentes a los nuestros. Para empezar, estos cuerpos no sufren enfermedades como nosotros. Sus cuerpos son tan perfectos como pueden ser. Estos seres conocen más sobre sus cuerpos y cómo cuidarlos que cualquiera de nosotros.

Pero, ¿no son ellos humanos también si poseen un cuerpo humano?

No es la posesión de un cuerpo humano lo que hace a uno ser humano. Para ser humano significa que uno ha adquirido un nivel de conciencia específico. Cuando uno muere uno pierde su cuerpo físico, pero ¿significa esto que uno deja de ser humano?

Veo lo que usted quiere decir. Es el nivel de conciencia lo que nos hace humanos. De modo que, ¿qué son estos seres avanzados si no son humanos?

LOS ADEPTOS

A estos seres avanzados se les refiere como el quinto reino en la naturaleza, como Adeptos o como Mahātmas. Mahātma es un término en sánscrito que significa gran alma o gran espíritu. La ciencia reconoce solamente tres reinos en la naturaleza, el mineral, el vegetal y el animal. A nosotros los humanos los científicos nos consideran como animales debido al cuerpo físico que ocupamos. En la ciencia esotérica, hacemos una distinción basada en conciencia y no en la forma. Por tal motivo, reclamamos que los humanos constituyen un cuarto reino y que los Adeptos constituyen un reino aún más elevado debido a su nivel de conciencia.

He escuchado acerca de los Maestros Ascendidos y de mensajes, provenientes de ellos, que son canalizados por personas. ¿Son Maestros Ascendidos los seres que envían estos mensajes?

Existen muchas personas en el mundo que están convencidas de que reciben mensajes de los arcángeles, "Maestros Ascendidos" y de miembros con alto rango en la Jerarquía Espiritual.

En la mayoría de los casos, aun si la persona es sincera, se está engañando a sí misma y a los demás. Existen entidades en el campo o esfera astral-emocional a las cuales les encanta hacerse pasar por personas altamente conocidas. Esto no es difícil de lograr. Hay miles de personas las cuales poseen algún grado de clarividencia, pero el mismo está limitado al campo o esfera emocional. Estas entidades apelan al ego de estos clarividentes, diciéndoles que ellos han sido escogidos de forma especial para comunicar al mundo mensajes importantes. El mensaje, por supuesto, no parecería ser importante a menos que provenga de una fuente altamente venerada. Esto hace que el clarividente se sienta muy orgulloso por haber sido escogido para esta labor.

El término "ascendido" aparenta tener varias interpretaciones. Para algunos, este término describe a alguien que ha sido llevado a un nivel de conciencia más elevado pero que ha retenido su cuerpo físico. Es cierto que algunos Adeptos retienen un cuerpo físico, pero para ellos el cuerpo es simplemente una herramienta para poder funcionar en el mundo físico. Otros seres avanzados no poseen un cuerpo físico. Si algún cuerpo físico es necesario para llevar a cabo su trabajo, ellos crean un cuerpo temporal por medio de kriyāśakti. Esto, sin embargo, no se lleva a cabo con frecuencia toda vez que ello requiere el gasto de energía, y estos seres son eficientes de forma escrupulosa en el uso de la energía disponible. En cualquier caso, no existe el apego hacia la personalidad como nosotros experimentamos.

¿Cómo podemos saber si los mensajes recibidos provienen de uno de estos seres avanzados o si por el contrario provienen simplemente de una entidad en el campo o esfera astral?

"Por sus frutos los conoceréis" es una frase que se refiere con exactitud a esta situación. Casi todas las "comunicaciones" del tipo antes mencionado se les atribuyen a miembros de la Jerarquía Espiritual muy conocidos o al menos muy conocidos por parte de las personas que estudian estos temas. Quitémosle el nombre y miremos el contenido del mensaje como tal. Si dicho mensaje está lleno de banalidades y de frases floridas, si apela a las emociones y al ego de quien recibe el mensaje, podemos estar razonablemente seguros de que no proviene de un ser avanzado espiritualmente.

A los Adeptos no les interesa que se sepan sus nombres y no tienen ningún motivo para apelar al ego de quien recibe. Cualquier mensaje de ellos que sea real se envía al mundo tal y como dicho mensaje es, sin la necesidad de incluir el nombre del autor. Una de las pruebas para determinar el nivel de desarrollo espiritual de una persona es si puede ser capaz de discernir los mensajes reales de los falsos.

La primera cualificación para el crecimiento espiritual es el discernimiento o viveka en sánscrito. Viveka significa la capacidad de distinguir lo real de lo irreal. Todos los aspirantes deberán pasar por la prueba de aprender a separar lo verdadero de lo imaginario. Quien no haya aprendido a hacer esto, pasará varias vidas deambulando y desperdiciando tiempo en cosas que no son de provecho.

¿Cómo puede uno distinguir lo real de lo irreal?

En un sentido, cualquier cosa que exista en una frecuencia vibratoria más elevada resultará ser más "real" que algo que se encuentre en un nivel de vibración menor. Por lo tanto, a medida que aumentamos en conciencia estamos alcanzando un nivel de existencia más "real". Existe solamente una realidad y esta está al nivel del Absoluto. Desde ese punto de vista todo lo demás es "irreal", pero también podemos decir que existen diversos grados de "realidad" a medida que nos acercamos al Absoluto. La verdad es relativa.

La canalización y el recibir mensajes espirituales están muy de moda. Es cierto que algunas personas reciben comunicaciones de otros campos o esferas, pero pocas de estas son de naturaleza espiritual. De aquellas que provienen de otros lugares que no sean el campo o esfera astral-emocional, la inmensa mayoría son de nuestro Yo Superior o alma. De forma esporádica, algunos mensajes pueden provenir de algún discípulo o alumno avanzado de uno de los Adeptos y con muy, muy escasa frecuencia del Adepto mismo. Esto último resulta extremadamente raro y es importante para nosotros estar cautelosos de cualquier persona que reclame recibir mensajes de algún Adepto o miembro de la Jerarquía Espiritual. Si el mensaje está revestido de lenguaje florido y apela a las emociones, el mismo *no* proviene de un miembro de la Jerarquía. La cautela es esencial para el estudiante espiritual que quiera evitar caer en las numerosas trampas que existen a lo largo de la jornada.

Hay otro aspecto de viveka que puede parecer como un poco menos abstracto, y es el determinar si algo es útil o no, si es provechoso o no para nuestro crecimiento espiritual. Esto significa que debemos estar evaluando las cosas de forma constante y estar haciendo una determinación al respecto: ¿ayuda esto a mi desarrollo espiritual o lo obstaculiza?

Como dijo Sócrates, "La vida que no se revisa no vale la pena ser vivida".

¿Qué significa eso?

Significa que si pasamos por la vida solamente dando tropezones y cometiendo errores crasos, permitiendo siempre que nuestros deseos y pasiones nos controlen y nos guíen, no estaremos actuando como los seres divinos que en realidad somos. En vez de esto seríamos más como los animales que actúan por instinto y por deseos, sin hacer esfuerzo alguno para mejorar su situación. Claro está, los animales son incapaces de actuar de otra manera. Nosotros, por el contrario, poseemos una mente humana y un alma humana. Se espera mucho de nosotros, mas sin embargo durante largos períodos de tiempo hemos venido caminando trabajosamente por la vida sin que percibamos nuestro potencial real.

En algún punto, sin embargo, comenzamos a tener un leve indicio de lo que son nuestras posibilidades espirituales. Al principio es como si estuviésemos mirando con poca claridad a través de un cristal, pero si perseveramos en nuestro esfuerzo, el mismo es recompensado pudiendo ver con más claridad cada vez. Esto solamente puede suceder cuando comenzamos a tomar control de nuestras vidas, cuando dejamos de pensar que la vida es injusta y que no podemos hacer nada para cambiar nuestro destino.

Si deseamos acelerar nuestro crecimiento espiritual, debemos examinar todo acerca de nuestras vidas, nuestras motivaciones, nuestros deseos, nuestros pensamientos y emociones. Solamente haciendo esto es que estaremos aceptando la responsabilidad por nuestras vidas y nuestro crecimiento espiritual futuro.

Conozco a muchas personas que son egocéntricas e introspectivas, pero no muestran mucho crecimiento espiritual.

Este no es el tipo de autoexamen a que nos referimos. El universo de muchas personas es sumamente pequeño, más o menos del tamaño de un casco de motocicleta. Todo con lo que se topan, toda persona con la que se encuentran, todo acontecimiento en sus vidas se reduce a una sola idea: "¿Cómo eso me afecta a mí? ¿Qué puedo yo sacar de esto? ¿Qué hay aquí para mí?" El tipo de introspección a la que nos referimos es más bien como: ¿Estoy siendo yo la mejor persona posible? ¿Son mis motivaciones puras y desinteresadas? ¿Qué puedo hacer para que el mundo sea un mejor lugar?"

EL DISCIPULADO EN LA NUEVA ERA

¿Es posible convertirse en estudiante de uno de los Adeptos de los que usted hablaba?

Si nos referimos a un estudiante que está en comunicación frecuente con un maestro y a una situación donde el maestro observa y examina al estudiante, corrigiéndolo y brindando sugerencias, entonces la contestación es no. Los Adeptos no tienen tiempo para eso y cualquier persona que piense lo contrario está viviendo una ilusión.

Pensé que usted dijo que el propósito de los Adeptos era ayudar en el crecimiento espiritual de la humanidad. Yo estoy tratando de trabajar en mi propio crecimiento espiritual. ¿Por qué no han ellos de ayudarme?

Los Adeptos sí ayudan cuando el motivo es puro, cuando es para beneficio de toda la humanidad y no por un deseo personal para el crecimiento espiritual. Cuando esa ayuda llega, la misma es en extremo sutil. No existen arbustos ardiendo ni mensajes fervorosos para ser comunicados al mundo con mucha fanfarria. La ayuda es en forma de una "voz calmada y pequeña", "la voz del silencio".

¿Pero no es esa "voz calmada y pequeña" la voz de mi propia alma?

Puede serlo. Si recibimos un mensaje de un Adepto o de uno de sus discípulos, el mismo es transmitido a nuestra alma. Si nosotros como una personalidad podemos recibir dicho mensaje, dependerá de cuan conectados estemos con nuestra alma.

¡De modo que los Adeptos sí tienen discípulos!

Ninguno de los discípulos son instruidos de forma directa por los Adeptos cual si fuese un adiestramiento en el lugar de empleo, al menos ya no más. En el pasado distante eso era posible, pero en el mundo de hoy ya no es factible. El discípulo debe instruirse y adiestrarse por sí mismo. Si estamos esperanzados en que alguien nos instruya a lo largo de todo el camino, no tendremos suerte. En un futuro no muy lejano, la instrucción constante será una posibilidad, pues habrá escuelas similares a las escuelas herméticas de antaño. Desafortunadamente, ahora mismo esta no es la realidad.

Si uno está motivado de forma sincera a ayudar en la evolución espiritual de la humanidad, la meta debe ser la de convertirse en un Adepto.

No estoy seguro de querer convertirme en un Adepto.

¿Por qué no?

Porque eso implica que no volveré a estar involucrado en el mundo cotidiano. No estoy seguro de estar preparado para eso.

Eso indica que no estamos preparados para sacrificar todo lo que sea necesario. No existe razón para querer ser un discípulo si nuestra última meta no es recorrer la totalidad del camino. De hecho, una vez comenzamos a lograr algún tipo de progreso real en esa dirección, la puerta se cierra y ya no podemos dar marcha atrás.

¿Por qué en la actualidad no existen las escuelas de enseñanza espiritual continua?

La razón es muy sencilla. En la actualidad existen millones de estudiantes en potencia y solamente un puñado de personas que han alcanzado la etapa de poder enseñar a otros en una condición formal. A los estudiantes en potencia se les dan algunas ideas y sugerencias tras bastidores, y luego se les observa para determinar si han respondido o no a ellas. La automotivación, la disciplina y la fuerza de voluntad son todos de importancia vital en este proceso. Cualquiera que se siente a esperar a que venga alguien a tomarlo de la mano y conducirlo por el camino, continuará haciendo solamente eso, sentarse a esperar. Mientras tanto, esa persona estará propensa a ser cautivada por las ilusiones y el encanto del campo o esfera astral, recibiendo mensajes por parte de entidades que se hacen pasar por seres altamente espirituales. Esto representa un retroceso drástico para el progreso espiritual de esta persona y demuestra que es el ego personal quien todavía está controlando.

Si existen millones de personas listas para recibir instrucción y adiestramiento, ¿por qué entonces no sería mejor dedicar el tiempo instruyendo al menos a algunas de ellas para que a su vez puedan ayudar a otras?

Eso es precisamente lo que está sucediendo. Pero en vez de estar siendo instruidos por alguien que los toma de la mano y los alimenta cual a niños pequeños, estas personas deben instruirse por sí mismas en el desarrollo de su intuición y de su visión. Solamente aquellos que poseen los recursos para echarse a sí mismos hacia adelante sin requerir más que una pequeña cantidad de ayuda, serán las personas cualificadas en este momento para ser la vanguardia del movimiento. La Jerarquía está buscando generales y oficiales ejecutivos principales, no soldados de a pie, oficinistas ni secretarias. "Muchos serán los llamados y pocos los escogidos".

¿Cómo puedo yo convertirme en uno de esos generales u oficiales ejecutivos principales?

¿Cuál es nuestra motivación? ¿Es el ser reconocido como una figura de poder dentro del movimiento espiritual? Si es así, mejor es que nos olvidemos de esto ya que la motivación no es pura y nos llevará solamente al dolor y la desilusión. ¿Es nuestra motivación cien por ciento altruista como sería el ayudar a una humanidad en lucha en su búsqueda hacia el crecimiento espiritual? ¿Estamos seguros que no existe ni tan siquiera un pequeño rastro de ego o de deseo para el engrandecimiento personal? Si existe aunque sea una pequeña cantidad de ego en nuestro deseo, fracasaremos. Debemos trabajar primero en el desarrollo de nuestro carácter antes de desear otra cosa y lo demás caerá en su sitio. No hay posibilidad de que pasemos desapercibidos si tenemos las cualidades de carácter requeridas.

¿Cómo es que no es posible pasar desapercibido?

Porque los Adeptos están siempre en búsqueda de aquellos que pueden ayudar en el trabajo. Ellos miran al mundo de forma amplia y de un vistazo ven a cualquier ser humano que esté tan siquiera acercándose a tener las cualificaciones necesarias para ayudar.

¿Cómo hacen ellos eso?

¿Nos hemos encontrado alguna vez con una persona que posee algo muy especial en ella? Es como si tuviesen una luz brillante que resplandece a través de ellas y toca a todas las personas con las que se ponen en contacto, una luz inspiradora que brinda un sentido de serenidad y paz.

Sí, he conocido algunas personas así.

Eso es exactamente lo que los Adeptos ven, exceptuando que su visión es muy superior a la nuestra y de que no hay forma de que ellos pasen por alto a ninguna persona. Existe un refrán en el Este que reza: "Cuando el alumno está listo, el Maestro aparece". La verdad es que el Maestro es consciente de la existencia del aspirante que esté logrando progreso mucho antes de que el alumno sea consciente de la presencia del Maestro. En el momento en que el alumno esté listo para la próxima etapa en el avance espiritual, automáticamente se abren las oportunidades para ello. No se requiere de nada en especial para lograr que se abran estas puertas, excepto el saber reconocer cuando esto suceda y se aproveche esa oportunidad. Fallar en reconocer y en tomar acción al respecto significa haber desperdiciado una oportunidad.

Digamos que yo estoy dispuesto a iniciar el proceso de convertirme en uno de estos seres más avanzados. ¿Cómo comenzaría a hacerlo?

A veces se dice, medio en broma, que el primer requisito es tener un buen sentido del humor. Aunque no sea un requisito en la realidad, de seguro ayuda. Si nos tomamos a nosotros mismos con demasiada seriedad, si siempre vemos las dificultades en la vida o si casi nunca nos reímos, ciertamente tendremos una tarea difícil ante nosotros. Por otro lado, si podemos reírnos de nuestro puntos débiles, no reaccionar ante las críticas de los demás y aligerar introduciendo algún humor en lo que de lo contrario sería una situación difícil, lograremos una actitud que hará más llevadero un camino de por sí muy difícil.

Hay tres requisitos primarios antes de intentar tan siquiera comenzar esta jornada llena de peligros. Estos se mencionan en la cita que aparece al comienzo de este libro: valor indómito, pureza sin mancha y fuerte intelecto.

VALOR INDÓMITO

Este sendero no es para los de corazón débil. Tomarlo requiere un valor muy por encima del que posee la persona promedio. Si uno tiene miedo a la oscuridad, a estar solo, a las alturas, a los espacios encerrados o tiene algún otro miedo o fobia, uno no posee valor indómito. Examinemos nuestras propias vidas y determinemos si hay o no temores los cuales seamos incapaces de superar con algún esfuerzo, y entonces trabajemos para erradicarlos. Si nos echamos atrás en esta tarea entonces no estamos listos todavía.

¿Por qué ha de ser esto un requisito? De seguro que vivir una vida espiritual no resulta ser peligroso en términos físicos.

Sí es peligroso en extremo, tanto físicamente como emocional y mentalmente. Aquellos que ignoran las cualificaciones requeridas y continúan hacia delante sin poseerlas, se exponen a tener unos resultados desastrosos que incluyen desbalance emocional y mental e inclusive la muerte. No es nuestra función el asustar, pero los riesgos son grandes y es elevado el número de aspirantes que fracasan, retrasando así su desarrollo espiritual en vez de acelerarlo.

Existen muchos temores que asaltan a la persona común. Tal y como describe Thoreau, la mayoría de las personas viven una vida de "desesperación silenciosa". La persona temerosa vive en un tormento perpetuo, con miedo a lo desconocido y a lo que *pudiere* suceder. Muchos están temerosos a fracasar, ya sea en pasar un examen o en tener éxito en una empresa de negocios. El miedo es el impedimento mayor en estos casos y el mismo debe ser superado. En la frase "Me temo que voy a fracasar", la única parte que ha de tener el respeto de la vida es la que dice "Voy a fracasar". Esta resulta ser una afirmación y la vida dice, "Tu deseo es mi mandato".

El miedo mismo al fracaso casi asegura que uno fracasará. No existe razón alguna para fracasar en lo que se emprenda si uno ha hecho su tarea. Si uno conoce lo que se requiere para el éxito, si ha realizado todo el trabajo de preparación y si ha hecho lo que le corresponde, entonces uno tendrá éxito. Observemos a los que han tenido éxito y emulémosles. Siguiendo los mismos métodos nosotros también tendremos éxito, no importa si lo que pretendemos lograr es una meta de negocios o una espiritual. No existen atajos. Aseguremos de que la meta está definida con claridad, que la misma es asequible y entonces tomemos todos los pasos necesarios para lograrla.

PUREZA SIN MANCHA

La pureza sin mancha es otro requisito que elimina a muchos de los aspirantes a convertirse en uno de los seres más avanzados. Para muchos aspirantes, la pureza sin mancha suena como algo imposible de lograr y con frecuencia lo es. La mayoría de los aspirantes intentan ignorar este requisito, esperando que el mismo no aplique a su situación. La mayor parte de las personas presumen que la pureza sin mancha comprende una serie de reglas. Este no es para nada el caso. La pureza sin mancha no es que uno actúe o no de cierta manera. Así es como la mayoría de las personas juzgan las cosas, desde la perspectiva de las apariencias externas. Distinto a esto, la pureza a la que nos referimos se mide por el tipo y cualidades de las vibraciones dentro de uno, tanto del cuerpo físico como de la naturaleza emocional y mental.

En una parte anterior de este libro estudiamos la constitución humana. Cada nivel de nuestra conciencia posee a su vez un número se subniveles. Por ejemplo, los tipos más bajos de emociones que sentimos, como la ira, la avaricia y la venganza, solamente pueden existir en los subniveles más bajos del campo o esfera emocional. Otras emociones, como la bondad, la satisfacción y la apacibilidad, vibran en una frecuencia armoniosa con los subniveles más elevados del campo o esfera emocional. Esto es cierto en todos los niveles de existencia. Las vibraciones en un nivel dado están circunscritas a dicho nivel y las mismas no pueden manifestarse en un nivel vibratorio más elevado o más bajo.

Para que la personalidad, la cual la componen las vibraciones físicas, emocionales y mentales, pueda llamar la atención del alma tiene que refinarse, es decir, purificarse. Esto significa que se deben eliminar todas las vibraciones más burdas en cada uno de los tres campos o esferas, y que las vibraciones de los subniveles más elevados deben energizarse y traerse a la máxima expresión. Solo entonces estará el alma dispuesta a trabajar con la personalidad, porque ahora dicha personalidad tiene vibraciones con las cuales el alma puede trabajar.

¿De modo que usted está diciendo que yo debo atraer la atención de mi propia alma convirtiéndome en más puro? ¿Por qué mi alma no estaría ya interesada en mi bienestar?

El alma *sí* está interesada en nuestro bienestar, en nuestro bienestar espiritual. No hay nada en la composición del alma que le permita a esta estar interesada en los juegos de fútbol que disfrutamos ver, en los periódicos sensacionalistas que nos gusta leer o en las películas que tanto nos cautivan. Ni tan siquiera los juegos de video o navegar por el internet tienen la más mínima atracción para nuestra alma. En vez de esperar a que el alma descienda a nuestro nivel, debemos elevar nuestra conciencia al nivel del alma. Es entonces cuando podremos funcionar desde el nivel del alma en vez del de la personalidad.

Eso suena como muy aburrido.

Solamente es aburrido porque tenemos muy poca o ninguna experiencia operando en ese nivel.

Pero de seguro que el alma tiene experiencia operando en su propio nivel.

La única razón para la existencia del alma es para que sirva de puente entre el ser humano animal y el ser humano espiritual. Es la parte espiritual de nuestro ser la que envía el llamado y entonces espera a ver si hay una respuesta. Si no la hay, nuestra parte espiritual sabe que no estamos listos para la jornada de retorno. Por el contrario, si somos uno de los que han alcanzado el punto en la experiencia de vida donde estamos listos para tomar un paso gigante hacia el frente, responderemos al llamado.

Una vez hayamos respondido al llamado, nosotros, la personalidad, a lo largo de varias encarnaciones vamos trabajando para adquirir las cualificaciones necesarias a manera de elevar nuestras vibraciones para armonizarlas con las de nuestra alma. Por lo general existe una encarnación en donde ocurre una lucha tremenda. El alma continúa haciendo su llamado de vez en cuando, pero la personalidad está renuente a responder debido a sus apegos al mundo material y a los deseos del ego. Se lleva a cabo una lucha fuerte para determinar si quien está al mando es el alma o el ego, el cual existe primordialmente en el campo o esfera de los deseos emocionales. Quién gane en esta lucha determinará el futuro de nuestro progreso espiritual. Se determinará si nos graduamos del reino humano en un período de tiempo relativamente corto o si por el contrario nos graduaremos con el resto de la clase en un futuro lejano.

Esta pugna entre el alma y la personalidad es el tema de la historia en el Bhagavad Gītā. La historia ocurre en un campo de batalla entre dos ejércitos en oposición, los cuales resultan ser ramas distintas de la misma familia.

FUERTE INTELECTO

Usted mencionó al fuerte intelecto como siendo un requisito para el adelanto espiritual. Debo admitir que nunca había considerado eso como un factor de primer orden.

Y sí lo es. La sobrevivencia del más apto ciertamente es importante en el caso de las plantas y los animales, pero para cuando llegamos al nivel de los animales más avanzados, y sobre todo en el caso de los seres humanos, el intelecto se convierte en un factor de mayor importancia. Mientras en más adelantados nos convertimos, más valoramos la inteligencia. No podemos esperar poder descifrar cómo es que funciona la vida sin tener un alto grado de inteligencia.

Me temo que eso no caerá bien entre las personas que esperan lograr progreso porque han seguido todas las reglas.

Las reacciones de tales personas no cambian los hechos. Cuando por primera vez nos convertimos en humanos, nuestro intelecto prácticamente no existía. A lo largo de extensos períodos de tiempo, el intelecto se ha venido desarrollando hasta lo que es en la actualidad, pero aun nuestros intelectuales más adelantados aparecerán como primitivos si los comparamos con el intelecto humano que se desarrollará en los milenios por venir.

Por el mero hecho de que alguien sea una "buena" persona o de que "siga todas las reglas", no significa que dicha persona se encuentre en una posición de convertirse en un líder en asuntos espirituales. De hecho, a veces es la persona "mala" quien resulta ser un mejor candidato.

¿Por qué dice usted eso?

Hay un pasaje en el *Apocalipsis* el cual es malentendido con frecuencia. "Conozco tus hazañas; no eres ni frío ni caliente.

Quisiera que fueses frío o caliente. Pero porque solamente eres tibio, y ni frío ni caliente, te escupiré fuera de mi boca".

La persona muy inteligente pero egoísta es en potencia más útil por mucho a la Jerarquía Espiritual que la persona "buena" que sigue todas las reglas con la esperanza de que alcanzará una posición privilegiada en el más allá. En este último caso el egoísmo está ahí todavía, la diferencia es que es un egoísmo espiritual en vez de material.

La persona que utiliza su intelecto con propósitos viles puede a veces cambiar de objetivo casi de la noche a la mañana y redirigir su energía hacia ayudar a otros en vez de a sí mismo. No estamos hablando de personas sagaces que son astutas y manipuladoras, sino de aquellas que son en verdad inteligentes, las que pueden descifrar las cosas como pocos pueden hacerlo. Si las motivaciones de tales personas se convierten en unas puras, estas personas son entonces extremadamente valiosas. La persona menos inteligente es mucho menos útil, no empece cuán puras sean sus motivaciones.

¿Qué sucede si yo no soy una persona que posea un gran intelecto? ¿Cómo puedo desarrollarlo?

No podemos esperar desarrollar un gran intelecto de la noche a la mañana. Ya poseemos algún nivel de inteligencia. Mantengamos una presión constante hacia su expansión. Esto, al igual que todas las metas espirituales, es un esfuerzo a largo plazo que tiene un período de duración de varias encarnaciones, no meramente varios años.

¿Debo leer más libros, obtener un grado universitario o qué?

No existe una solución que funcione para todo el mundo. El número de grados y títulos que uno posea no es un indicador del intelecto personal. Dichos grados y títulos solamente significan que uno estuvo dispuesto a pasar por todas las dificultades que se requerían para obtenerlos. Sí pueden ser indicadores de persistencia y perseverancia, ambas las cuales son importantes. ¿Sabemos cómo es que en una escuela de medicina se le denomina a la persona que se gradúa siendo el último en su clase?

No.

Doctor. Cuando uno va a consultar a un doctor, uno no tiene idea de cómo le fue a esa persona en la escuela de medicina y de hecho no importa. Esa persona fue lo suficientemente persistente como para aprobar los exámenes y ganarse el título de doctor, pero lo que en realidad importa es lo que esa persona aprendió *luego* de concluidos sus estudios en la escuela de medicina. Hay una razón para decir que alguien "practica" el derecho o "practica" la medicina. Este es un proceso de aprendizaje y de afinar el intelecto que nunca termina. El mejor doctor no es el que se graduó primero en su clase, sino aquel que es intuitivo y capaz de interpretar indicios sutiles que otros pasan por alto.

Existe un método de adquirir conocimiento que es aún más adelantado que el proceso intelectual que conocemos. A dicho método uno de los Adeptos se refirió en una carta escrita en 1881: "Créanme, llega un momento en la vida de un Adepto cuando las dificultades por las cuales ha pasado son recompensadas mil veces. Para poder adquirir subsiguiente conocimiento, él no tiene ya que seguir pasando por el proceso minucioso y lento de la investigación y la comparación de varios objetos, sino que se le concede una perspicacia instantánea e implícita dentro de cada verdad primaria... el Adepto ve y siente y vive en la fuente misma de todas las verdades fundamentales..." (*Las Cartas de Los Mahatmas a A.P. Sinnet*, 55).

Las buenas noticias son que no tenemos que leer y comprender cada libro que jamás haya sido escrito. Sin embargo, lo que sí no podemos evitar es desarrollar un gran intelecto. Sin él no podemos estar en una posición como para adquirir la habilidad que mencionamos anteriormente. Debemos ser capaces de probarnos a nosotros mismos la verdad de todo lo que aprendemos. Nada puede ser aceptado por fe excepto de forma temporal.

El estudiante que quiera convertirse en químico no meramente toma varias clases de química y entonces se llama a sí mismo un químico. Tiene que pasar largas horas en el laboratorio reproduciendo los mismos experimentos que han sido hechos anteriormente millones de veces. Solamente luego de haber aprendido todo lo que los otros han aprendido es que dicho estudiante estará en posición de comenzar a añadir más información al abasto de conocimiento universal acerca de la química.

El científico espiritual hace exactamente la misma cosa. Primero tiene que aprender y *poner en práctica* todo lo que pueda acerca de los asuntos sobre los cuales otros han escrito. No obstante, el trabajo del científico espiritual es mucho más difícil que el del científico físico. No existen universidades legítimas que ofrezcan grados en ciencia espiritual. Hay algunas que declaran que sí lo hacen, pero las mismas por lo general apelan al ego y tienen poco de algún valor real que ofrecer.

El científico espiritual tiene que evaluar y clasificar miles de páginas de "enseñanzas" y "revelaciones" y determinar si las mismas son útiles o meramente una pérdida de tiempo. El estudiante que no ha desarrollado un grado elevado de discernimiento puede pasar varias vidas en búsqueda de estudios espirituales que, al final de cuentas, no producen ninguna ganancia en sabiduría. Resulta mucho más sabio dedicar nuestro tiempo desarrollando el discernimiento en vez de perseguir cualquier teoría nueva que sea popular en el momento en que se vive.

¿Cómo puedo desarrollar ese método de aprendizaje instantáneo al cual se refería el Adepto?

Uno no puede simplemente decidir que quiere hacerlo y entonces lograr que suceda. Algunas personas han experimentado una especie de avance de este método cuando, durante la meditación o la contemplación, de momento se hacen comprensibles conceptos que habían estado confusos previamente. Esto no significa que necesariamente uno pueda explicar dichos conceptos en palabras a otras personas, pero sin embargo estos conceptos se integran en lo que sería nuestra propia habilidad de entender la vida y eventualmente esto saldrá a relucir cada vez más en nuestro trabajo.

Mientras más uno avanza en su comprensión acerca de la vida, menor es el número de personas capaces de compartir lo que uno entiende y más difícil se hace explicar las cosas a aquellos que no comparten ese entendimiento. Resulta en una falacia pensar que cualquier concepto pueda ser expresado en palabras. En verdad uno puede solamente compartir su entendimiento con personas que se encuentren en un nivel de conciencia igual o superior al que uno ha alcanzado, y la mayor parte de la comunicación se lleva a cabo telepáticamente y no en la forma de palabras habladas o escritas. Muchas de las personas con inteligencia elevada se resisten a creer que alguien pueda de alguna forma entender cosas las cuales no sean capaces de comprender. A pesar de que un gran intelecto es requisito para el crecimiento espiritual, eso de por sí no es suficiente, el mismo debe ser acompañado de una pureza inmaculada y de un valor indómito.

A lo que el Adepto se refería solamente ocurre en algún grado significativo a aquellos que se encuentran en un nivel muy avanzado. Sin embargo, es bueno saber que para lograr este nivel avanzado no tenemos que convertirnos en expertos en cada campo de estudio en el mundo.

¿Cuánto es exactamente lo que debemos saber? Veo que es importante poseer intelecto y conocer ciertas cosas, pero no sé hasta dónde llega esto.

Debemos tener algún conocimiento acerca de muchos temas diferentes, como ocurría con el consabido hombre renacentista. Al mismo tiempo, debemos convertirnos en una autoridad en alguna cosa, sea el arte, la psicología, la física, la música, la medicina, la arqueología, la historia o cualquier otra de las innumerables materias que son de importancia para la evolución humana. Debemos tener algo que ofrecer que no sea meramente entusiasmo.

Lo más importante de todo es el desarrollo del carácter. Al mismo tiempo, debemos trabajar para desarrollar nuestro intelecto. Puede ser útil tomar algún curso universitario, sin consideración a la edad que tengamos, solamente para mantener sobre nosotros la presión de aprender más. En vez de mirar la televisión o entretenernos con juegos de video, aprendamos un idioma extranjero o tomemos una clase de arte, cualquier cosa que extienda nuestro intelecto y expanda nuestro conocimiento.

Nuestra educación nunca cesa. Un logos solar sigue aprendiendo todavía, de modo que estemos claros sobre el hecho de que nunca lo sabremos todo. Lo que sí es importante es tener la actitud correcta hacia el aprendizaje. Aprendamos algo nuevo cada día, no cosas triviales que sean inútiles, sino cosas que nos hagan mejores personas y que nos ayuden a convertirnos en instrumentos para elevar la conciencia del mundo en que vivimos.

Aquellas personas que se esfuerzan por expandir su intelecto temprano en su vida, con frecuencia bajo presión de sus padres, a menudo luego disminuyen este esfuerzo cuando se remueve la presión y solamente aprenden lo mínimo como para arreglárselas en el mundo cotidiano. Esta es la persona que siempre está luchando y haciendo grandes esfuerzos por todo en la vida, con frecuencia es infeliz y está convencida de que la vida es injusta. Esta persona pasa muchas horas viendo la televisión y contando cuentos a sus amigos y colegas, pero dedica casi ningún tiempo ni esfuerzo a mejorar su intelecto.

La persona que siempre está alerta ante la posibilidad de aprender algo nuevo es como el niño entusiasmado que va a la escuela cada día sabiendo que aprenderá algo asombroso. Sin embargo, seamos cautelosos sobre dónde invertimos nuestra energía. Invirtamos nuestro tiempo y esfuerzo en aprender cosas que nos ayuden a entender cómo es que funciona la vida. Seamos el líder entre nuestras amistades y familiares en cuanto a ser el "experto" sobre los asuntos de la vida. Nos podemos convertir en la persona a quien se recurre cuando los otros se topen con situaciones difíciles, y no en la persona a la que se recurre cuando lo que se quiera sea una buena carcajada o una alzada de ego.

En algún momento, los humanos debemos convertirnos en el factor inteligente dentro de lo que podemos denominar como diseño inteligente. La aseveración del Génesis referente a que a Adán se le otorgó el "dominio" sobre todas las cosas vivientes es una traducción deficiente del concepto original. Es más preciso decir que a los humanos se les ha otorgado la "administración" sobre nuestro planeta, incluyendo a todas las formas de vida que en él habitan.

Esto resulta en una responsabilidad y en una oportunidad que hemos heredado para que crezcamos, y no en una licencia divina para el pillaje, la explotación y para tomar ventaja de nuestra posición. Hasta el momento, hemos realizado una labor mediocre como administradores de nuestro planeta. El planeta ha sufrido en definitiva bajo nuestra tutela, en especial durante los pasados quinientos años conforme nos hemos convertidos en más astutos y habilidosos. Seamos la generación que despierte y tenga la voluntad de cambiar esta situación. Esto solamente puede suceder bajo el liderato de personas iluminadas.

Algunos científicos han progresado en el uso de su intelecto para influir sobre la naturaleza. Los horticultores crean híbridos nuevos de plantas que tienen propiedades muy específicas, por lo general para hacerlas más mercadeables o para aumentar el rendimiento de la cosecha. A veces ocurren efectos secundarios que no fueron previstos, en ocasiones con resultados desastrosos. Todo experimento en clonación y manipulación genética debe hacerse bajo unas guías estrictas, las cuales sean establecidas por personas con un alto grado de ética. Podemos destruir fácilmente nuestro planeta si cierto tipo de tecnología cae en manos indebidas. El desarrollo de la moral y la ética debe preceder siempre al desarrollo intelectual. De lo contrario, nos corremos el riesgo de aniquilar la vida física en nuestro planeta.

KRIYĀŚAKTI

Las civilizaciones futuras más avanzadas, aquellas que su motivación sea únicamente el bien de todos, trabajarán conjuntamente con la Jerarquía hacia el adelanto de toda conciencia, ya sea si esta habita en los minerales, las plantas, los animales, los humanos, los espíritus de la naturaleza o los devas. Unos pocos alumnos avanzados están comenzando a aprender a usar kriyāśakti.

Ese es un término con el cual no estoy familiarizado.

Kriyāśakti es la habilidad de crear mediante el uso de la mente. Todo sistema solar y todo planeta comienza primero como un pensamiento, como un modelo o patrón de energía. "En el comienzo era la Palabra, y la Palabra era con Dios, y la Palabra *era Dios*". La "Palabra" o Logos, es el principio creador inteligente en el cosmos.

Cuando los humanos queremos crear algo, el proceso comienza con un pensamiento, una idea en nuestra mente. La analizamos, la examinamos y evaluamos en nuestra mente las distintas posibilidades y los distintos métodos posibles de ejecución antes de que suceda algo en el mundo físico. Una vez tengamos una certeza razonable de que la idea funcionará, la creamos en forma física ya sea por medio de nuestro propio esfuerzo, el esfuerzo de otras personas o por combinación de ambos. Sin tener en cuenta cómo se construya, somos el arquitecto, el diseñador inteligente. Las modificaciones al plan trazado casi siempre se hacen durante la construcción misma a medida que van surgiendo nuevas ideas o que resulte evidente que una idea que creíamos iba a funcionar probó no ser factible en la realidad. Siempre existe la posibilidad de que el proyecto sea completamente descartado por el momento, ya sea debido a circunstancias externas fuera de nuestro control o a fallas en nuestro plan original.

Los planetas, las estrellas y los sistemas solares se construyen de la misma manera. Un ser muy avanzado concibe la idea en su mente divina, la misma es pensada y analizada cuidadosamente y entonces comienza la construcción, pero en este caso la fase de construcción toma miles de millones o millones de millones de años. Más importante aún, el arquitecto no ejecuta la labor de construcción por sí mismo. Por medio del uso de su mente el arquitecto junta a los trabajadores, los cuales son seres en un nivel de conciencia menor, y los mismos son dirigidos en la ejecución del trabajo.

Los seres humanos somos parte de esta fuerza trabajadora, seamos conscientes de ello o no. Debido a que poseemos intelecto, con la misma frecuencia ocasionamos retrasos y problemas con el trabajo que lo que trabajamos mano a mano con el arquitecto, pero esto no es culpa nuestra. Hacemos lo mejor que podemos basado esto en nuestro nivel de peritaje el cual, en la mayoría de los casos, no es grande. A medida que vamos aumentando en inteligencia e intuición, hacemos una labor mucho mejor en cuanto a trabajar con el plan y en ser de ayuda al arquitecto en vez de ser un impedimento. Todo esto es parte de nuestra educación. Aunque no es posible que sepamos todos los detalles en cuanto a cómo es que este trabajo se lleva a cabo, este es el bosquejo general del proceso llamado kriyāśakti.

A manera de ofrecer un ejemplo más concreto, un yogi que ha desarrollado el poder de kriyāśakti puede tomar una taza que esté frente a nosotros y, utilizando el poder de su voluntad y manteniendo en su mente claramente la forma original de la taza, crear un duplicado físico de esta. La materia física proviene de la atmósfera circundante.

¿Puede ser el resultado de esta materialización igual al original?

El grado de precisión dependerá de la habilidad del yogi para mantener en su mente la imagen con claridad. Cualquier distracción o falta de enfoque puede resultar en que ocurra alguna deformidad.

¿Por qué no he escuchado acerca de esto antes y por qué esto no es de conocimiento común?

El gasto de energía en este proceso es enorme y por mucho excede el valor del producto. Los científicos tienen la capacidad de transformar elementos comunes en oro, pero el costo de producir una onza de oro en el laboratorio excede por mucho el costo de extraerlo mediante la minería. Más importante aún, la ética de los miembros de la Jerarquía les prohíbe usar sus habilidades para entretener y excitar, y como el conocimiento en manos indebidas puede llevar al desastre, ellos son lo suficientemente sabios como para utilizar kriyāśakti cuando su propio trabajo así lo requiera y a enseñar a otros esta habilidad solamente cuando no exista la posibilidad de que dicha habilidad sea mal utilizada.

La meta educacional de todo ser humano es convertirse en un futuro Logos, un creador divino de sistemas solares. ¿Vemos entonces ahora por qué un fuerte intelecto es uno de los primeros requisitos hacia convertirnos en un miembro de nuestra propia Jerarquía Espiritual?

Sí lo veo.

Capítulo 6

LA NATURALEZA DE DIOS

> Es preferible la ignorancia al error; está menos lejos de la verdad aquel que en nada cree que aquel que cree en algo equivocado.
>
> Thomas Jefferson

NUESTRO CONCEPTO DE DIOS

He notado que usted nunca menciona a Dios. ¿Por qué?

Hablemos de eso ahora. ¿Cómo es que se concibe a Dios?

Como un Ser Supremo que todo lo sabe, que es todopoderoso y omnipresente; un padre amable, sabio y compasivo que creó al mundo y que se preocupa grandemente por sus hijos.

Este concepto hace que surja una pregunta. Si Dios es todopoderoso y se preocupa grandemente por los hijos que él ha creado, ¿por qué existe entonces el mal en el mundo y por qué algunos de esos hijos sufren terriblemente sin aparentar haber cometido faltas?

Esa es una pregunta que yo me he hecho por mucho tiempo y admito que no tengo una respuesta.

No sería usted la primera persona en lidiar con este problema. Como cuestión de hecho, esto ha sido motivo de preocupación para muchas personas durante mucho tiempo e inclusive existe un vocablo para describirlo: teodicea.

¿Qué es teodicea?

Un enigma filosófico que hace la siguiente pregunta: Si Dios es todopoderoso y omnisciente, ¿por qué creó a un mundo lleno de maldad y sufrimiento? A lo largo de muchos siglos millones de personas han tratado de encontrar una respuesta a esto. Hagamos otra pregunta: ¿Cómo podemos explicar o justificar los pasajes de la Biblia donde se describe a un Dios iracundo y vengativo, el cual castiga severamente a cualquiera de sus hijos que no lo veneren y cumplan sus mandatos?

También he tratado de encontrar una respuesta a esa pregunta. Sé que en un principio él era un dios que requería del sacrificio de animales, pero creo que todo eso cambió cuando nació Jesús.

¿Entonces Dios cambia de parecer acerca de las cosas?

No lo sé. Quizás los humanos han logrado suficiente progreso como para que Dios no tenga que ser tan estricto como era antes. No tengo las respuestas a esto.

Hablemos sobre esto en más detalle. Nuestro objetivo no es que las personas se sientan mal acerca de sus creencias, las cuales están firmemente arraigadas, sino darles más entendimiento. Todos estamos buscando entender mejor cómo es que la vida funciona, ¿no es así?

Sí, estoy buscando eso. Yo siempre estoy dispuesto a aprender cosas nuevas.

MITOS Y LEYENDAS

A veces no nos damos cuenta de que nuestras tradiciones y nuestras creencias surgen como resultado de millones de años de evolución. Las mismas no provienen simplemente de los últimos siglos. Desafortunadamente, la historia escrita es precisa en algún grado mayor solo hasta algunos siglos en el pasado. Tenemos algunos fragmentos de historia humana que se remontan más o menos a cuatro mil años atrás, pero antes de esa fecha la información disponible es sumamente escasa, consistente en algunos monumentos e inscripciones y no mucho más. Para fechas anteriores a esta, dependemos de la arqueología y de los pocos restos de fósiles humanos que han sido encontrados. Aun esto no es de gran ayuda debido a los cambios cataclísmicos en la superficie terrestre que han ocurrido en el pasado y que al día de hoy todavía continúan ocurriendo. La mayor parte de la evidencia física se encuentra incrustada profundamente dentro de la tierra o bajo los océanos. En la mayoría de los casos, todo lo que tenemos disponible acerca de nuestra historia antigua no son más que mitos y leyendas, relatos de nuestro pasado que nos han sido transmitidos a lo largo del tiempo, con frecuencia más fantásticos que un cuento de hadas, mas sin embargo conteniendo información valiosa para aquellos que puedan descifrarlos.

Esas leyendas sobre dioses que habitaban entre nosotros no son inventadas. En algunos casos, ellas describen cómo eran las cosas en otro momento. Nos parece entretenido leer cuentos sobre gigantes y cíclopes. La verdad es que ambos han existido. Aun los fisiólogos modernos enseñan que la glándula pineal es el vestigio de lo que una vez fue un tercer ojo. Este ojo primitivo se desarrolló antes de que se desarrollaran los dos ojos que tenemos en la actualidad, de manera que sí, hace millones de años atrás, había una raza de humanos, escasamente reconocidos como tales por nuestros parámetros actuales, que tenían un solo ojo. La glándula pineal o "tercer ojo" es un órgano muy importante cuando se trata de la meditación. René Descartes describió a la glándula pineal como el "asiento del alma".

¿Por qué no se encuentran fósiles de los cíclopes?

Porque ellos no eran lo suficientemente densos como para dejar fósiles. Estos seres existían en niveles etéricos, donde los átomos y moléculas no están atados los unos a los otros tan fuertemente como lo están los de regiones más densas. La ciencia futura dependerá de la capacidad de detectar e interpretar registros que no estén en existencia física. Nos falta mucho por recorrer antes de que esto ocurra, pero algún día será una realidad. La película *Matrix* así como *The Minority Report* no son tan inverosímiles y descabellados como pudieren aparentar. Cuando comparamos la ciencia de hace 500 años atrás con la actual no existe parangón. La ciencia del futuro será todavía más sorprendente en sus avances. Sin embargo, la ciencia física nunca podrá aprender a resolver el problema del sufrimiento humano en el mundo, no importa los inventos que se realicen. Cada persona es responsable de poner fin a sus propios sufrimientos, y esto se logra no por tener algo más sino por tener algo de menos, que es desprenderse del ego y de los deseos personales.

De manera que estos mitos y leyendas antiguas representan circunstancias muy reales. En los primeros tiempos de la evolución humana, cuando nuestras mentes estaban todavía en vías de desarrollo y éramos más inocentes, se nos proveyeron seres avanzados para que nos guiaran y nos sirvieran de ejemplo a seguir. Algunos probablemente no eran mucho más adelantados mentalmente y éticamente que los seres humanos más avanzados en el planeta hoy día, pero para las razas humanas primitivas ellos eran dioses. Estos seres avanzados eran extremadamente inteligentes y aparentaban saberlo todo, y los humanos primitivos los veneraban como grandes héroes y seres divinos. Estos seres guías, a su vez, se mantenían en comunicación con seres más avanzados aún que ellos. De esta forma es que se originan los mitos de los dioses que vinieron a vivir entre los seres humanos. Ellos eran en verdad nuestros reyes divinos. El oficio del Dalai Lama ha sido considerado por siglos como el de un sacerdote-rey divino. La institución de monarquías, algunas de las cuales tenemos al día de hoy, viene de un pasado remoto cuando había una raza de seres humanos muy superior al promedio. Muchos de nuestros conceptos de Dios provienen de esas épocas antiguas cuando nuestros dioses habitaban físicamente en la Tierra.

En una parte temprana de la evolución humana, en lo que se refiere como los tiempos "lemurianos", los humanos éramos inocentes todavía y habíamos retenido mucha de nuestra conexión divina, al menos hasta la última parte del período lemuriano. A lo largo de las etapas tempranas de ese período, los humanos éramos mucho más pueriles y seguíamos obedientemente a nuestros sacerdotes-reyes. Los humanos éramos mucho más espirituales que lo que somos en la actualidad ya que no habíamos entrado aún en la parte más densa de nuestra evolución física. Para esta etapa todavía no existía el velo entre el plano físico y los campos o esferas más espirituales. En cierta etapa del proceso de densificación, el velo tenía que ser bajado o de lo contrario los humanos no hubiéramos continuado nuestro "descenso al mundo inferior". El período lemuriano duró por millones de años. Para el final de este período, ya habíamos desarrollado el intelecto que nos distingue como humanos y estábamos comenzando a aprender cómo utilizarlo.

EL PERÍODO ATLANTE

Al comienzo del próximo período de evolución, el "Atlante", los humanos éramos todavía relativamente espirituales en nuestra naturaleza, pero a medida que nuestro intelecto fue haciéndose más vigoroso, y el ego personal vino a existir, todo comenzó a cambiar. Vino un tiempo en la historia humana donde las cosas se tornaron un tanto inquietantes y peligrosas. Conforme nuestro intelecto continuaba desarrollándose, llegamos a una etapa donde ahora éramos responsables por nuestras acciones. Habíamos "compartido el fruto del árbol del conocimiento sobre el bien y el mal". Habíamos "caído en desgracia" y fuimos "echados del Jardín del Edén". El pecado hizo su entrada al mundo de una forma mayúscula.

Esto no sucedió de la noche a la mañana. Las alegorías de la Biblia, tan hermosas como pudieren ser, son una forma breve de describir eventos que ocurrieron a lo largo de mucho tiempo. Unas cuantas oraciones del Génesis cubren miles de millones de años en la evolución de la Tierra y millones de años en la evolución humana. Tampoco debemos suponer que es muy lastimoso que el pecado haya hecho su entrada al mundo y de que todavía estaríamos viviendo en el Jardín del Edén si la serpiente no hubiera engañado a Eva y esta a su vez no hubiera tentado a Adán. ¿Por qué? Pues porque todo esto es parte del plan de evolución humana. Para poder convertirnos en cocreadores junto a nuestros dioses, a nosotros se nos debe dar la oportunidad de comenzar a crear algo. Al principio siempre se cometen errores, y en el caso que nos ocupa cometimos unos estupendos.

Una vez se introdujo el libre albedrío en el mundo, esto siendo posible debido a la etapa de desarrollo intelectual que ya habíamos alcanzado los humanos, el mundo se convirtió en mucho menos previsible que antes. Estando desarrollados solo parcialmente en todos los aspectos de nuestra calidad de humanos, también éramos extremadamente egocéntricos y todavía lo somos en gran medida. De modo que cuando la mente se desarrolló al punto de poder controlar nuestro entorno hasta cierto grado, y al nuestras emociones haber alcanzado un nivel de desarrollo razonablemente elevado, estos dos elementos unidos hicieron estragos en el mundo. La lujuria, la avaricia, la ambición y la necesidad de ejercer poder y control, todas vinieron a pasar a primera línea. Nuestro ego personal estaba funcionando a toda capacidad.

Algunos humanos se las agenciaron para retener mucha de su inocencia y continuaron reverenciando a sus dioses-reyes, pero la mayoría se sumió más y más profundamente dentro del lado material de su naturaleza hasta el punto de perder prácticamente todo contacto con su yo espiritual. Eventualmente los humanos más espirituales se concentraron solo en grupos más pequeños abandonados a su suerte, mientras que el grueso de la humanidad se depravaba cada vez más. Este último grupo con el tiempo aprendió a practicar la magia negra y adelantó bastante en conocimiento y poder. Las ceremonias que efectuaban estos grupos quizás es mejor que las dejemos a la imaginación.

A pesar de haber perdido contacto con su alma, estos grupos que se adentraron en su naturaleza material retuvieron algún grado de clarividencia y comunicación en el nivel astral-emocional en donde existían, y todavía existen, entidades de naturaleza repugnante, todas ellas producto de sus propios pensamientos lascivos. Estas entidades a menudo obtenían control psicológico sobre las personas y las mismas podían ser apaciguadas solo mediante rituales elaborados que comprendían sacrificios de animales y de humanos.

Los miembros de la Jerarquía Espiritual que tenían la misión de guiar a la joven humanidad se encontraban en una situación muy difícil. A pesar de sus mejores esfuerzos, los humanos habían optado por usar su intelecto para propósitos egoístas y carnales. Tenía que ocurrir algo drástico y así fue. A lo largo de un período de miles de años, el grueso de la humanidad fue borrado de la faz de la Tierra. No perdamos de vista que solamente sus cuerpos físicos, significando esto la personalidad completa, fueron los destruidos. Las almas de estas personas, las cuales no pueden contener maldad alguna, continuaron existiendo. ¿Vemos entonces ahora de dónde es que surgen algunos de los conceptos acerca de un Dios iracundo y vengativo?

Sí lo veo y tiene sentido. ¿Qué clase de catástrofes fueron las que ocurrieron y cuántas personas fueron destruidas como consecuencia de ellas?

Hubo cuatro catástrofes principales e innumerables catástrofes menores, la mayoría de las veces en forma de volcanes, terremotos y marejadas. Tanto como dos mil millones de personas perdieron sus vidas a lo largo de muchos siglos. A veces nos preguntamos cómo es que la reencarnación es posible dado que hace algunos miles de años atrás la población humana era pequeña. Como sabemos ahora, las civilizaciones humanas han surgido y han declinado drásticamente en el pasado. De igual forma, la población mundial ha aumentado y disminuido varias veces.

¿Entonces quién sobrevivió? Es obvio que alguien lo hizo, de lo contrario no estaríamos vivos en forma física ahora.

Los que sobrevivieron fueron principalmente los que no sucumbieron a las prácticas pecaminosas en que incurrió la mayoría. Estas personas fueron advertidas por sus sacerdotes-reyes acerca de los desastres inminentes y las mismas fueron trasladadas, ya fuere por tierra o por mar, a lugares seguros.

¿Puede ese haber sido el origen del relato de Noé?

El relato sobre el arca de Noé se puede interpretar de varias formas, pero lo mencionado anteriormente es uno de los orígenes del mismo. Resulta interesante observar que entre muchos pueblos indígenas alrededor del mundo existen relatos acerca de sobrevivientes a una gran inundación.

¿Cuál fue la última catástrofe y cuánto tiempo atrás sucedió?

La catástrofe final fue el hundimiento de la isla de Poseidonis, el último remanente de lo que fue un continente y una civilización poderosa. De acuerdo a una fuente de información, esto ocurrió en el año 9,564 A.C. y dicho evento fue tratado por Platón en su obra *Timaeus*.

Eso en realidad no fue hace tanto tiempo atrás.

No, no lo es y quizás ahora podamos ver por qué nuestro conocimiento acerca de la historia humana es tan limitado. Todos los registros sobre la civilización anterior a la nuestra fueron destruidos junto con sus habitantes y esto ocurrió por una buena razón.

¿Y cuál fue esa razón?

Dado todo el comportamiento y tradiciones degeneradas de esta civilización, resultaba importante romper con esto de forma total y completa. Toda la historia de esta civilización tenía que desaparecer, incluyendo todos sus escritos. La humanidad necesitaba una oportunidad para comenzar de nuevo y para esto se requería tomar una acción drástica de forma tal que esto fuera posible.

Pero las personas que perecieron, ¿no reencarnaron y continuaron otra vez con sus maneras perversas de vivir?

Esa es una buena pregunta. Debido a que luego de la destrucción la población del mundo era tan reducida, muchos tuvieron que esperar durante siglos para poder reencarnar, y mientras tanto el mundo había cambiado drásticamente. Muchos de los que habían vivido en ese período anterior a la catástrofe están viviendo entre nosotros en la actualidad. Todos ellos han logrado progreso, algunos más que otros. Recordemos que hay cientos de millones de personas más bien no iluminadas en muchos países alrededor del mundo.

Como podemos ver, esta no es una parte muy agradable de la historia humana y ha sido muy escabroso desde entonces. Todavía nos queda mucho por recorrer antes de retomar aquella existencia más espiritual y elevada que tuvimos una vez. Estamos logrando progreso, algunas personas de forma muy acelerada ya que han escogido hacer todo lo posible para lograr esta meta.

¿Y qué de los sacerdotes-reyes? Si quedó algún remanente de la población que no sucumbió a las prácticas malvadas, ¿por qué no tenemos aún a estos líderes divinos entre nosotros?

Sí los tenemos en la forma de ciertos miembros de la Jerarquía Espiritual. Sin embargo, con el estado de las cosas en el mundo contemporáneo, todavía nos encontramos en un período de tiempo crucial y se hace todo el esfuerzo posible por mantener las cosas caminando en una dirección positiva. Si estos seres vivieren en el mundo entre nosotros, su energía se disiparía como consecuencia de la energía de las masas de personas que viven completamente absorbidas en el yo. Miremos a nuestros líderes en el mundo de hoy día. Su energía y su tiempo están ocupados con las necesidades emocionales de la gente, y queda muy poco tiempo disponible para el trabajo de naturaleza espiritual.

Los miembros de la Jerarquía que se ocupan directamente con los miles de millones de personas existentes en el mundo tienen mucho cuidado en evitar el torbellino de emociones en el mundo externo. Aunque pudiéremos ser conscientes de su existencia, el trabajo realizado por estos seres se lleva a cabo tras bastidores y no en la arena del drama humano. En algún momento futuro, los humanos habremos crecido lo suficiente como para que estos seres puedan volver a estar entre nosotros, pero todavía ese momento no ha llegado.

¿Qué tiene todo esto que ver con mi concepto de Dios?

Como dijimos anteriormente, nuestras tradiciones y creencias religiosas son el resultado de nuestra experiencia en la raza humana. Nuestros mitos, leyendas y alegorías religiosas están todas interconectadas. En algunas partes de la Biblia, Dios está iracundo y busca venganza. Ningún miembro de la Jerarquía Espiritual estuvo con ira o con sed de venganza, mas sin embargo esa fue la percepción que tuvieron los afectados por las catástrofes. Nuestros conceptos de que los seres de bien son protegidos y los perversos están destinados a las llamas del infierno todos provienen de este período de la historia.

La idea de un dios sediento de sangre, demandando la matanza y quema de animales para saciar su sed, proviene de los remanentes de las prácticas religiosas perversas de aquellos días. Obea, santería, vudú y otras religiones primitivas resultan ser remanentes de esos tiempos no iluminados.

Puedo comprender que nuestro concepto de Dios resulta ser un conglomerado de diversas prácticas religiosas del pasado, pero todavía prefiero pensar de Él como un padre bondadoso y amoroso. No hay nada malo en ello, ¿o sí?

No hay nada de malo en ello. Sin embargo, existe una clara ventaja en saber lo que es verdad en contraposición a lo que uno quisiera pensar que es verdad. Los científicos serían tontos si trabajaren como si sus creencias fueren leyes de la naturaleza sin tomarse la molestia de probar si las mismas funcionan en la realidad. También hay un campo de estudio científico sobre nuestra naturaleza espiritual, y el mismo debe depender también en lo que ha sido probado que funciona y no en la especulación fantasiosa.

¿Quiénes son estos científicos espirituales?

Todos ellos son miembros de la Jerarquía Espiritual, compuesta por aquellos seres humanos y sobrehumanos que se han tomado el tiempo y el esfuerzo para probarse a sí mismos la veracidad de algunas leyes de la naturaleza no conocidas para la mayoría de las personas.

¿Entonces por qué ellos no comparten esa información con los demás? De seguro el mundo sería mejor si tuviéremos más información acerca de cómo es que opera el universo.

No es la información sobre poderes desconocidos hasta ahora lo que hará del mundo un mejor lugar. Alguna de esta información sí es compartida, pero la misma con frecuencia aparenta ser tan fantástica que la misma es considerada, con desprecio y mofa, como engañosa. Mucha de esta información es retenida a propósito porque si cae en manos equivocadas podría ser desastroso para el mundo.

A manera de ejemplo, miembros de la Jerarquía pudieren forzar a una persona desde la distancia a ejecutar sus mandatos sencillamente utilizando los poderes que tienen a su disposición. Los miembros de la Jerarquía también pudieren proyectar su conciencia a cualquier lugar, mirar dentro del dormitorio de cualquier persona, y también leer los pensamientos más privados de la gente. Ellos nunca harían estas cosas debido a que no está en su naturaleza y porque dicho comportamiento va en contra de su código de ética. Ellos han desarrollado la más elevada moral y exhiben de forma natural un amor y compasión constante hacia todos los seres. Hasta tanto una persona desarrolle esta misma naturaleza de moral y ética, y hasta que esa persona no haya probado esa ética al mayor grado posible, sería tonto darle a dicha persona estas herramientas, ¿no?

Creo que usted tiene razón. Existen muchas personas en el mundo a quienes les encantaría tener esa clase de poder, pero el mismo no sería utilizado para ningún propósito de bien.

No solo se retiene a propósito mucho conocimiento, sino que mucho del mismo ni tan siquiera es comprensible en nuestro nivel de conciencia actual. Estos conocimientos únicamente se pueden comprender y ser transmitidos en un nivel de conciencia superior al que hemos adquirido en la actualidad, pero siempre podemos luchar para alcanzar las alturas y algún día lograr la pureza moral y el nivel de conciencia elevado requeridos para acceder a ese conocimiento.

LA NATURALEZA DEL MAL

¿Por qué existe el mal en el mundo?

Ni la naturaleza ni ninguna deidad espiritual crearon el mal. En primera instancia, es importante que reconozcamos que *sí* existe el mal en el mundo si igualamos el mal al dolor, al sufrimiento y al daño emocional y físico que algunas personas perpetran contra el prójimo, ya sea a sabiendas o sin saberlo. Los animales no tienen la capacidad de crear el mal. El pájaro que devora una mariposa y el gato que devora al pájaro están sencillamente siguiendo sus instintos naturales. Ellos están a tono con la naturaleza y están haciendo lo que se supone que hagan.

El mal existe a consecuencia de los humanos. Somos dioses en ciernes, pero también somos hacedores de problemas. Los humanos no podemos convertirnos en cocreadores con la Jerarquía Espiritual a menos que aprendamos a trabajar con nuestro intelecto, y no podemos desarrollar nuestro intelecto a menos que tengamos libre albedrío. Nadie aprende sin cometer errores.

El mal no es otra cosa que aquello que va en contra de las leyes de la naturaleza. Solo el ser humano tiene la habilidad intelectual de hacer esto y lo hacemos de forma regular. ¿Por qué? Por nuestro ego. Nuestro ego quiere sentirse superior a los demás, y hacemos esto al convertirnos en más ricos y poderosos que aquellos que nos rodean, ignorando el sufrimiento que causamos en el proceso.

¿No es posible ser rico sin causar daño a nadie?

Seguramente que es posible, y nunca debemos presumir que cada persona rica logró llegar allí aplastando a los demás a lo largo del camino. Pero la tentación de alcanzar la meta a cualquier costo, aun si se les hace daño a otras personas, siempre es una posibilidad. La persona verdaderamente iluminada no tiene necesidad del dinero salvo para satisfacer sus necesidades básicas. Dicha persona pudiere enriquecerse debido a sus esfuerzos en el mundo, pero la acumulación de riquezas nunca será su meta principal.

No es meramente el deseo de acumular riquezas lo que podría tentar a alguien a desatender el bienestar de los demás. La adquisición de poder es otro factor de enorme importancia como resaltador del ego. Si queremos saber la fibra de que está hecha una persona, démosle un poco de poder.

En el mismo meollo del asunto está que la ignorancia es lo que crea el mal en el mundo, la ignorancia acerca de la ley natural. La ignorancia sobre la ley natural no es excusa, ya que la misma opera de forma invariable no empece si estamos o no conscientes de ella. A medida que vamos incrementando nuestro entendimiento y nos alineamos con la ley natural, nuestra contribución al mal en el mundo termina y de ahí en adelante somos un instrumento para hacer del mundo un mejor lugar.

Dejemos de hacer el mal y aprendamos a hacer el bien. Si el mal es cualquier cosa que vaya en contra de la ley natural, el bien es cualquier cosa que esté en armonía con las leyes de la naturaleza. No podemos evitar el mal que se perpetúa todos los días en el mundo, pero sí podemos dejar de contribuir a él y hacer lo que nos corresponde para enseñar a otros cómo es que funciona la vida.

A largo plazo el mal nunca puede prevalecer ya que el mismo está basado en la ignorancia y en el egoísmo. La persona que perpetúa el mal solo está pensando en sí misma. Existe solamente una cantidad limitada de poder aun entre personas que conspiran para ejecutar el mal, ya que cada uno solo busca el bienestar para sí mismo. En un grupo de personas más iluminadas hay un poder tremendo ya que no existe ningún egoísmo. La mera naturaleza de las acciones de semejante grupo está a tono con el plan de la naturaleza. Cualquier cosa que esté cónsona con las leyes de la naturaleza y no en contra de ellas tendrá un gran poder. Al final de cuentas el bien siempre prevalecerá.

¿Cómo usted me aconsejaría a mí que yo piense acerca de Dios?

En primer lugar, estemos claros sobre el concepto de Dios que tengamos. Una de las primeras cosas mencionadas anteriormente fue que Dios era un Ser Supremo. Supremo presupone que no haya nada más elevado, nada más allá de lo que estamos describiendo. Lo único que puede cumplir con este requisito es el Absoluto, el cual es indefinible, indivisible, indescriptible e inimaginable. En ese nivel ni tan siquiera existe un ser, ya que no hay ninguna polaridad, ninguna manifestación y ningún medio de comparación. El Absoluto es el ser en potencia. Esto no representa lo que se describe como un padre amoroso.

El concepto común de Dios como un padre amoroso está bastante acertado si entendemos de dónde es que surge el mismo. Cuando en el mundo reinaban los sacerdotes-reyes, los humanos éramos en muchos casos sus hijos físicos literalmente hablando. Uno de los objetivos de estos sacerdotes-reyes era mejorar la calidad de la humanidad y una manera de lograrlo era teniendo familias grandes. De esta forma, muchas personas llevaban dentro de sí genes provenientes de cuerpos físicos que habían sido confeccionados lo más perfectos posible por los sacerdotes-reyes. Este grupo de personas así concebidas vivían dentro del campo de influencia de las auras de sus padres y madres. Estas personas recibían además un adiestramiento especializado e instrucción por parte de sus progenitores. De esta forma, éramos literalmente hablando los hijos de dioses que nos amaban, y esta idea todavía tiene un fuerte arraigo emocional sobre nosotros. Resulta entonces en algo completamente natural que añoremos regresar a esas condiciones de antaño. Esas condiciones regresarán algún día en un futuro no tan lejano.

La Jerarquía Espiritual la componen todos los seres que han alcanzado un cierto nivel de desarrollo espiritual, e inclusive comprende una cantidad de personas que han logrado obtener un grado elevado de desarrollo moral y espiritual. Por encima de ese nivel se encuentran los Adeptos o sobrehumanos, los Devas, Chohans, Mahāchohans, Manus, Bodhisattvas, Buddhas, Logos Planetarios, Logos Solares y así sucesivamente hasta el infinito.

Si así lo deseamos, podemos escoger pensar que Dios es el Absoluto, el Logos de nuestro sistema solar o el Espíritu Planetario de la Tierra conocido como el Señor del Mundo. Aun pudiéremos considerar a nuestra propia alma o mónada como

Dios si así nos place, pero ninguna de estas concepciones encaja dentro de la idea de un padre amoroso que nos creó y que tiene un interés especial en las necesidades emocionales de nuestra personalidad.

Muchas de las civilizaciones del pasado veneraban al sol como una deidad. Tenemos la tendencia a sonreír y a considerar a estas civilizaciones como un tanto ingenuas en sus creencias, pero en realidad tiene sentido lo que ellas postulaban. El sol físico es un aspecto del ser al que nos referimos como el Logos Solar. Ciertamente existen otros niveles de conciencia en ese ser, pero el único que podemos percibir físicamente es el sol, el cual es el centro de nuestro sistema solar físico. Muchas personas a lo largo de los tiempos y aun ahora han decidido reverenciar como Dios a este ser altamente avanzado, pero ni tan siquiera la conciencia de este ser puede comprender todos los aspectos del sistema solar que él mismo ha creado, así como no podemos comprender y conocer todos los aspectos de nuestro propio hijo o aun de nuestro propio cuerpo.

EL DIVINO ARQUITECTO

¡Usted acaba de decir que el Logos Solar creó al sistema solar!

Y de hecho sí lo hizo en la materia, pero él no creó la fuerza espiritual que habita esa materia y no creó a la materia como tal. Nadie puede crear la materia, pero la misma puede ser utilizada como material de construcción. Todos los constructores hacen esto, ya bien sean un Logos Solar, un Logos Planetario o un albañil. Especular sobre un dios que esté interesado personalmente en nuestro ego es rayar en una fantasía.

Todavía hay un aspecto adicional acerca del concepto de Dios que no hemos abordado.

¿Cuál es ese aspecto?

Para la mayoría de las personas, nuestra creencia en Dios es una de índole muy emocional. Cualquier conversación sobre el tema tiene como resultado reacciones emocionales. Hasta tanto esto sea así, no seremos capaces de analizar la situación con ningún grado de claridad. Las emociones siempre nublan nuestra visión y evitan que se haga un análisis claro del asunto. Para la mayor parte de las personas, su creencia en Dios está conectada íntimamente con su propio ego. Cualquier diferencia en opinión sobre el asunto lleva a una reacción emocional violenta, tan violenta a veces que la misma resulta en la muerte de alguna persona. Las creencias religiosas fanáticas han sido responsables por la muerte de millones de personas en el mundo, todas ellas en nombre de su dios. Ha habido más maldad como consecuencia de creencias religiosas sustentadas en las emociones que las provenientes de cualquier otra causa.

¿Cómo puede ser esto así?

Porque las creencias de algunas personas están tan firmemente arraigadas que ellas no están dispuestas a cambiar ninguna parte de dichas creencias. Estas personas están convencidas de que sus creencias son la verdad y nada los hará cambiar de parecer. Personas que de lo contrario serían muy buenos candidatos para el desarrollo espiritual, ya que son inteligentes, de motivaciones puras y poseedoras de un valor indómito, están incapacitadas para lograr progreso espiritual debido a que sus mentes están cerradas y dichas personas no están dispuestas a considerar nuevas formas de pensar.

¿Qué tal del concepto de satanás?

Resulta interesante observar que el porcentaje de personas que creen en Dios no ha variado mucho con el tiempo, pero el porcentaje que cree en satanás, también conocido como el demonio, ha declinado. Lo cierto es que hay más evidencia acerca de un demonio personal que de un dios personal.

¿Qué quiere usted decir con eso?

Cada ser humano posee una naturaleza dual. Existe la naturaleza divina, el Ātma que mora internamente, pero también existe una naturaleza más básica y plagada de maldad. En algunas personas esta dicotomía es bien obvia, ciertos días están como ángeles radiantes mientras otros días están como demonios fuera de sí. Algunas de estas personas son incapaces de reprimir su naturaleza inferior y la misma sale a relucir a la menor provocación. Sin embargo, la mayoría de las personas logran mantener esta naturaleza inferior bajo control, con frecuencia por muchos años seguidos. En estas personas la naturaleza inferior no ha dejado de existir, pero la misma sale a relucir únicamente en momentos de mucha tensión.

La naturaleza inferior también sale a relucir durante disturbios u otro evento en donde reina la mentalidad de turba y se manifiesta lo más bajo de nuestra naturaleza animal. Con frecuencia los peores aspectos de la naturaleza humana se manifiestan durante la guerra y otros actos de violencia. Para algunas personas puede suceder lo contrario, de forma que las atrocidades cometidas por otros pudieren intensificar en ellos su propia compasión divina.

Muchas de las personas que han logrado cierto grado de progreso en su desarrollo espiritual, no empece el transcurso de muchas vidas, aún no se percatan de un elemento oculto, el llamado "Morador en el Umbral".

¿Qué es eso?

El término fue acuñado por Edward Bulwer-Lytton en su novela *Zanoni*. Dicho término es una descripción adecuada de algo que surge en algún momento para todos los que se encuentren en el sendero. Puede que esto no surja en esta vida en particular, pero surgirá en algún punto de la trayectoria. Ninguna energía personal se disipa jamás por cuenta propia. A menos que no hayamos hecho algo para redisciplinarla y redirigirla, dicha energía permanece en trasfondo por muchos años. Entonces, justo cuando creíamos que estábamos logrando gran progreso espiritual, el incremento en la energía positiva despierta a la energía negativa y nos encontramos entonces cara a cara con un ente de nuestra propia hechura, el cual no conocíamos.

No tenemos otra opción que no sea combatir contra este ente, pero esto no es una batalla física. Esta lucha es enteramente de naturaleza psicológica, llevándose a cabo la misma en los campos o esferas astral y mental inferior, aunque los efectos muchas veces se sienten también en el plano físico. Si derrotamos a este "Morador en el Umbral", habremos tomado un paso mayúsculo en nuestro progreso espiritual. Si nos retiramos y nos encogemos como consecuencia del miedo, habremos perdido la batalla. Ello significaría que no estamos listos todavía para enfrentar las dificultades de la vida superior y que nos queda más trabajo por hacer antes de que tengamos otra oportunidad para probarnos a nosotros mismos.

La batalla rara vez es un evento de una ocasión, sino más bien es una serie de batallas. La tentación de Jesús en el desierto es un buen ejemplo de la batalla entre las fuerzas superiores y las inferiores en el interior de una persona que se encuentra a punto del avance espiritual. Como podemos ver, el valor indómito no es meramente una frase inerte.

De manera que de acuerdo con su forma de pensar no existe un dios personal, pero sí existe una especie de demonio personal. ¿Es eso correcto?

Sí, pero si postulamos esto de esa forma sin también ofrecer la información de trasfondo, con toda probabilidad obtendremos una serie de reacciones variadas por parte de las otras personas, las cuales pueden ir desde la curiosidad al entretenimiento y aun a la ira. Somos nuestro propio dios personal y nuestro propio demonio personal, siendo el dios nuestra naturaleza espiritual innata y el demonio siendo la aglomeración de energía negativa proveniente de muchas encarnaciones pasadas.

Ahora podemos ver por qué resulta tan difícil discutir este tema con la mayoría de las personas y por qué no utilizamos el término Dios despreocupadamente. Si todo el mundo pudiere dejar sus emociones a un lado, pudieren surgir conversaciones útiles pero la mayor parte de las personas no están listas para esto.

Usted me ha dado mucho que pensar. Me tomará algún tiempo para procesar esta información y contemplar algunas de las ideas que usted ha traído a colación. Creo que tengo algún trabajo que hacer.

La libertad proviene del saber lo que es la verdad. "Conoceréis la verdad y la verdad os hará libres". No hay límite a lo que podemos aprender, pero si cerramos nuestra mente a un aprendizaje futuro estaremos en un detente en el presente y no podremos lograr más progreso. Cualquier persona que sea tan egoísta como para pensar que ella tiene el monopolio de la verdad, estará engañándose a sí misma y deteniendo su propio crecimiento espiritual. Cuando esto sucede, la naturaleza interviene y crea una situación en donde la persona no tiene otra opción que no sea cambiar su punto de vista. Algunos de nosotros aceptamos gustosamente los cambios que resultan de la expansión de la conciencia, y algunas personas son arrastradas por los pelos pataleteando y gritando.

Capítulo 7

LA LEY DE CAUSA Y EFECTO

> Dadme entendimiento y yo cumpliré con tu ley; ciertamente, la observaré de todo corazón.
>
> *Salmos119:34*

UNO COSECHA LO QUE SIEMBRA

"Todo lo que sube tiene que bajar", "Lo que uno siembra será lo que uno cosecha", "Para cada acción existe una reacción de igual magnitud y en dirección opuesta". Todas estas aseveraciones representan diferentes maneras de describir una ley de la naturaleza a la que se le refiere comúnmente como karma o la ley de causa y efecto.

Aun la ciencia reconoce que todo en el universo está conectado y que la más mínima acción afecta al universo entero. Los científicos también son conscientes del "efecto del observador", término que describe el hecho de que la mera observación de algo ocasiona cambios sutiles el en objeto bajo observación. La importancia de esto estriba en que nunca podremos "conocer" algo tal y como era antes de comenzar a observarlo. Ya hemos cambiado el objeto simplemente por haber enfocado nuestra atención sobre él.

Cada pensamiento que producimos tiene un efecto sobre el objeto de tal pensamiento, ya sea una persona, un objeto físico o inclusive un concepto abstracto. Estudiaremos el pensamiento en más detalle en el capítulo 10.

La cantidad de personas que están familiarizadas con el término karma es mayor que nunca antes, pero existe mucha confusión con respecto a lo que esto es y a cómo es que funciona. Muchas veces se presume que el karma es un sistema de recompensas y castigos por haber respetado o haber ignorado una ley en específico, la cual fue establecida por un ser divino. Así que se habla del "karma bueno" como algo deseable y del "karma malo" como el resultado de acciones pasadas que fueron dolorosas o desagradables.

El vocablo karma significa simplemente acción, pero el mismo comprende más que la mera idea de un acto físico. Karma también incluye el concepto de una reacción, que no es otra cosa que el resultado inherente de la acción, la "causa" y el "efecto". El karma comprende además las "acciones" que ocurren en todos los planos de existencia, incluyendo el emocional y el mental. De esta forma nuestras emociones, pensamientos y deseos, así como nuestras acciones físicas, todas ellas generan karma. "Así como un hombre piensa en su corazón, así es él", no resulta ser una frase inerte. Jesús entendió muy bien que cada acción comienza como un pensamiento y que el pensamiento mismo crea un resultado, esté o no involucrado el cuerpo físico. "Quien mira a una mujer con lujuria habrá ya cometido adulterio con ella en su corazón". El pensamiento de por sí crea un campo energético y el mismo afecta no solo a quien produjo el pensamiento, sino también al objeto de dicho pensamiento y a todos los que estén alrededor.

¿A los que estén cerca del pensador o a los que estén cerca del objeto del pensamiento?

A ambos.

¿Está usted diciendo que soy responsable por cada pensamiento que hago?

Si creamos el pensamiento nosotros mismos, entonces sí somos responsables. Sin embargo, estamos siendo bombardeados constantemente por pensamientos provenientes de otras personas. Mientras más cerca estén las personas que generan los pensamientos, mayor será el efecto de estos sobre nosotros. Resulta ser afortunado para nosotros que la mayor parte de las personas son bastante inefectivas en su pensar, de forma tal que sus pensamientos no traen mucha energía con ellos y por tal razón los mismos tienen poca probabilidad de tener un gran impacto sobre nosotros.

Una excepción notable a esto es cuando una persona está extremadamente furiosa o llena de pensamientos de venganza dirigidos hacia otro. Esto es en especial así si la persona se obsesiona y dedica horas cada día añadiendo más energía a los pensamientos de ira y venganza ya acumulados. Esta energía lo que hace es afectar adversamente al objeto de tales pensamientos iracundos.

Si alguien está enfadado conmigo y dirige energía negativa hacia mí, ¿cómo puedo yo evitar ser afectado por estos pensamientos negativos?

La mejor manera es no teniendo en nuestro carácter nada que pueda vibrar en consonancia con pensamientos negativos. Cada pensamiento y emoción tiene una velocidad de vibración específica. Si esa energía encuentra en nosotros un campo de materia afín, hará que este vibre con más fuerza del mismo modo que un tono hace vibrar a la cuerda correspondiente de una guitarra o de un piano. Si no existe en nosotros ningún campo energético que tenga la misma tasa baja de vibración que la energía negativa, esta no podrá afectarnos. Desafortunadamente, son pocas las personas que son lo suficientemente puras como para que estos pensamientos negativos no tengan ningún efecto sobre ellas.

Simultáneamente con lo anterior, si no hemos desarrollado dentro de nosotros las tasas más elevadas de vibración, nuestro Yo Superior no tiene forma de comunicarse con nosotros. Esta es la razón de por qué es tan importante la pureza de pensamientos y de emociones si queremos lograr progreso espiritual. Sin esta pureza, estamos a merced de la andanada de formas de pensamiento que están siempre presentes en la atmósfera circundante.

¿No sería mejor vivir en las montañas, lejos de los seres humanos de forma tal que no nos afectemos por estas energías negativas?

Sí sería mejor, y de hecho, las personas más avanzadas hacen precisamente eso. Sin embargo, también es importante que alguien esté disponible para ayudar a elevar hasta cierto grado la velocidad vibratoria en nuestro prójimo, logrando esto por medio de una acción recíproca de manera positiva. Uno puede ser un instrumento para enviar energía positiva a su alrededor si uno se adecúa para ello.

"Estar en el mundo pero no ser del mundo" no es tarea fácil, mas sin embargo esa debe ser nuestra meta si queremos hacer la parte que nos corresponde para mejorar la vida en este planeta.

Todavía sigo pensando sobre el hecho de que soy responsable aun por mis pensamientos. Yo pensaba que todo estaba bien mientras no dijera o hiciera algo que perjudicara a otra persona.

La mayor parte de las personas se rehúsan a creer que ellas son responsables por todo lo que les sucede en la vida. Estas personas están convencidas de que la vida es injusta, de que algunas personas simplemente tienen suerte y que dichas personas no hicieron nada en particular para merecer la buena fortuna de la cual disfrutan. Por el contrario, la persona iluminada está más que dispuesta a aceptar que él o ella es responsable por todo lo que experimente en la vida.

¡Espere un momento! No tengo reparos en responsabilizarme por lo que yo haga en esta vida, pero ¿cómo puede ser justo el nacer con defectos físicos o mentales? Usted mismo dijo que esta personalidad no ha vivido anteriormente y que nunca más volverá a vivir, de modo que ciertamente parecería injusto heredar karma que yo no creé personalmente.

Que algo sea "justo" o "injusto" depende de cómo uno decida ver la situación. Cuando en la Biblia se habla de "castigar a los hijos por el pecado de sus padres hasta la tercera o cuarta generación", el profeta no se refería a los descendientes físicos, sino a las encarnaciones futuras de esa alma en particular. Uno en la presente encarnación es el resultado de todas las encarnaciones previas creadas por nuestro Yo Superior. Uno es el hijo de sus "ancestros" o encarnaciones previas. De igual forma que uno hereda el karma "bueno" o el "malo", uno hereda también toda la experiencia adquirida en las vidas pasadas.

No importa que decidamos ver la vida como "justa" o como "injusta", ella es como es. No tenemos la opción de decidir cómo es que el universo debe operar. Podemos aceptar al universo tal y como es y trabajar en armonía con la ley natural, o podemos elegir creer que la vida es injusta y pasar toda nuestra vida en contraposición a las leyes de la naturaleza. Si queremos que la vida sea tranquila, adoptemos la actitud de aceptación. De lo contrario, la vida nos resultará dificultosa.

Sigue sin parecer justo que yo tenga que pagar el precio por las transgresiones de otra persona.

Los humanos no tenemos forma de ver todas las causas y los efectos que componen la situación mundial actual o que componen nuestra situación personal. El Yo Superior no se interesa por los problemas que parecen serle tan importantes a la personalidad. El Yo Superior se ocupa solamente de una cosa, el progreso espiritual, que no es otra cosa que la expansión continua de la conciencia. El karma es la ley natural que hace esto posible.

¿Cómo es que eso es así?

Porque el karma es la fuerza natural que de forma suave, y a veces no tanto, nos guía una y otra vez de vuelta al sendero del progreso espiritual. Sin el karma, no habría motivo para no incurrir en cualquier actividad que beneficie al yo personal, sin consideración hacia ninguna otra persona.

Muchas personas "creen" en el karma mas sin embargo continúan mintiendo, engañando y robando. Es obvio que creer no es suficiente. Una vez una persona haya alcanzado una convicción inquebrantable de que la ley del karma funcionará bajo todas las circunstancias, esa persona jamás volverá a ser tentada a mentir, robar o ni tan siquiera a decir nada que pudiere ser perjudicial a sí mismo o a cualquier otro ser.

Eso tiene sentido cuando usted lo dice de esa forma.

Todo en la naturaleza tiene perfecto sentido cuando uno lo mira desde una perspectiva suficientemente elevada. Nadie se topa jamás con una dificultad que no represente una situación importante para el aprendizaje. Una vez la lección ha sido aprendida, uno no tiene jamás que volver a aprenderla nuevamente, ni aun en una vida futura. El período de recapitulación que tiene lugar durante los primeros años de cada vida está diseñado para ayudarnos a recordar lo que hemos aprendido en el pasado y entonces lograr progreso adicional de ese punto en adelante.

¿Qué sucede si yo hago algo que perjudique a otra persona pero sin ser de forma intencional? ¿Crea eso una respuesta kármica?

La motivación lo es todo. Aun nuestras leyes reconocen esto. Existe el asesinato en primer grado, el asesinato en segundo grado, homicidio involuntario y homicidio negligente. Cada una de estas situaciones resulta en la muerte de un ser humano, pero el castigo es diferente en cada caso. El karma es, por mucho, mejor que lo que sería el mejor juez del mundo en determinar el motivo detrás de una acción en particular, y esa motivación será la que determine el karma resultante. Aun la negligencia de parte nuestra tendrá un efecto kármico.

En algunos casos, la causa para algo que ocurre en esta vida no se origina ahora sino que se viene arrastrando de una vida anterior. Es muy posible que los factores subyacentes se remonten mucho más atrás de lo que cualquiera pueda imaginar, en algunos casos podrían ser miles de años. Esta es precisamente la razón de por qué no debemos juzgar a los demás, aun en situaciones que aparenten ser atroces. No sabemos si la situación actual es el resultado de un karma previo o si es el comienzo de una nueva situación kármica.

¿Significa eso que no debiéramos castigar a una persona porque lo que ella ha hecho podría justificarse por algo que sucedió en una vida anterior?

El propósito del sistema legal debería ser siempre en primera instancia el de proteger a la ciudadanía. A menudo nos involucramos emocionalmente en los casos que se llevan en los tribunales, los cuales podemos acceder a través de la televisión. Nuestra reacción emocional es un deseo intenso de ver castigado al perpetrador de los hechos. Es nuestro ego quien ha creado este drama emocional en donde nos hemos adjudicado a nosotros mismos el papel de juez, jurado y verdugo.

Nuestra mayor preocupación debería ser sacar de la sociedad a las personas peligrosas y darles una oportunidad de rehabilitarse de ser esto posible. Si somos una de esas personas que tienen fuertes reacciones emocionales a los casos en los tribunales, tomémonos el tiempo necesario para examinarnos a nosotros mismos y encontraremos que todas dichas reacciones emocionales son el producto de nuestro propio ego.

El karma es la ley que devuelve el balance a todo en el universo. Para cada acción existe una reacción de igual magnitud y en dirección opuesta. El universo es una maquinaria afinada muy finamente. Podría parecer imperfecta desde nuestro punto de vista imperfecto, pero no lo es. Todo en el universo es exactamente como debe ser porque el estado actual de las cosas es la suma total de todas las acciones previas que han ocurrido, y con el paso de cantidades inconmensurables de tiempo, el universo no va a desbalancearse debido a una pizca ni a un ápice.

"Los molinos de los dioses muelen despacio, pero muelen en extremo fino".

LA JUSTICIA PERFECTA GOBIERNA AL MUNDO

¿Cómo puede estar usted seguro de eso?

Porque la justicia perfecta gobierna al mundo. Esto es inherente al diseño de la naturaleza.

Eso suena como si usted estuviera diciendo que no existe tal cosa como el mal si aun el mal tiene su lugar en el mundo.

Que uno denomine a algo como bueno o como malo está fundamentado en la propia perspectiva imperfecta que uno posea de las cosas. A medida que uno crece en conciencia y en percepción, las cosas que aparentaban ser terribles en el pasado asumen una perspectiva diferente y resultan ser bendiciones después de todo.

Eso es cierto. Yo he tenido algunos problemas de salud terribles en el pasado que no se los deseo a nadie, pero haciendo una retrospección reconozco que he crecido tremendamente a través de esas experiencias difíciles y no cambiaría esto por nada. Aun así resulta difícil ver a otras personas sufrir, en especial si son niños.

La dificultad estriba en nuestro campo de visión limitado. No vemos todas las causas previas que han resultado en la situación actual. Una vez pensamos las cosas con detenimiento y vemos la belleza de las leyes de la naturaleza, aceptamos las cosas tal y como son aunque las mismas nos afecten a nosotros o a otras personas. Todo es como debería ser. ¿Nos gustaría que esto fuere diferente?

No, creo que no.

Lo mejor que podemos hacer es adoptar la actitud de ecuanimidad. Que nada nos desconcierte, que nada nos perturbe, que no haya ninguna reacción emocional al drama de la vida porque la misma es exactamente como debería ser. El vocablo en sánscrito para esto es vairāgya, comúnmente traducido como ausencia de deseo, aunque una mejor definición sería "indiferencia al placer y al dolor", en otras palabras, la no reacción.

¿No sería mejor si todo el mundo viviere en paz, si no hubiere guerras, si solamente hubiere una coexistencia amorosa y pacífica?

La única forma de hacer eso en la actualidad sería imponérselo a todo el mundo, y les estaríamos quitando a las personas la capacidad de elegir.

Aun así eso sería preferible a las cosas terribles que suceden todos los días en el mundo.

¿Lo sería? Seríamos miopes si pensáramos que creando una apariencia artificial de paz la misma de alguna forma se traduciría en una paz real y duradera. Esto no puede ser. Estaríamos aniquilando todas las causas pasadas que se han venido acumulando a lo largo de millones de años. Cada patrón de energía que ha sido creado tiene que desarrollarse y resolverse por cuenta propia de forma natural, no puede sencillamente descartarse e ignorarse. Dejemos de ver la vida como si fuere una fotografía y aprendamos a ver la película completa. Cuando hagamos esto, tendremos una percepción más amplia acerca de la belleza del plan que se está desplegando exactamente según el horario.

¿VIOLENCIA O PAZ MUNDIAL?

Consideremos por un momento la existencia de la violencia en el mundo. Todas las personas de buena voluntad a lo largo del planeta añoran la paz mundial y el fin de las luchas y los conflictos. Preguntemos lo siguiente, "¿He eliminado yo de mi propia vida toda la ira, el resentimiento y la animosidad?"

No, no puedo decir con honestidad que lo he logrado.

Entonces, ¿cómo podemos esperar que el resto de la humanidad esté lista para la paz cuando la misma ni tan siquiera existe dentro de nuestro propio corazón? Aun aquellos de nosotros que somos un tanto iluminados estamos con frecuencia en guerra con miembros de nuestra propia familia, con amistades o conocidos e inclusive con otros compañeros caminantes en el sendero. ¿Podemos creer en verdad que podemos ayudar a otros a alcanzar la paz cuando no la hemos podido lograr para nosotros mismos?

Es obvio que se espera de nosotros que seamos conscientes de y nos preocupemos por el mundo externo, pero también reconocemos que tenemos una labor más importante por realizar que atender las necesidades físicas y emocionales del mundo. Quizás fallamos en percatarnos de lo mucho que podemos influir en el mundo que nos rodea simplemente por nuestra mera presencia y por las frecuencias vibratorias más elevadas que esperamos haber desarrollado en nosotros como consecuencia de años de contemplación. Ponemos tanto énfasis en la meditación que a menudo nos olvidamos la fase de contemplación, la cual es igualmente importante. Mediante la ponderación acerca de los problemas de la humanidad, ya bien sean los derechos civiles, la pobreza, la política, la violencia o cualesquiera de los miles de otros problemas, estamos ayudando de formas que son sutiles, mas sin embargo poderosas en extremo.

Nuestra función es abrir los corazones y el entendimiento de las personas hacia la caridad, la justicia y la generosidad, atributos que pertenecen específicamente al reino humano y que son naturales en las personas que han desarrollado las cualidades más elevadas de un ser humano. Tenemos disponibles para nosotros la información necesaria para transformar nuestros instintos animalescos en las cualidades humanas más elevadas, y cuando las personas hayan aprendido a pensar y sentir como los verdaderos seres humanos deberían, actuarán más humanamente. Cuando esto suceda, todo el mundo actuará espontáneamente con justicia y generosidad.

Desarrollemos en nosotros plenamente todas las cualidades que querríamos que exhibieren el resto de la humanidad. Practiquemos el altruismo, la compasión y la completa honestidad en todas las cosas. Cedamos el argumentar, la ira y la necesidad de estar en lo correcto. Dejemos de juzgar a las otras personas y miremos cuidadosamente a nuestras motivaciones personales y egoístas. Eliminemos el orgullo y la presunción que caracterizan a tantas personas que dicen llamarse espirituales. Deshagámonos de nuestra necesidad de sentirnos importantes. Una vez hayamos desarrollado todos los rasgos de carácter que distinguen al aspirante espiritual verdadero, nuestra influencia sobre el resto del mundo está ya teniendo efecto. Ya habremos hecho un impacto en el mundo que nos rodea.

PASAR JUICIOS

Si pudiéremos ver las motivaciones detrás de cada situación, estaríamos en una posición excelente para pasar juicios sobre ellas. En vez de esto vemos solo las apariencias, los resultados de las motivaciones y de las acciones previas, de modo que estamos severamente impedidos para hacer una evaluación acertada de la situación.

Practiquemos el no juzgar ¿Por qué debemos presumir conocer todo acerca de una situación cuando resulta imposible conocer con algún grado de certeza lo que ha causado que algo sea como en la actualidad aparenta ser?

Es solo naturaleza humana pasar juicios y dar nuestra opinión sobre las cosas. ¡Cuán aburrido sería este mundo si no tuviéramos opiniones!

La mayor parte de las personas estarían de acuerdo con eso. Sin embargo, estamos describiendo cómo es que funcionan las personas iluminadas. Ellas conocen el peligro de pasar juicios cuando ello no pueda realizarse con algún grado de certeza. ¿Por qué juzgar a otros?

Porque eso hace que la vida sea interesante.

¿Hemos olvidado que cada pensamiento que generamos afecta a todas las personas a nuestro alrededor, en especial a aquellos que son el objeto de dichos pensamientos? Si decidimos que una persona es "perversa", "ruin" o "grosera", automáticamente sabemos que nuestro juicio está basado en información limitada. ¿Estamos dispuestos a crear karma negativo para nosotros mismos debido al hábito de pasar juicio sobre otras personas?

Cuando usted lo pone de esa manera, quizás yo deba observar más detenidamente el concepto de pasar juicio y expresar opiniones. Pero ¿no tenemos a veces que pasar juicios?

Seguro que sí. Un juez o un jurado tienen que rendir un veredicto al final de un juicio en el tribunal. Si alguna vez hemos servido como jurado sabemos lo difícil que es esa tarea, ya que somos conscientes de que la decisión que se tome podría privar a la persona imputada de su libertad por años. No empece la toma de conciencia de que no podemos saber nunca con una certeza del cien por ciento que una persona es culpable o no, nuestra obligación en tal caso es hacer lo mejor que se pueda a manera de proteger a nuestros conciudadanos. La palabra clave aquí es obligación. Cuando sea nuestro deber juzgar, entonces debemos emitir un juicio que sea lo más justo posible.

Pero en la vida diaria si creemos que alguien es culpable de un crimen, eso no le quita la libertad a esa persona.

¿Qué no? Con toda probabilidad uno le expresará su opinión a otras personas y aun si uno no lo hace, ya ha añadido un poco de energía al depósito de opinión pública creada por aquellos que están convencidos de que esa persona es culpable y debe ser castigada. Cuando cientos, miles o aun millones de personas están añadiendo energía a la forma de pensamiento que dice: "Esta persona es culpable", ¿cómo no vamos a estar afectando a esa persona?

Nunca había pensado de esa forma acerca de esto.

Ese es el problema con la mayoría de las personas. No piensan detenidamente sobre una situación de forma de poder llegar a una conclusión lógica. En vez de esto, las personas se permiten el lujo de tener reacciones por reflejo basadas en las emociones y se deleitan en pasar juicio sobre otros seres humanos. El tiempo dedicado a deliberar se reduce comúnmente a algunos segundos. ¿Podemos ser tan perspicaces como para poder en segundos adjudicar un juicio que le tomaría al sistema legal meses sino años para lograrlo?

No. Creo que debo revisar mis ideas acerca de juzgar personas, pero de seguro que no es perjudicial si expreso alguna opinión positiva sobre otras personas.

HACER ELOGIOS

Imaginemos que nos topamos con una niña pequeña y le decimos, "¡Qué niña hermosa eres!", o si fuere un niño, "¡Eres un niño tan inteligente!"

Seguramente que usted no está implicando que ello sería inapropiado o aun perjudicial. Resulta natural querer hacer que las personas se sientan bien, en especial a los niños.

Pensemos sobre esto. En primer lugar, decir que una niña es hermosa implica que hay otros niños que no lo son y que podrían ser inequívocamente feos. Si decimos que un niño es inteligente, ello imparte un sello de superioridad y el niño podría muy bien pensar, "¡Ah!, yo sabía que soy más inteligente que otros niños. Ahora tengo la confirmación proveniente de un adulto". Al hacer esto estamos sencillamente apelando a los pequeños egos de estos niños y reforzándoles la idea de que está bien sentirse superior a otros. Les enseñamos a los niños temprano en sus vidas que pueden darse el gusto de practicar el engrandecimiento mutuo del ego. Esto no ayuda en nada a que el niño se convierta en un adulto responsable.

Yo no lo veo de esa manera en lo absoluto. Para mí eso sería como una mera formalidad, una forma de conectarme con otra persona.

Las personas muchas veces utilizan los realzadores del ego como un mecanismo de "conectarse" con otras personas. Yo te elogio a ti con la esperanza de que tú me elogies a mí. Tú engrandeces mi ego y yo engrandezco el tuyo.

Yo no espero ningún cumplido proveniente de los hijos. No los elogio con la esperanza de que mi ego se realce.

¿Estamos seguros de eso? La realidad es que esperamos que estos hijos nos quieran por haberles levantado sus egos. ¿No es esto una forma de inflar nuestro propio ego?

Creo que este es un asunto tan insignificante que ni tan siquiera amerita mucha atención. De seguro que hay cosas más importantes sobre las cuales preocuparse.

En la vida no existen cosas pequeñas. Ignorar las cosas "pequeñas" va en detrimento de uno mismo y de hecho, esta es la razón por qué solo pocas personas logran un progreso espiritual significativo. Uno les recuerda a las personas una lección muy sencilla y la respuesta que se obtiene es, "Yo aprendí eso hace ya mucho tiempo atrás. Enséñame algo que sea importante". En realidad estas personas *no* aprendieron eso, ellas simplemente escucharon acerca del concepto y les tuvo cierto sentido, pero nunca se tomaron la molestia de aplicarlo en sus vidas. ¿Por qué? Porque aplicarlo requería trabajo y estas personas no querían hacer el esfuerzo. Es mucho más fácil leer otro libro, asistir a otro seminario, participar en otro taller o mirar otro programa de televisión que les ayude a averiguar acerca de sus vidas pasadas o a determinar cuán adelantados están en el sendero espiritual. Pero para en realidad lograr cambiar la forma en que uno se desempeña en la vida, ¿intentan practicar el no pasar juicios, el no reaccionar emocionalmente ante las cosas y el desapego? No, resulta más fácil obviar todo eso y pretender que esas cosas no son tan importantes como algo que sea más divertido.

En definitiva sí, las cosas pequeñas son importantes. Hasta que uno no aplique en la realidad esos conceptos pequeños y los haga parte del carácter, uno nunca logrará un progreso verdadero.

Solamente a manera de ejemplo, ¿cómo usted sugeriría que yo actuare recíprocamente con niños o cualquier otra persona si se supone que yo no haga elogios?

Un elogio no es otra cosa que nuestro propio juicio sobre la persona. Dejemos de enfocarnos en el individuo, no importa que seamos nosotros mismos u otra persona. Cada vez que ofrecemos una opinión, esto resulta ser una declaración de que de alguna manera nuestra opinión importa y de que otras personas deberían prestar atención a la misma. Después de todo, no todo el mundo recibe elogios de parte nuestra, así que estas personas deberían sentirse que son especiales por haber recibido un elogio de una persona tan importante como nos creemos que somos.

Nunca podemos ofrecer una opinión que no ha sido solicitada sin que haya ego involucrado, y aun si la opinión ha sido solicitada, con toda probabilidad todavía queda adherido a ella el engrandecimiento del ego. Para contestar la pregunta hecha, debemos enfocarnos en algo que no sea la personalidad. Debemos enfocarnos en la naturaleza, en la vida, en algo maravilloso que hayamos descubierto o leído, podemos ir a caminar con la persona y compartir alguna experiencia personal. Debemos aprender a disfrutar sencillamente estar el uno con el otro y experimentar la vida interna en vez de la forma externa. Caminemos juntos en silencio. Puede requerir de alguna práctica, en especial si somos de los que piensan que debe haber una conversación constante cuando se está en compañía de otras personas. No cambiaremos instantáneamente los hábitos viejos, pero nunca los cambiaremos si pensamos que no es importante cambiarlos. Mientras menos hablemos, más atención otras personas prestarán cuando lo hagamos. ¿No hemos estado en presencia de una persona que hable sin parar y que no sea tímido en emitir opiniones y en pasar juicios?

Sí, todos los días en mi trabajo. Luego de un rato dejo de escuchar.

Exactamente. Debemos dedicar más tiempo a pensar, observar y analizar.

¿Pero no es eso juzgar?

En lo absoluto. Uno nunca quiere dejar de observar ya que así es como uno aprende, inclusive uno puede hasta hacer comparaciones. Esto no implica necesariamente que se esté pasando juicio. Pasar un juicio innecesario siempre involucra al ego, a un sentido de superioridad o presunción, independientemente de cuán sutil este sea. Uno debe observar, aprender y hablar poco, pero cuando lo haga uno debe asegurarse de que sus palabras estén formuladas cuidadosamente y de que las mismas expresan de forma precisa y concisa lo que se quiere transmitir. Muchas personas hablan dando vueltas al asunto, seguras de que han expresado sus pensamientos de forma acertada. De hecho, los pensamientos de estas personas no pudieron ser transmitidos acertadamente porque los mismos nunca estuvieron concebidos con claridad en sus propias mentes.

Al ser escrupulosos y cuidadosos con nuestros pensamientos y nuestra habla, ambos se convierten en muy poderosos. Existe entonces una cantidad tremenda de energía detrás de cada pensamiento, y el mismo es mucho más probable que tenga un efecto sobre las otras personas. Uno debe decir lo que uno quiere significar y querer significar lo que uno dice.

¿Cómo puedo evitar algunas de las formas de pensamiento que contaminan nuestra atmósfera?

Cada vez que se pueda, mantengamos un entorno tranquilo. Apaguemos el televisor. Apaguemos el radio en el automóvil y seamos en vez observadores. Leamos y contemplemos. Pasemos tiempo en contacto con la naturaleza. No hay casi nada en la televisión que nos pueda ayudar en nuestro progreso espiritual, y el factor de ruido de por sí resulta perjudicial para dicho progreso.

Una de las peores cosas que podemos hacer es quedarnos dormidos con el televisor o el radio encendido. Esto es como si estuviéramos hipnotizados, en un estado mental en extremo receptivo, y estar a merced por completo de todo el sinsentido que llamamos programación. Hablaremos más acerca de esto cuando cubramos los temas de meditación y contemplación.

Si vivimos en un ambiente urbano, hagamos una práctica el alejarnos de él con regularidad. Aun si vivimos en San Francisco, en Mumbai o cualquier otra metrópolis, podemos ir a un parque público y encontrar un lugar de remanso en donde podemos entrar en comunión con la naturaleza. Maravillemos ante los árboles y las flores, los pájaros y otras criaturas silvestres. Perderemos todo sentido del tiempo conforme miramos fijamente al cielo y dejamos atrás nuestra identificación con el cuerpo físico.

Mientras más nos salgamos de nuestro cuerpo y de nuestra mente, en otras palabras de nuestros pensamientos, y experimentemos el sentido de ser uno con todo lo que existe, más sabremos que no somos el cuerpo. Una vez sepamos esto y lo hayamos experimentado lo suficiente como para entrar a voluntad en ese estado de conciencia, jamás volveremos a sentirnos solos o a experimentar el miedo a la muerte. Después de todo, ¿qué es el miedo a la muerte sino el miedo a dejar de existir? Esto nunca podrá suceder porque somos la vida misma. No hay nada en el universo que no seamos nosotros mismos. El percatarnos de algo tan simple como esto eliminaría por siempre una de las emociones más negativas en el mundo, la que conocemos como miedo.

¿Puede usted hablarme un poco más acerca de cómo funciona el pensamiento? Debo admitir que nunca antes le había dado mucha consideración a los pensamientos.

Como humanos, dado que muy pocos de nosotros conocemos personalmente a otros seres mucho más avanzados de lo que somos, presumimos automáticamente que somos la apoteosis de la evolución y de que nuestra mente humana es lo más poderoso que existe en el universo. En potencia, la mente *es* poderosa pero dista mucho de haber alcanzado su nivel máximo de perfección y dista mucho de ser el más alto nivel de conciencia del cual nos percatamos que existe. La inmensa mayoría de los humanos están controlados más por sus emociones que por sus mentes. La mente se convierte en una herramienta de nuestra naturaleza emocional. El uso de la mente por parte de nuestras emociones para alcanzar nuestras metas personales es lo que en sánscrito se denomina kāma-manas. Kāma (deseo) y manas (mente) trabajan en conjunto, pero el factor motivador es el deseo emocional.

Mientras tanto, nuestra meta como humanos es adquirir control sobre nuestra mente. Como dijo una vez un gran maestro, "Hablando estrictamente, uno no piensa; el pensar le sucede a uno". Creemos que estamos usando nuestras habilidades para pensar a manera de hacer que las cosas sucedan, y eso es verdad. Sin embargo, no hemos comenzado aún a descubrir el poder verdadero del pensamiento y lo que este puede producir. Todavía estamos en el nivel de párvulos en lo que al pensamiento se refiere, y tomará muchos miles de años antes de que, como grupo, hagamos un progreso notable en desarrollar el poder de la mente.

¿Hay algo que yo pueda hacer para acelerar este proceso de control sobre nuestra mente? No creo que yo quiera esperar tanto tiempo si esto en realidad es tan poderoso como usted dice que es.

¿Cuál es nuestra motivación para querer desarrollar la mente a una velocidad mayor de la normal?

Supongo que para poder alcanzar mis metas con más facilidad. Ciertamente esto haría que mi vida fuera más cómoda. No tendría que trabajar tan duro para todo en la vida.

Esto suena como si nuestras motivaciones estuvieran todavía enfocadas en nosotros mismos y en hacer que *nuestra* vida fuera más cómoda. En realidad esta no es la motivación apropiada. ¿Nos acordamos de los tres prerrequisitos para que un progreso espiritual sea rápido?

Sí, un fuerte intelecto, una pureza sin mancha y un valor indómito.

Exactamente, y la pureza de motivo es primordial en este proceso ya que sin ella los resultados serían como mucho mediocres. Cuando nuestros motivos son puros, queriendo con esto decir impersonales y basados en un deseo profundo de ayudar a la humanidad, entonces el poder del universo entero nos respalda. Somos uno con la naturaleza y siempre estaremos guiados en la dirección correcta para alcanzar nuestra meta. Si existiere una pizca de egoísmo en nuestra motivación, si el orgullo y el ego entraren en la ecuación, fracasaremos en nuestra búsqueda del Santo Grial de la Sabiduría.

Pero si no hubiera ego ni orgullo en el logro, los humanos no llegarían a progresar nada.

Eso es cierto en la etapa actual de la evolución humana y examinaremos esto más adelante en el capítulo 12. Esto constituye el sendero normal de desarrollo que sigue la humanidad promedio. Si hacemos esto, estaremos sencillamente dejándonos llevar por las masas y los logros se obtendrán al mismo ritmo que el resto de la humanidad. Si tenemos la esperanza de avanzar a un ritmo más acelerado, es menester realizarlo bajo condiciones muy especiales.

¿Cuáles son esas condiciones?

Lo mismo que hemos mencionado con anteriomidad. Debemos estar motivados solamente por el deseo de servir. Cualquier deseo por una ganancia personal resultará inevitablemente en el fracaso.

KARMA GRUPAL

La mayor parte de las personas que han escuchado el término karma lo asocian con el karma personal, pero existe también el karma grupal. El karma grupal es precisamente lo que el término implica, que más de una persona comparten la responsabilidad del karma, a veces son millones el número de personas involucradas.

¿Puede usted darme algunos ejemplos de karma grupal?

Todos pertenecemos a varios grupos, ya bien sea por nuestra propia decisión o "accidentalmente". No obstante, no hay accidente con respecto a las circunstancias en que nos encontramos o el grupo al cual pertenecemos. Nuestro karma individual determina en qué momento naceremos, en qué familia, bajo cuales condiciones, en qué país, y así sucesivamente.

¿No es cierto que escogemos a nuestros padres?

No de la forma que uno podría imaginar. Uno, como una personalidad nueva, no mira hacia el mundo y dice, "Creo que yo quiero nacer en esta familia". De lo contrario, todos escogeríamos nacer en familias con algún grado de riqueza a manera de tener las mejores oportunidades en la vida, ¿no es así?

Creo que sí suena como un poco simplista cuando pienso sobre ello. ¿Cómo es entonces que esto funciona?

El karma generado por las distintas personalidades de diferentes vidas o encarnaciones está conectado al alma. En última instancia es el alma la responsable por este proceso, aunque ella en nada siente los efectos del karma físico, emocional y mental personal que no sea por el hecho de que ella no puede lograr progresar hasta que la personalidad progrese.

¿De manera que el crecimiento del alma depende de mí, de la personalidad?

Sí. Por millones de años nuestra alma ha estado esperando el momento propicio, esperando por la vida o encarnación cuando la personalidad haya alcanzado suficiente iluminación como para que ella, el alma, pueda ahora usar la personalidad como instrumento para ayudar al mundo en su progreso espiritual. Hasta ese momento, la personalidad ha estado ocupada solamente consigo misma y con sus necesidades personales.

¿Entonces el alma selecciona a mis padres?

El karma es el que en verdad determina quienes serán nuestros padres y las circunstancias prevalecientes en la vida o encarnación porvenir. Nuestra alma está completamente en consonancia con nuestro karma y con las leyes de la naturaleza. El alma opera en conjunto con estos factores para así seleccionar el ambiente más apropiado para que se den las lecciones de vida que necesitamos aprender en esta ocasión. De un modo muy real, estas circunstancias son el resultado de todas las acciones o causas kármicas de vidas anteriores. Por lo tanto, en cierto sentido sí seleccionamos a nuestros padres, pero no del modo que la mayoría de las personas imaginarían.

De la misma forma, no solo nuestra familia sino nuestra nacionalidad, nuestro grupo socio-económico, nuestra herencia étnica y nuestra religión o ausencia de ella, están determinadas todas por nuestras causas kármicas pasadas.

¿No deberíamos entonces sentirnos afortunados si nacemos en un gran país en donde podemos disfrutar de libertad y de una abundancia de oportunidades?

No necesariamente. Existen muchas personas en países democráticos poderosos que nacen en circunstancias terribles, ya sean las mismas de índole económica, física o mental. Parte de nuestro karma podría ser nacer en circunstancias que no son tan malas de por sí, pero que las mismas hagan que estemos rodeados por personas que tienen más de lo que tenemos en términos de bienes materiales. Si hubiésemos nacido en las mismas circunstancias pero en un país más pobre, hubiésemos estado entre el promedio de las personas o aun entre las que estuviesen por encima del promedio. Todo es relativo, aun las circunstancias kármicas.

Podemos nacer, aun en el mejor de los países, en un grupo minoritario o con limitaciones que nos separen del resto de los habitantes. Estamos tan propensos a ser ridiculizados y despreciados tanto en un país progresista como en uno atrasado.

Aun así, de ser posible yo escogería nacer en un país progresista.

Nacemos exactamente donde necesitamos nacer. En el mundo todo está bien. El tratar de que el mundo sea uniforme no es función nuestra. Muchos países han cometido errores graves al invadir a otros países bajo el pretexto de mejorar las condiciones de vida de sus ciudadanos. Durante los tiempos coloniales, este razonamiento parecía ser hasta altruista, pero los motivos subyacentes para estas invasiones y dominaciones eran mucho más egoístas. Cuando tratamos de imponer nuestro estilo de vida sobre los demás, no solo estamos interfiriendo con el karma actual de estas personas sino que estamos creando un karma nuevo para nosotros mismos como nación.

No es por mera casualidad que existen condiciones diferentes en distintos países. Esta diferencia de condiciones es necesaria para la gran diversidad de experiencias de vida que necesita nuestro prójimo.

¿Significa eso que no debemos tratar de mejorar las condiciones de vida en otros países?

Cuando lo hacemos por la fuerza, ello crea desastres tanto para nosotros como para el país invadido. La manera adecuada de mejorar las condiciones de vida en otros países es mediante la educación. Esto toma más tiempo pero es más seguro por mucho. El karma creado por invadir un país física y violentamente es tremendo, y para balancear el mismo requerirá de décadas sino siglos. El karma generado por la creación de programas educacionales y sociales es mucho más positivo.

Como nación debemos elegir líderes que tengan visión, no solo para lograr el bienestar económico de nuestros propios ciudadanos, sino para lograr el bienestar espiritual del mundo entero. Esto no quiere decir que le vamos a imponer a otros nuestras creencias religiosas, sino que vamos a compartir con todo el mundo el entendimiento que hemos adquirido en cuanto a cómo es que funciona la ley universal. En algunos de los países que creemos que están desaventajados seriamente, en realidad se sabe mucho más que en el nuestro en cuanto a estas leyes universales, o al menos lo hacen algunas de las personas que habitan estos países. Existe un ego nacional tal como existe un ego personal.

¿No debería yo estar orgulloso de mi país y del hecho de que tenemos libertad?

¿Qué hay de lo cual se deba estar orgulloso?

No sé. Creo que del hecho de que es un país poderoso con grandes ventajas económicas, y uno que es admirado y respetado por el resto del mundo.

¿Estamos viendo lo que se está diciendo? Estamos usando nuestra nacionalidad como pretexto para inflar nuestro ego personal. Hay cierta presunción y sentido de superioridad cuando anunciamos a los demás que somos ciudadanos de tal o cual país. Es solamente una forma adicional de sentirnos más importantes que las otras personas. Si estamos seguros en nosotros mismos, entonces no importa si somos ciudadanos de Uzbekistán, Panamá o Francia. Todo lo demás es simplemente nuestro propio ego.

El karma de cada país lo compone el karma acumulado de sus ciudadanos con respecto a los asuntos nacionales y a las actuaciones recíprocas con otras naciones. Lo mismo aplica para todos los otros grupos, ya sean religiosos, étnicos y así sucesivamente. Todos los varones en el mundo comparten el karma masculino, todas las mujeres el karma femenino, todos los católicos el karma católico y todos los niños escultistas comparten el karma de los niños escultistas.

Pero yo como individuo no creé este karma. ¿Quiere usted decir que cuando yo nazco heredo el karma de quizás cientos de años de acciones en las cuales yo no participé?

Como parte de ese grupo, sí uno las hereda, y uno experimentará una participación de ese karma enorme ya fuere el mismo agradable o desagradable. En lo personal, uno no creó todas las cosas agradables y placenteras que forman parte del karma del país en que se nace, mas sin embargo uno las disfruta de igual manera.

Si yo debo reencarnar una y otra vez hasta que todo mi karma haya sido agotado, esto nunca sucederá si yo soy responsable también por el karma nacional.

Uno es responsable por una porción de ese karma grupal *solamente* mientras uno sea parte de ese grupo. Algunas personas reencarnan una y otra vez en la misma nación o en el mismo grupo religioso porque han desarrollado lazos emocionales fuertes con ese país o con esa religión. Esto es un ejemplo muy bueno de lo que es el apego, el cual constituye un impedimento serio al crecimiento espiritual y que a menudo impide que uno experimente la cantidad de circunstancias distintas que se requieren para poder crecer.

Una vez uno abandone a un grupo en particular, uno deja de compartir el karma de ese grupo. Los miembros nuevos que van llegando asumen una participación en el karma de ese grupo y que lo abandonó ya no será parte de dicho karma.

Cada mes hay grupos étnicos en el mundo que desaparecen. Esto sucede cuando todo el karma grupal ha sido agotado y la energía de ese grupo en específico ya no es necesaria para el progreso de la humanidad actual. Cada dos semanas desaparece del mundo para siempre otra lengua cuando fallece el último hablante de la misma.

Me causa tristeza cuando lo escucho decir eso.

¿Se experimentaba tristeza antes de haberlo escuchado?

No, pero ahora que pienso acerca de la extinción de lenguas y de grupos étnicos me sobrecoge un sentimiento de pérdida, como si hubiésemos perdido una parte importante de nuestro patrimonio.

Debemos notar en primera instancia que lo que tenemos aquí es una respuesta emocional cuando se piensa acerca de una situación. Mientras no se pensó en dicha situación todo estaba bien, pero tan pronto vino a la mente el hecho de que tanto lenguas como grupos étnicos están desapareciendo, se concluyó inmediatamente que se había perdido algo importante a pesar de que con anterioridad no se pensó que lo era. La reacción emocional es un sentir de que de alguna forma *uno* ha sido disminuido y *uno* se siente triste. ¿Vemos cómo esto está relacionado con nuestro ego?

Sí lo veo.

Todavía somos adictos al drama emocional de la vida y a la parte que en él juega el ego personal. Es importante que nos percatemos de que el mundo es efímero. Nada dura eternamente, ni una flor, ni un árbol, ni un ser humano, ni un conejo, ni aun una piedra o una estrella o un planeta. Todo dura por un período determinado de tiempo y luego desaparece para siempre.

¿Pero no soy yo eterno?

Nosotros, la personalidad, no lo somos. Al final de nuestra vida la personalidad deja de existir. Ni aun nuestra alma o nuestra mónada es eterna. Lo único que perdura por siempre es el espíritu divino que mora dentro de la forma. Cuando nos identifiquemos con eso en vez de con la forma, cualquiera que esta sea, el sufrimiento y el sentido de pérdida cesarán.

Cuando aceptamos con ecuanimidad todo lo que ocurre porque sabemos que el universo es justo y que todo tiene una razón de ser, ya no hay tristeza porque sabemos que todo es exactamente como debería ser.

Capítulo 8

LOS CICLOS DE VIDA

> Cuando yo era niño, hablaba como niño, pensaba como niño, razonaba como niño; pero cuando llegué a ser hombre, dejé las cosas de niño.
>
> *Corintios I 13:11*

SEGÚN ES ARRIBA ES ABAJO

La naturaleza no se reinventa a sí misma. En su lugar ella utiliza patrones que han existido por siempre, adaptándolos a lo que se está construyendo. La analogía de un Gran Arquitecto es válida, pero la misma debe incluir el reconocimiento de la existencia de un grupo de trabajadores.

La Jerarquía Espiritual la componen seres que saben cómo construir utilizando elementos naturales. Cada uno de los miembros de esta jerarquía ha pasado o pasará por la experiencia de la existencia humana, y algunos de ellos todavía utilizan una forma humana. Una vez hayamos adquirido cierta cantidad de experiencia y la apliquemos de forma inteligente en concordancia con el plan de la naturaleza, nosotros también seremos miembros de la Jerarquía Espiritual, pero para esto primero queda mucho trabajo por hacer.

Un arquitecto jamás rediseña cada detalle en una estructura. En cambio él hace ajustes, expande, reorienta o de alguna otra forma modifica el plano original basándose en las experiencias previas obtenidas de proyectos anteriores, algunas de las cuales pudieron haber sido de éxito y otras de fracaso. Algunas cosas han demostrado que funcionan mientras que otras todavía están en etapa experimental.

El axioma de Hermes de que "según es arriba es abajo" demuestra que todo en la naturaleza se basa en los mismos principios de construcción. Se utilizan los mismos patrones, pero estos se ajustan a las condiciones actuales y a la envergadura del proyecto. Según lo expresara de forma elocuente uno de los adeptos, "Nada en la naturaleza surge a la existencia de momento sino que todo está sujeto a la misma ley grandiosa de la evolución. La naturaleza sigue el mismo surco desde la 'creación' de un universo hasta la de un mosquito."

Uno de los patrones sobresalientes que se utilizan a todos los niveles en la creación es el de los ciclos. Existen ciclos mayores y ciclos menores. Hay ciclos que duran millones de millones de años mientras que otros duran menos de una milésima de una millonésima de segundo.

Al comienzo de este libro discutimos el ciclo por el cual todos estamos pasando en este momento, que es el del hijo pródigo. Nosotros, no como humanos sino como chispas de la divinidad, surgimos de la fuente primaria espiritual. Estas chispas divinas "cayeron a la Tierra", queriendo esto decir que dentro de nuestro sistema solar se crearon los diferentes campos o esferas de existencia, desde los más sublimes hacia abajo hasta llegar al físico, el cual es el más denso. Luego de millones de años de preparativos se crearon las formas para ser habitadas por estas chispas divinas, comenzando con las más simples e incrementando la complejidad de las mismas a lo largo de eones, hasta que finalmente se llegó a la forma adecuada que serviría de vestidura a estas chispas divinas. Esta es una manera simbólica de decir que los cuerpos físicos fueron creados para que los seres espirituales los utilizaran en su proceso de adquirir experiencia.

Cuando estas chispas divinas habían adelantado en conciencia y experiencia lo suficiente como para encontrarse en el umbral del reino humano, ocurrió un evento extraordinario. Se crearon las almas humanas y una emanación adicional de fuerza espiritual las hizo diferentes notablemente a todas las otras formas de vida en nuestro planeta. Ahora habíamos adquirido el potencial de convertirnos en dioses por derecho propio. Podemos aprender los fundamentos para convertirnos en constructores y luego en arquitectos de nuestro propio sistema solar. Es obvio que nos encontramos muy lejos de llegar a esa etapa, pero cada ser humano está logrando progresar hacia esa meta sea o no consciente de ello. La chispa divina retorna a su fuente mucho más iluminada y mucho más sabia, tal y como el hijo pródigo retorna a su hogar ancestral.

Todos los ciclos proceden siguiendo las mismas etapas:

- despertar luego de un período durmiente.
- crecimiento y desarrollo, llegando a una cima.
- declinación y aumento en lentitud.
- trance de inconsciencia y preparación para el próximo ciclo.

El ciclo del hijo pródigo sigue estos pasos y toma miles de millones de años. Experimentamos otro ciclo que dura 365 días el cual se denomina las estaciones.

En invierno todo está latente y durmiente, como si estuviese muerto. Cuando llega la primavera hay un despertar y un agitar, y en el verano hay una expansión rápida hasta llegar al crecimiento máximo para el ciclo que se vive. Sigue el otoño con la declinación y lentitud en todos los sistemas, es el tiempo de cosechar. Llega el invierno y todo está durmiente otra vez, es el tiempo para descansar luego de un año extenuante de crecimiento y experiencias nuevas. La esencia de esas experiencias ha sido extraída en forma de una semilla que continuará el próximo año su experiencia de crecimiento.

Cada bellota contiene en su interior la esencia de cada árbol de roble que jamás haya existido. También contiene la esencia de la experiencia acumulada de las formas de vida por las cuales el espíritu que mora en el interior pasó en otros reinos de la naturaleza. Nada que sea de valor se pierde jamás. Las formas que habitamos son de valor temporal solamente y las mismas se destruyen una vez han cumplido con su propósito. El valor real estriba en la experiencia adquirida y el incremento en conciencia, el cual se conserva cuidadosamente a manera de que se pueda volver a manifestar en el próximo ciclo. Cuando nos enfocamos en la vida al interior de la forma, la cual constituye su energía espiritual, estamos menos apegados a las formas que habitamos y el sufrimiento entonces cesará. Sufrimos debido a nuestro apego a las formas.

De la misma manera que la bellota contiene la experiencia esencial de todos los árboles de roble precedentes, así mismo nuestra alma conserva "semillas" de toda la experiencia esencial adquirida de vidas anteriores. Los detalles del drama diario experimentado, los deseos y anhelos emocionales no se conservan, pues los mismos no son de importancia para el alma. El alma reconoce y responde a asuntos esenciales, a la calidad de las vibraciones y no a nuestras reacciones personales a los eventos cotidianos.

La esencia de una rosa está contenida dentro de sus pétalos, pero una vez se extrae dicha esencia la forma muerta ya no es necesaria. Ya ella ha servido su propósito y los materiales son entonces reciclados para ser utilizados por otras fuerzas de vida en nuevas formas físicas.

¿Existen otros ciclos en la naturaleza?

Existen muchos ciclos similares. Todos los días vivimos uno de ellos. Experimentamos las mismas etapas por las cuales pasa la naturaleza; despertamos luego de un período de descanso, nos levantamos y aceleramos nuestro ritmo retomando las labores donde las habíamos dejado, seguimos con un período de desaceleración y declinación en energía, finalmente pasando a dormir y a conseguir el descanso tan necesario. El primer lapso del sueño por lo general es inconsciente. A medida que se recarga nuestra energía y nos acercamos a comenzar un nuevo día, la conciencia va aumentando hasta que nos despertamos nuevamente y estamos listos para un período de experiencia nuevo. Cuán "despiertos" estamos depende de nuestro nivel de iluminación.

EL CICLO HUMANO DE VIDA

El ciclo de mayor importancia para la mayoría de los humanos es aquel de una vida individual. Volviendo a lo anterior, este ciclo sigue un patrón natural. Todavía venimos al mundo en un estado de relativa inconsciencia y dedicamos varios años a adaptarnos a nuestro ambiente, el cual pudo haber sufrido cambios considerables desde nuestra última encarnación. Hay un período de "levantarnos y acelerar el ritmo", recobrar el conocimiento adquirido en encarnaciones pasadas y vaciarlo dentro de un cerebro nuevo.

¿Por qué no recordamos nuestras vidas pasadas?

Nosotros, la personalidad, nunca hemos vivido anteriormente. No tenemos conexión alguna con vidas pasadas salvo por medio de nuestra alma y el alma no presta atención a los detalles cotidianos de encarnación alguna. El alma se percata de y retiene solamente la esencia de las experiencias de vida y no de esos sucesos emocionales que consideramos tan importantes. Además de esto, no sería provechoso acordarnos de las vidas pasadas.

¿Por qué dice usted eso?

Si recordásemos todas las reacciones emocionales que tuvimos en vidas pasadas, tales como la ira, la venganza y el resentimiento, nunca lograríamos progresar. Dedicaríamos cada vida a obsesionar sobre el pasado, en especial si nos encontramos con las mismas personas con las cuales experimentamos estas reacciones negativas. La naturaleza es bondadosa cuando previene que recordemos los detalles de vidas pasadas. Cada vida es una oportunidad para un nuevo comienzo. No se debe desperdigar tiempo en tratar de averiguar quién fuimos en vidas pasadas. Tengamos presente que nosotros, la personalidad, nunca hemos existido anteriormente y nunca existiremos nuevamente. Soltemos todo el drama personal y enfoquemos en contactar nuestra alma.

Haríamos bien en esta vida si imitáramos a la naturaleza y nos olvidáramos del pasado. Lo único que tiene significado es el eterno ahora. Este concepto es tan importante que lo discutiremos detalladamente en el próximo capítulo.

Una vez el cuerpo físico ha alcanzado su crecimiento máximo y hemos llegado al punto en donde la mayor parte de nuestras experiencias previas han sido recuperadas, comenzamos entonces la verdadera labor para esta vida, la cual es aprender lecciones nuevas e incrementar nuestro entendimiento acerca de cómo es que funciona el mundo. Más tarde, nuestra energía va disminuyendo paulatinamente y el cuerpo que hemos venido utilizando se desgasta y sobreviene la muerte. El cuerpo físico se descarta así como el vehículo astral-emocional y el vehículo mental inferior, estos últimos constituyendo el kāma-manas. Luego le sigue un período de descanso y regeneración.

Podemos adquirir mucha perspicacia si observamos y analizamos las fases de vida por las cuales pasamos en una encarnación dada. En la India, se ha reconocido a lo largo de mucho tiempo que en la vida de una persona existen tres fases principales, cada una con una longitud de aproximadamente veinticinco años.

LOS PRIMEROS VEINTICINCO AÑOS

Los primeros veinticinco años son un período de crecimiento y desarrollo físico, una recapitulación de lo aprendido en vidas anteriores y una preparación para un crecimiento y desarrollo adicionales. La recapitulación comienza inmediatamente y predomina durante los primeros veinticinco años de vida aunque continúa por más tiempo. Gran parte de este período comprende el acostumbrarse a un cuerpo físico nuevo, cuyo desarrollo ha sido guiado por el alma desde un tiempo antes del nacimiento, a veces aun antes de la concepción.

Los niños recién nacidos todavía están muy en contacto con el alma aunque su pequeño cerebro no es capaz de expresar casi nada que lo indique. Aun así, reconocemos subconscientemente que existe algo especial en los bebés y niños pequeños. Ellos pueden acceder a campos o esferas de conciencia que los adultos no pueden. Los niños de tres o cuatro años son encantadores en cómo ejercen su interacción con la vida. Debido a su conexión con el alma, ellos ven la naturaleza divina en todas las criaturas, no solo en los humanos sino en los animales y plantas igualmente. Ellos también pueden ver cosas que los adultos no ven, incluyendo a los espíritus de la naturaleza. Los niños de esta edad pudieran tener compañeros de juego invisibles los cuales nosotros los adultos no podemos ver pero que resultan muy reales para ellos. Esto no es fantasía de parte de estos niños. Ellos están actuando recíprocamente con seres que no tienen ningún componente en el plano físico. Aunque estos seres no sean humanos, el niño con frecuencia les atribuye a ellos características humanas. Los niños viven en un mundo que muy pocos adultos pueden acceder.

Una prueba de esta conexión con el alma es la habilidad inexplicable de los niños para aprender nuevos idiomas. Coloquemos a un niño pequeño en el ambiente de cualquier idioma y en poco tiempo él o ella estarán hablándolo con fluidez y con el mismo acento que las personas a su alrededor. Un niño pequeño puede aprender cinco o seis idiomas fácilmente siempre y cuando haya alguna persona a su alrededor que le refuerce regularmente las destrezas del idioma. Si sacamos al niño fuera de ese ambiente antes de haber alcanzado la edad de alrededor de ocho años, dicho niño perderá completamente la habilidad de hablar el idioma en un lapso de pocos meses. Si este niño luego decide volver a aprender el idioma en cuestión, deberá comenzar desde el principio aprendiendo por medio del estudio y el esfuerzo, de la misma forma que los adultos aprenden un idioma extranjero.

El alma tiene acceso a métodos de comprensión y aprendizaje que la personalidad no tiene. Debido a que el niño pequeño todavía tiene una conexión fuerte con el alma, él o ella puede aprender ciertas cosas con una velocidad increíble. ¿Hay algo que podamos aprender de esto? Sí lo hay. Si podemos restablecer la conexión que teníamos cuando niños con nuestra alma, podremos aprender cosas nuevas con la misma facilidad que el niño aprende un idioma nuevo. Se abre un área nueva de conciencia. La persona que ha desarrollado contacto con su alma vive en un mundo muy distinto al que vive la persona promedio.

A lo largo de los primeros años de este ciclo vamos aumentando gradualmente nuestra conciencia en el mundo físico y perdiéndola en los campos o esferas más elevados de existencia. Se tiende un manto entre nosotros y nuestra alma que nos seduce a enfocarnos en el mundo que nos rodea y a participar en el drama que se desenvuelve a nuestro alrededor.

Durante este primer período de veinticinco años, la persona está trayendo a su mente cosas que aprendió antes. Los maestros de escuela están familiarizados con este fenómeno. Por ejemplo, algunos estudiantes no tienen dificultad en aprender matemáticas. Con una pequeña guía del maestro estos estudiantes han captado los conceptos y los ponen en práctica inmediatamente. Hay otros estudiantes que se esfuerzan para poder captar estos conceptos y aunque eventualmente lo puedan hacer, el aprendizaje subsiguiente solo viene a costa de un gran trabajo y esfuerzo. Lo mismo aplica a la música, el arte o cualquier otro tema. Algunos estudiantes tienen un talento innato para el tema y otros tienen muy poco o ninguno. Resulta obvio que los estudiantes que aprenden rápidamente están recapitulando lo ya aprendido en una encarnación previa.

Al finalizar este primer período de veinticinco años la persona ha crecido completamente en términos físicos, en gran medida ha logrado acelerar su recopilación en cuanto a lo ya aprendido y ya ha logrado un avance hacia un nuevo aprendizaje, en especial en áreas de nuevo desarrollo en el mundo desde su última encarnación. El lapso de tiempo que la persona ha estado desencarnada puede variar desde algunos meses o menos hasta a mucho más de mil años. Para la persona promedio, el lapso de tiempo entre una encarnación y otra probablemente esté entre cincuenta y cien años, aunque en el caso de una persona iluminada este lapso puede ser mucho mayor.

LOS SEGUNDOS VEINTICINCO AÑOS

Al comienzo del segundo período de veinticinco años la persona está lista para comenzar a hacer una contribución a la comunidad mediante su trabajo, estableciendo una familia, aprendiendo de otras personas y enseñando a otros.

Cada persona, desde la menos adelantada hasta la más, es tanto un estudiante como un maestro. Esto nunca cambia aun luego de haber dejado atrás la fase humana de la evolución. Aprendemos de aquellos que nos precedieron y le servimos de maestro y de fuente de inspiración a los que nos suceden en el proceso evolutivo. En una encarnación dada podemos estar enseñándole a alguien más joven que nosotros, cuando en realidad esa persona pudiera estar más adelantada que nosotros en ese tema. Aun cuando el estudiante tenga más experiencia que el maestro se le debe acelerar su ritmo en esta vida, y de tener en realidad mayor experiencia, dicho estudiante rebasará pronto al maestro conforme él vaya tomando su debido lugar con respecto al tema de la materia en cuestión.

Durante este segundo período de veinticinco años una persona con frecuencia está estableciendo una familia, proceso que puede resultar en éxito o en fracaso. Resultaría obvio que el éxito o el fracaso dependerá de la experiencia adquirida en vidas pasadas, así como también de la capacidad para observar a otras personas y aprender de los errores o de los éxitos de ellas. Los grupos de familia sirven a menudo como nuestra fuente primaria para aprender, enseñar y entender la psicología humana. Aprendemos de nuestros padres y le enseñamos a nuestros hijos, aunque a veces es al revés, aprendemos de nuestros hijos y le enseñamos a nuestros padres.

Para la mayoría de las personas, este es el período de mayor fortaleza y resistencia física. No es accidental que establecer una familia por lo general ocurra durante la primera parte de este ciclo. Para establecer una familia es muy necesario tener fortaleza física, y la familia representa una inversión en el futuro de la humanidad.

Si tenemos hijos propios nos conviene que examinemos los motivos para haberlos traído al mundo. A menudo es por mero instinto animal, por ese impulso biológico para perpetuar la raza humana y, desde una perspectiva personal, asegurarnos pasar nuestros propios genes a las generaciones futuras. Otras personas tienen una necesidad emocional de sentirse que son necesitadas. Estas personas a veces tienen hijos porque no se sienten queridas y piensan que teniendo hijos siempre tendrán a alguien que los quiera. Quienes así actúan a menudo crean inconscientemente una codependencia, criando a sus hijos sin enseñarles a ser independientes. Estas personas detestan la idea de tener hijos independientes porque su ego requiere que alguien sea dependiente mientras el padre esté vivo. Esto es el fundamento de algunas de las relaciones familiares que resultan altamente disfuncionales. Miremos a nuestra propia familia, a la familia extendida, a nuestras amistades y conocidos. Podremos ver entre ellos algunas relaciones que son muy malsanas.

¿Existen personas que tengan hijos por razones que no sean egoístas?

Es rara la persona que tiene hijos por propósitos estrictamente altruistas. Tendría que ser alguien relativamente iluminado. En estos casos a veces el fundamento es una relación kármica y a veces la disponibilidad del padre iluminado a servir como maestro para un alma adelantada que entra a una nueva encarnación. Al ser criada por una persona adelantada de por sí, la persona joven tendrá la mejor oportunidad de lograr un gran progreso en esa vida.

El trabajo generalmente es un factor mayúsculo durante este segundo período de veinticinco años. En generaciones anteriores la madre estaba a cargo del trabajo doméstico y en criar los hijos, ya bien sea haciéndolo ella misma o supervisando a la servidumbre en la tarea. La función del padre era de proveedor para cubrir las necesidades financieras.

Hoy día las cosas son muy diferentes. Es raro ahora ver una madre que sea ama de casa exclusivamente. Esto viene como resultado de la Segunda Guerra Mundial. A muchas mujeres se les empleó para ocupar posiciones dejadas vacantes por hombres que se iban a servir en el ejército y se descubrió que las mujeres no solo podían hacer el trabajo hecho por los hombres sino que inclusive podían hacerlo hasta mejor. Conforme la era del consumismo iba ganando impulso durante las décadas de los mil novecientos cincuenta y sesenta, las familias decidieron que necesitaban tener dos o más automóviles, enseres domésticos, vacaciones exóticas, ropa de diseñador y otros artículos que hicieran resaltar al ego. La industria de publicidad floreció durante ese tiempo y ha continuado con pujanza desde entonces. La baja en la economía no ha hecho que disminuya el deseo de los consumidores por obtener cosas, lo que sí ha logrado es servir como voz de alerta para aquellos que están listos para ser iluminados en cuanto al consumismo.

LOS TERCEROS VEINTICINCO AÑOS

El tercer período de veinticinco años, desde los cincuenta hasta los setenta y cinco, constituye un cambio mayor en comparación con el período precedente. En cierta medida se asemeja al primer período de veinticinco años pero en orden inverso. Este es el tiempo en donde la persona, si así lo determina, puede retirarse del trabajo activo en el mundo externo y dedicar más tiempo al estudio, la contemplación y la meditación. La persona comienza el retorno a un estado de ser más espiritual. En la India, una persona que se encuentre en esta fase de su vida podría inclusive decidir dejar a su familia e irse a un retiro espiritual. Esto es así debido a que se considera que ya uno le ha servido a su comunidad al establecer una familia y al haber trabajado fuertemente por muchos años, razones por las cuales uno se ha ganado el derecho a dedicar el resto de su vida a la práctica de lo espiritual. El hacer esto no se ve como algo motivado por el egoísmo, ya que se considera que cada persona que alcanza un nivel de conciencia nuevo allana el camino para todos los que están a su alrededor. "Y yo, si soy levantado, atraeré a todas las personas hacia mí".

Comparemos este concepto con el que prevalece en la actualidad en tantos países, el cual consiste en trabajar hasta la edad del retiro, que puede ser en algún momento entre los 60 y 70 años, y entonces dedicar el resto de la vida a ver televisión, viajar, socializar con amistades y esperar a que llegue la muerte. En algunos casos la muerte es bienvenida pero en muchos otros se le teme debido a la incertidumbre que esta genera. La persona evitó analizar su vida y rehusó reconocer su inmortalidad, temerosa de lo que pudiere encontrar. Aquellas personas que aceptan sin temor la vida como es y que reconocen la cualidad transitoria de todas las formas, no tienen nada que temer. Estas personas están enfocadas en la vida interior y no en la forma; han depositado sus tesoros en el cielo. Estos tesoros son las lecciones de vida aprendidas y estas no se perderán jamás.

La persona que dedica la última parte de su vida a la práctica de lo espiritual casi siempre está preparada para la muerte y la acepta como una parte necesaria del proceso de vida, confiada en que se ha ganado el derecho a un período de descanso antes de reanudar sus labores.

En este tercer período de veinticinco años, ¿cómo son los últimos años?

Durante los pocos últimos años de vida se espera que la persona haya hecho las paces con el mundo, haya abandonado todos los resentimientos, ya no experimente más la ira y que acepte con ecuanimidad y gracia cualquier cosa que venga. Es de esperar que la persona ya no reaccione con emociones fuertes a los sucesos externos; el drama que consume a tantas otras personas en el mundo ha perdido todo su atractivo. La persona encuentra gozo en la paz de los momentos de quietud porque es ahí cuando se puede escuchar la voz del alma.

Independientemente de las creencias de una persona, y mucha gente espiritual no pertenece a ninguna religión organizada, quien haya dedicado años a la contemplación y a la meditación es capaz de retornar al estado en que se encontraba cuando entró al mundo físico por primera vez, el cual consistía en estar más en contacto con el alma y en estar como en familia en los campos o esferas de conciencia más elevados.

En los pocos últimos años podremos ver entonces un retiro del mundo externo y un aumento en conciencia acerca de la parte más espiritual de nuestro ser. Cuando llegan los últimos días o semanas, la persona manifiesta con frecuencia una luz interna muy bella y rezuma una paz que resulta en gozo experimentarla. La persona pasa muchas horas aparentemente dormida o inconsciente pero en realidad está en comunión con el alma, mientras que a la misma vez se percata subconscientemente de lo que todas las otras personas a su alrededor están diciendo o haciendo.

Para cuando sobreviene la muerte, la persona está aceptando el proceso por completo y es más consciente que nunca del esfuerzo y tensión de la vida física. Son muy pocas las personas que al momento de la muerte se percatan de que han abandonado y dejado atrás el cuerpo físico. El proceso de muerte natural, aun cuando este sea repentino, no se diferencia del de dormirse por la noche en donde nos vamos dejando llevar a un período de inconsciencia. Para el mundo nos morimos cada noche, de modo que cuando llegue la última dormida, esta será como una vieja amiga con la cual nos sentimos cómodos estando.

Podemos aprender cosas profundas si observamos y comprendemos las diferentes fases de la vida. No existe ninguna razón para esperar hasta el final de la vida para experimentar un incremento en la conexión con el alma. Podemos entrar en ese estado en cualquier momento siempre y cuando estemos dispuestos a aceptar las condiciones para ello.

¿Cuáles son las condiciones para experimentar el contacto con el alma?

Las mismas por las cuales pasa una persona de edad en el proceso natural; retraimiento del drama de la vida diaria, períodos extendidos de contemplación y meditación, y una disponibilidad a abandonar todas las emociones sean estas "buenas" o "malas". Debemos poner en orden todas nuestras relaciones sin dejar nada sin resolver. Una vez hayamos hecho estas cosas, solo entonces podremos crear en nuestra existencia física la paz necesaria para permitir que nuestra alma nos contacte. El alma siempre está lista para el contacto y la comunicación. Somos nosotros los que nos distraemos con el mundo físico y no estamos listos para el contacto con el alma. Debemos ascender al nivel de existencia del alma, ella no puede descender al nuestro debido a que las vibraciones en nuestro mundo son incompatibles con las del alma.

Morir antes de morir es el secreto a la vida eterna. Esto se refleja en el último verso de la oración de San Francisco, "y muriendo se resucita a la vida eterna". Ninguna de estas frases se refiere a la muerte física sino más bien morir a la vida física, el abandonar nuestro apego al ego, a los deseos, pasiones y emociones, dejando ir todas las cosas que la mayoría de las personas piensan que son importantes en la vida. Pocas personas están listas para hacer esto, pero si lo están, podrán experimentar más poder que nunca antes.

La disposición de renunciar al apego al mundo físico debe ser una decisión consciente y bien pensada y no una producto de la desilusión, el disgusto o un sentir de que la vida nos ha fallado.

LOS CICLOS DE SIETE AÑOS

Los estudiantes de la Sabiduría Antigua notan con frecuencia que su desarrollo ocurre en ciclos de siete años. Los años 35, 42 y 56 son hitos significativos, no necesariamente en el aniversario pero lo suficientemente cerca como para que se pueda notar.

Un evento astrológico que afecta frecuentemente a los estudiantes es el llamado "retorno de Saturno". Cuando Saturno retorna al mismo grado del zodíaco que ocupaba cuando uno nació, lo cual ocurre en algún punto entre los 28 y 30 años, en la vida de uno puede ocurrir un evento que cambie el rumbo de la misma. Esto puede volver a ocurrir 28 o 30 años más tarde. Saturno no es la autoridad severa que muchos astrólogos describen sino que representa el poder de Shiva, quien destruye para entonces reconstruir.

El período entre las edades de 56 y 63 años es particularmente significativo para la mayoría de los estudiantes. Llegado este punto la persona por lo general ya ha alcanzado la cima con respecto al crecimiento espiritual en esa vida. El resto de la vida con frecuencia se emplea casi en su totalidad en el estudio, la contemplación y la enseñanza.

Los viajantes en el sendero espiritual experimentan a menudo cambios marcados y a veces drásticos en diversos puntos en sus vidas. Muchos describen esto como si hubiesen vivido varias vidas en una. Para lograr un progreso acelerado tenemos que alcanzar más logros que la persona común y aceptar cualquier lección de vida que se nos presente. Tenemos que aprender a no oponernos al flujo de las cosas.

Capítulo 9

EL AHORA ETERNO

> El tiempo es la secuencia de las etapas de conciencia según esto se registra en el cerebro humano. Por lo tanto, el tiempo es un evento físico.
>
> *Discipulado en la Nueva Era, Vol. 2*

EL PASADO NUNCA OCURRIÓ

He escuchado sobre el poder del ahora pero no estoy seguro de si estoy de acuerdo con eso o aun si comprendo el concepto. Yo tengo recuerdos muy claros acerca del pasado. Estoy aquí ahora como consecuencia del pasado.

No estamos aquí como consecuencia del pasado sino del eterno ahora. A medida que vamos avanzando en la vida vamos experimentando una serie de *ahora*. En el universo hay miles de millones de patrones energéticos y ninguno de ellos se mantiene estático ni por un segundo. De entre esos incontables patrones de energía, ¿de cuántos de ellos nos percatamos?

Me imagino que de una porción minúscula.

Y de esa porción minúscula que sí percibimos, ¿cuán acertada es nuestra percepción?

Prefiero pensar que es bastante acertada.

Mas sin embargo no lo es. Cerremos los ojos y tratemos de describir al detalle todo lo que hemos acabado de ver.

He intentado hacerlo pero solo puedo hacer una descripción general de lo que acabo de ver. Luego de haber abierto los ojos y haber vuelto a mirar, vi muchos más detalles y me di cuenta de lo mucho que había pasado por alto. Aun así, al volver a cerrar los ojos no pude describir en gran detalle todas las cosas vistas tal y como se puede hacer con los ojos abiertos.

Nuestra mente tiene la habilidad de enfocarse en las cosas, pero esa área focal es mucho menor que el área que estamos observando. La mente humana, con todo lo maravillosa que es, resulta muy imperfecta. ¿Alguna vez hemos comparado nuestros recuerdos de la niñez con los de otros miembros de la familia?

Lo he hecho y me he asombrado al encontrar que los recuerdos de los otros miembros de la familia son muy distintos a los míos, en algunos casos opuestos diametralmente.

¿Cuáles recuerdos eran más acertados?

Prefiero pensar que los míos pero siendo honesto, no estoy seguro cuáles recuerdos eran los que pudiéramos considerar como acertados por completo.

¿Cuánta importancia se le debe dar a esos recuerdos?

No estoy seguro. Antes yo pensaba que mis recuerdos eran bastante acertados pero ahora usted me ha puesto a dudar de mí mismo.

UN CASO DE MEMORIA DEFECTUOSA

El sistema judicial tiene que lidiar con este problema constantemente. A manera de ejemplo, en el 1984 una estudiante universitaria fue violada. El hombre que cometió el acto estuvo en casa de la víctima por más de una hora. La estudiante tuvo varias oportunidades de observar al violador y grabó en su mente una serie de detalles de forma que ella pudiere luego identificar a esta persona. La estudiante pudo reconocer fácilmente al violador de entre una serie de fotografías suministradas por la policía, así como identificarlo en una línea de personas. Fundamentado en el testimonio de la estudiante en el tribunal, se declaró al hombre culpable de un crimen y se le envió a prisión no empece sus alegatos de inocencia.

Una vez en prisión, un convicto que allí se encontraba saludó al hombre llamándolo por otro nombre. Cuando se realizó una pesquisa fue entonces evidente que había otra persona que se parecía físicamente mucho al hombre que supuestamente había violado a la estudiante. Al confrontar al hombre que se parecía al supuesto violador con la nueva evidencia, este admitió haber violado a la joven y se solicitó entonces un nuevo juicio. Desafortunadamente, una vez en el estrado el hombre que se parecía al supuesto violador se retractó de su confesión anterior y negó ser el violador. La víctima, sumamente molesta porque se había puesto en duda su confiabilidad, insistió con vehemencia que el hombre original era el que la había violado y dicho hombre fue enviado a prisión nuevamente al ser encontrado culpable por segunda ocasión.

Mientras observaba televisión un día, el prisionero escuchó acerca de las pruebas de ADN y solicitó que se realizaran dichas pruebas en su caso. Afortunadamente se había guardado una pequeña muestra que contenía ADN y cuando se hizo la prueba, esta determinó que el supuesto perpetrador no era el hombre que había pasado ya once años en prisión sino el otro hombre que había negado los hechos y el cual ya había fallecido.

La víctima quedó devastada y se vio forzada a admitir que sus poderes deficientes de observación y memoria fueron causantes de que un hombre inocente perdiera once años de su vida en prisión y que se le estigmatizara como un violador.

Ahora no estoy seguro por completo acerca de mi propia memoria. Yo no quisiera ser el causante de una situación como la que usted acaba de describir.

Mas sin embargo hacemos esto en pequeña escala todo el tiempo. Pasamos juicio y nos formamos opiniones acerca de las personas basado en las apariencias y la especulación, y luego hablamos sobre esto con otras personas como si fueran hechos comprobados. Si somos lo suficientemente persuasivos, lograremos que las otras personas crean lo que les estamos diciendo. Millones de vidas han sido arruinadas a consecuencia de chismes maliciosos generados por personas que estaban convencidas de que tenían la verdad acerca de los hechos.

¿Quisiéramos ser responsables por que alguien pierda su reputación debido a que hemos hablado acerca de él o ella con otras personas y las hemos convencido a creer algo que pensábamos que era verdad cuando en realidad no lo era?

Me sentiría sumamente mal por ello y estoy seguro de que he sido culpable de esto en el pasado.

Hoy sería un buen día para dejar de juzgar, ¿no es así?

Sí lo sería y tengo la intención de dejar de pasar juicios, no solo en conversaciones con otras personas sino también en mi propia mente. Puedo ver claramente por que el juzgar a otros es un juego muy peligroso. ¿Qué sucedió en el caso de identidad equivocada que usted nos describió?

El violador real había muerto de cáncer en prisión antes de que pudiese ser llevado a juicio por el cargo de violación. La víctima se sintió tan perturbada porque su testimonio tan incontestable le había robado once años a la vida de un hombre que ella solicitó reunirse con él para ofrecerle sus disculpas personalmente. El hombre le dijo a la mujer víctima de la violación que él nunca había sentido odio y ni tan siquiera ira hacia ella, pero que no podía comprender por qué ella había sido tan inflexible en su testimonio. Luego de una conversación de dos horas de duración, ambos se abrazaron por largo tiempo.

Después de todo esto, ambos se hicieron amigos y se visitaban de vez en cuando. Ellos también han ofrecido seminarios para el personal de las agencias del orden público para adiestrarlos en cuanto a cómo evitar los escollos que se pueden presentar en el testimonio de un testigo ocular.

Ahora usted me ha convencido de que la memoria de ninguna persona es infalible, incluyendo la mía. ¿Pero qué de las fotografías y los videos? Ellos captan todo.

¿En realidad captan todo? Cuando uno está presente en una situación, presumiendo que uno está despierto, los ojos perciben ciertos patrones energéticos, los oídos perciben otros patrones energéticos, uno experimenta físicamente ciertas sensaciones, huele cosas diferentes y aun puede percibir telepáticamente muchas cosas. ¿Conocemos de alguna cámara o aparato de grabación de sonidos que pueda registrar todo lo que uno percibe?

Ciertamente no.

Lo que podemos percibir por estar presente físicamente, aun cuando esta percepción sea una parte minúscula de los miles de millones de patrones energéticos que pudieran estar allí, es como quiera mucho mayor que lo que pueda detectarse utilizando máquinas. Esa es la razón de por qué estar presente en un concierto es una experiencia muy distinta a verlo por televisión, y por qué estar presente en un curso sobre el desarrollo espiritual es muy distinto a escuchar una grabación del mismo.

La presencia, y en especial cuando uno está verdaderamente *presente*, es completamente diferente a una experiencia de segunda mano. Independientemente de cuán buenas sean las máquinas, ellas no pueden captar todo lo que uno puede experimentar al estar presente físicamente y eso, a su vez, es solo una pequeña fracción de lo que seres más avanzados pueden experimentar. Un adepto, un buddha o un logos planetario pueden experimentar mucho más que nosotros, y aun ellos no pueden percibirlo todo.

LOS REGISTROS AKÁSHICOS

Existe un recurso para registrar todo lo que ocurre el cual es muy superior a cualquier dispositivo que haya sido inventado. Se le da el nombre de registros akáshicos.

¿Qué es eso?

Los registros akáshicos es la manera en que la naturaleza registra los eventos acaecidos. Estos registros existen en los campos o esferas etérico, astral y mental inferior. En ellos no se registran eventos sino más bien percepciones.

No comprendo.

Una cámara fotográfica es un ojo artificial y una grabadora de sonidos es un oído artificial. Estos dispositivos registran ciertos patrones de luz o de sonido independientemente de si hay o no personas presentes al momento en que el registro ocurre. Cuando un ser humano o un animal observa o escucha las vibraciones registradas, dicha persona o animal reacciona mental y emocionalmente a lo que fue grabado en forma visual o en audio. Los registros akáshicos son como las grabaciones de esas respuestas mentales y emocionales aunque ellos incluyen más que eso.

El acceder a los registros akáshicos es como observar una pintura y no ver nuestra interpretación de ella sino más bien las ideas y emociones que el artista experimentó antes y durante la creación de la obra. Quedan en suspensión todos nuestros juicios y percepciones y en su lugar percibimos las ideas, conceptos, deseos y conocimientos que el pintor tenía, aun cuando la obra se haya creado miles de años atrás.

Yo nunca había escuchado nada acerca de eso. ¿De manera que todo pensamiento y emoción que yo haya experimentado está plasmado en los registros akáshicos?

En el momento de morir toda persona pasa por una revisión de su vida. En cuestión de segundos se vuelve a vivir toda percepción, ya sea física, emocional o mental, que hayamos tenido desde que nuestra conciencia aceleró al pequeño cuerpo preparado para nosotros. Esto constituye una revisión literal de la vida recién vivida; es el último acontecimiento en nuestra vida conforme el cerebro físico escudriña por última vez todo lo que ha experimentado. Todas estas percepciones son parte de los registros akáshicos, pero no tenemos acceso necesariamente a nuestros registros de vidas pasadas, al igual que sucede con las otras personas.

¿Contienen los registros akáshicos únicamente las percepciones de los seres humanos?

No, ellos contienen los registros de todos los seres con conciencia tanto minerales, plantas, animales, humanos e inclusive seres que no son físicos. Estos registros también contienen las percepciones de seres más avanzados, al menos las que atañen a estos niveles más bajos de conciencia.

Los psíquicos tienen acceso parcial a estos registros akáshicos, mas sin embargo ellos requieren por lo general algún tipo de conexión, ya sea la presencia física de la persona, algún artículo que esta haya usado, una fotografía o un contacto telefónico. De esta forma el psíquico puede extraer de los registros akáshicos aquella parte que corresponde a la historia personal de quien indaga. El problema con esto es que la conexión es precaria y el psíquico le introduce a la situación su propia opinión y prejuicios en vez de mirar con claridad, completamente libre de toda interferencia personal. Esta es la razón de por qué ellos pueden ver el pasado, pero con grados variables de certeza. La habilidad de los psíquicos para predecir el futuro es aún menos acertada tal y como veremos.

¿Por qué es tan difícil para los psíquicos ver las cosas con precisión?

Por la misma razón que nuestros recuerdos pueden ser imperfectos. Los recuerdos pueden ser imprecisos no empece que hayamos estado presente en el momento en que se produjo el evento que ahora recordamos. Sin embargo, nuestras opiniones, prejuicios, emociones y expectativas permean todo lo que experimentamos. Lo poco que recordemos del evento es entonces transformado subsiguientemente cada vez que hagamos un repaso mental de él. Con cada repaso mental que hagamos del evento este no se torna más preciso sino todo lo contrario.

El psíquico está viendo nuestro recuerdo acerca de las cosas pero a través del lente de sus propias opiniones, prejuicios y emociones. De esta forma, la certeza de sus percepciones resulta dudosa.

Comienzo a pensar ahora que nada en el pasado es preciso.

Aun en el presente no vemos las cosas con precisión. Nuestra percepción está basada en la suma total de las experiencias adquiridas durante eones, unida a la acción recíproca con el conjunto avasallador de vibraciones en las cuales estamos inmersos en la actualidad y de las cuales solo podemos percibir con claridad una pequeña parte.

Si yo quisiera aprender a ser clarividente pero con un mayor grado de precisión, ¿cómo sería la forma más adecuada para lograrlo?

En primer lugar tenemos que lograr el dominio sobre las emociones. Eliminemos todos los prejuicios, dejemos de juzgar a los demás y entonces podremos comenzar a desarrollar algún grado de precisión. La clarividencia no es otra cosa que tener un nivel más elevado de percepción de las vibraciones que nos rodean. Todos somos clarividentes hasta cierto grado, pero de las miles de millones de almas conectadas a nuestro planeta, solo un puñado de ellas poseen un nivel de clarividencia que pueda considerarse como altamente preciso.

Si deseamos desarrollar nuestra habilidad para percibir vibraciones de un nivel más elevado, debemos ponernos en contacto con nuestro Yo Superior mediante la contemplación y la meditación y nuestra capacidad de percepción se desplegará automáticamente.

¿Qué hay de la práctica de médium o de canalizar mensajes de seres desencarnados? ¿No ayudaría esto?

En lo absoluto. Ello retrasaría nuestro desarrollo espiritual en vez de acelerarlo. No podemos enfatizar con más vehemencia la necesidad de evitar todas estas actividades.

VISIÓN REMOTA

Hay una práctica la cual podemos recomendar y es la visión remota. A pesar de que todavía está bastante subdesarrollada, resulta ser por mucho la mejor forma de intentar perfeccionar la habilidad de ser más perceptivo. En la práctica de visión remota no existe contacto alguno con espíritus ni está involucrada canalización de entidades. El elemento emocional está ausente casi en su totalidad por lo que este procedimiento no es tan popular como la canalización, mas tiene mucho más que ofrecer a largo plazo y es mucho menos probable que interfiera con nuestro desarrollo espiritual.

Usted dijo que el pasado nunca ha sucedido. ¿Quiso usted decir que no sucedió por lo defectuoso de mi memoria acerca de él?

No, el pasado no sucedió porque nunca sucedió. Aunque podamos percibir y recordarnos de las cosas con precisión, el pasado nunca sucedió. El pasado simplemente no existe.

Pero yo pensé que usted había dicho que el pasado se grababa en los registros akáshicos.

Lo que se graba en los registros akáshicos es el presente, y ni tan siquiera el presente como tal sino nuestras percepciones de él.

El tiempo no es un continuo que consiste del pasado, el presente y el futuro sino que es un solo punto que es el ahora. Este punto es eterno, es todo lo que existe y es por ello que es tan poderoso. Tal y como lo expresara un maestro, "El tiempo es la secuencia de los estados de conciencia tal y como son registrados en el cerebro humano. Por tanto, el tiempo es un evento físico".

Pero sin el pasado yo no soy nadie. Soy alguien debido a mi pasado. Si pierdo la memoria sobre mi pasado me sentiría como alguien que no tiene importancia.

Nunca hemos sido "nadie" y en ningún punto dejaremos de existir. Siempre hemos sido importante y siempre lo seremos, pero no en la forma egoísta que pudiéramos pensar.

Al final de nuestra vida perdemos toda memoria acerca de lo que ocurrió a lo largo de ella, al menos la memoria tal y como la concebimos. No recordaremos ningún nombre, ninguna de las actividades sociales a las cuales acudimos o ninguna de las películas que vimos, mas sin embargo no habremos perdido nada.

No puedo imaginar vivir sin los recuerdos de las personas y de los eventos.

No tenemos alternativa a esto. Al final de nuestras vidas perderemos todos los recuerdos que creemos que son tan importantes. Dichos recuerdos son importantes únicamente para la personalidad y para nuestro ego, pero para el alma los mismos no tienen ninguna importancia.

Yo no creo eso. Pienso que mi alma está muy interesada en mi vida personal.

Podemos creer lo que más nos agrade, pero creer en algo que no es cierto solo tiene el efecto de retrasar nuestro progreso. Nuestro crecimiento espiritual no podrá tomar un gran salto hacia delante hasta tanto no captemos el concepto de que nuestros deseos personales y el drama que creamos en nuestra vida son solo temporales, y de que los mismos son importantes únicamente porque nos impulsan hacia delante durante cierta etapa. Estos deseos y el drama creado no son la meta en la vida, son simplemente un medio para alcanzar un objetivo que es interino. Cuando se alcanza la meta, surgirá una nueva y así hasta el infinito.

Resulta en una gran liberación el dejar ir al pasado. Hagamos de esto una práctica. Debemos deshacernos de todos los objetos que nos recuerden el pasado y de todos los viejos recuerdos y comencemos a vivir en el presente.

Yo nunca podré dejar ir al pasado. Me encanta ver fotografías viejas y rememorar las cosas que sucedieron cuando yo era más joven.

¿Queremos con esto decir rememorar cosas que nunca sucedieron?

¿Qué quiere usted decir?

Hemos admitido que cuando uno compara sus recuerdos con los de otras personas, dichos recuerdos rara vez coinciden. Uno es la única persona en el mundo que posee los recuerdos que posee, y los mismos están en un proceso constante de cambio. Uno vive en un universo que tiene solo un habitante, uno mismo. Las otras personas que aparentan existir son sencillamente una percepción de uno, son actores secundarios en el universo personal de uno y uno es un actor secundario en el de ellos.

Yo puedo más o menos ver el punto que usted quiere traer, pero resulta atemorizante pensar sobre él. Me hace sentir como que nada es real y que la vida no tiene significado.

Nada de lo que existe es real. Todo es temporal y todo lo temporal es una ilusión o māyā, solamente el Absoluto es real. Aun cuando la existencia no es real tampoco es insignificante. Tanto el avanzar como la expansión de conciencia pueden ser catalogadas como insignificantes.

Una vez hayamos dejado ir nuestro apego a esta ilusión no tendremos un sentido de pérdida sino uno de expansión de conciencia. Nuestra capacidad para amar a los demás no estará ya condicionada a necesidades personales, las nuestras o las de la otra persona, sino en nuestra conexión con la Vida Una. Nos convertimos en más conscientes de los campos energéticos y menos enfocados en las formas que utiliza la vida que mora en el interior de las mismas.

El tiempo tal y como lo conocemos existe únicamente en el plano físico. En otros campos o esferas de conciencia existe solo el ahora. Tanto el pasado como el futuro no existen de forma separada sino que componen una parte integral del ahora.

Puedo entender intelectualmente lo que usted quiere decir, pero no creo estar listo para dejar ir mi pasado.

No estamos solos en esta postura y nadie nos puede forzar a que dejemos ir nuestros apegos particulares. Como mínimo seamos conscientes de nuestros apegos a lo que percibimos como el pasado. Cuando miremos fotografías viejas o nos permitamos el lujo de intercambiar relatos con amistades, preguntemos cuánto de esto es real y cuánto es imaginado.

Yo puedo hacer eso.

Si hacemos esto por un tiempo y somos honestos con nuestras observaciones, veremos que un día nos percataremos de que toda nuestra vida sucedió en nuestra mente; descubriremos que la vida no la componen los eventos acaecidos en nuestra vida sino el reconocimiento de la fuerza vital que *somos* nosotros.

Aun cuando perdamos nuestros recuerdos no habremos perdido nada. Somos lo que somos porque encarnamos la suma total de todas las experiencias que jamás hayamos tenido, en esta vida y en las demás, de las cuales no nos podemos recordar. Esa experiencia es nuestra y nunca se nos podrá quitar.

EL FUTURO NUNCA SUCEDERÁ

De manera que si no existe el pasado, ¿tampoco existe el futuro?

Es más fácil todavía probar la inexistencia del futuro. Nuestro pasado es una recolección de recuerdos imperfectos acerca de algo que pudo o no haber sucedido, pero el futuro no es más que nuestros miedos o esperanzas acerca de algo que podría ocurrir. Dicho evento o asunto nunca ocurre, al menos no exactamente en la forma que pensamos que ocurriría.

Tengo experiencia de eso en lo personal. Muchas veces me he preocupado por algo que estaba seguro de que sucedería, mas sin embargo nunca sucedió.

Cuando esto sucede, con toda probabilidad no éramos conscientes de que estábamos creando una energía negativa la cual estaba afectando no solo a nosotros mismos, sino también a las personas que estaban a nuestro alrededor.

En aquel momento no estaba consciente, pero lo estoy ahora. Todavía me preocupo a veces pero ya no tanto como antes.

Analicemos qué es lo que cambió en nuestra actitud. Una vez podamos ver con claridad lo que ocasionó nuestra ansiedad, entonces estamos en posición de poder eliminar dicha causa antes de que suceda. Logramos progresar utilizando nuestra mente como una herramienta. La mente unida a la sabiduría crea voluntad y la voluntad es muy poderosa. La mente combinada con las emociones crea deseo, el cual resulta en sufrimiento y confusión.

Si el futuro no es otra cosa que mis miedos o expectativas de lo que va a suceder, ¿cómo es que los psíquicos predicen el futuro?

Con muy poca certeza. La mayor parte de los psíquicos predicen nuestro futuro de la misma forma en que nos dicen lo que sucedió en nuestro pasado; leyendo nuestra mente. A manera de ejemplo, una mujer hace una consulta con un psíquico acerca de su matrimonio. Ella y su esposo no son felices juntos y durante un tiempo ella ha estado pensando acerca del divorcio. El psíquico le dice: "Veo que usted se va a divorciar próximamente". La mujer se va habiendo recibido la confirmación de que ella se divorciará.

Pasa el tiempo y, no solo la pareja no se divorcia, sino que de alguna manera llegan a un arreglo en cuanto a sus vidas juntas. Puede que no sea el matrimonio de ensueño que la mayoría de las personas esperan, pero la pareja puede coexistir juntos en una relación que aunque imperfecta resulta tolerable. La predicción del psíquico no estuvo fundamentada en "ver" el futuro sino en leer los indicios en la mente del cliente.

Aun un vidente adiestrado no puede predecir el futuro con algún grado de certeza, y ciertamente no en un nivel microcósmico. Lo que los psíquicos pueden predecir son las tendencias generales. Por ejemplo, si conocemos a un joven que es deshonesto, egoísta y por completo irresponsable, el cual toma malas decisiones consistentemente y que frecuenta malas amistades, podemos predecir con algún grado de certeza que dicho joven algún día terminará en prisión o convicto por un delito.

Si nos encontramos en un helicóptero y podemos ver que dos automóviles se dirigen a alta velocidad hacia un mismo punto y que ninguno de los dos conductores puede percatarse de la presencia del otro, podemos predecir que habrá una colisión entre ambos. Los economistas pueden predecir un colapso económico basado en las condiciones financieras existentes si nada interfiere para alterar la ecuación.

Los videntes predicen el futuro basado en las condiciones actuales y sabemos que el presente es la suma total de eventos pasados. La dinámica actual de las cosas puede ser alterada por muchísimos eventos, la mayoría causados por millones de seres humanos y sus deseos y metas personales los cuales están en constante cambio. Ni aun el ser espiritual que está a la cabeza de un sistema solar puede predecir con certeza lo que ocurrirá en su sistema solar. Por lo tanto, no nos debe sorprender si aun el mejor de los psíquicos logra solamente una certeza parcial.

Estemos o no de acuerdo de que el pasado nunca ocurrió y de que el futuro nunca ocurrirá, la contemplación que hagamos sobre esta materia nos abrirá los ojos. Vivir en el pasado o en el futuro es señal de querer rehuir y esto no es saludable. Ello indica que no estamos dispuestos a vivir en el presente y aceptar la realidad que hemos creado sino que preferimos vivir en un mundo de fantasía el cual existe solo en nuestra mente, y este es un lugar peligroso en donde estar.

Estemos en paz con nosotros mismos y con el mundo que hemos creado. Aceptemos la responsabilidad por nuestro estado actual de ser, porque después de todo nosotros somos su creador. Una vez hayamos admitido eso todo caerá en su lugar. La vida es sencilla, Nosotros la hacemos difícil.

¿Dónde estamos?

¡Aquí!

¿Qué hora es?

Ahora.

¿Qué nos hace falta en la vida en este momento?

Nada.

Como podemos ver, la vida es perfecta.

Capítulo 10

CONTROL DEL PENSAMIENTO

> El objetivo de la meditación es la habilidad para contactar el yo interno divino y, mediante este contacto, llegar a darse cuenta de la unidad de ese yo con todos los yoes y con la Totalidad del Yo, y esto no solamente en forma teórica sino como un hecho en la naturaleza.
>
> *La Luz del Alma*

PENSAMIENTOS

La energía sigue al pensamiento. El pensamiento es la fuerza creadora en el universo y nada se puede crear sin él. Cada acción, emoción, pieza musical, pintura, escultura, edificación, planeta o sistema solar fue un pensamiento primero. Una vez un proyecto ha comenzado el pensamiento continúa regulando la evolución del mismo mediante la observación, el análisis y la comparación, llevando todo esto a realizar los ajustes necesarios para dirigir el rumbo futuro del trabajo que se está realizando. El estado actual de las cosas se compara periódicamente con el plan original, se hacen entonces los ajustes requeridos para redirigir el proyecto y traerlo más cerca a lo que se propuso o se modifica el plan original para atemperarlo a las condiciones actuales.

Hasta que la conciencia dentro de nosotros no alcanza la etapa humana no es posible experimentar el pensamiento verdadero. A los animales los motiva el instinto y el pensamiento escasamente comienza a aparecer en su naturaleza. Las plantas son capaces de experimentar las sensaciones pero no el pensamiento y los minerales, aunque son conscientes, no son capaces de pensar.

En algún punto en la etapa humana de la evolución adquirimos el potencial de convertirnos en dioses porque teníamos una mente, todavía en una etapa temprana de desarrollo, lo cual significa el aprender a dirigir la energía para poder crear. La mente existe a todos los niveles superiores al humano. El Logos utiliza la mente para crear la forma para que los planetas, los elementales, los minerales, las plantas, los animales, los ángeles y los humanos las habiten de forma tal que puedan crecer en experiencia de vida.

El pensamiento no se origina en el cerebro contrario a lo que creen algunos científicos. La mente existe independiente del cerebro y continúa existiendo después de la muerte del cuerpo físico. Recordemos que para los humanos existen dos niveles de pensamiento, al menos en el campo o esfera mental. La mente inferior incorpora el pensamiento concreto el cual lo componen las imágenes, símbolos y el lenguaje, mientras que la mente superior incorpora el pensamiento abstracto, el cual está compuesto por aquellas ideas que no se pueden expresar en ningún lenguaje o imagen y es solo mediante símbolos que se puede obtener algún indicio de ese pensamiento. Todo aquello que existe a un nivel superior no puede ser transmitido a un nivel inferior con certeza. Debemos elevar nuestra conciencia a esos niveles superiores de forma que podamos experimentar directamente lo que allí acaece. Tal y como dicen los budistas, "El dedo que apunta hacia la luna no constituye la luna". El lenguaje puede dar indicios de, pero nunca expresar, las grandes verdades y conceptos que existen en niveles superiores.

El pensamiento no solo existe en el campo o esfera mental, sino que también existe en todos los niveles superiores al mental. Lo que cambia con cada nivel de conciencia es la manera en que funciona el pensamiento. Por ejemplo, al nivel búdico el pensamiento funciona como intuición, la cual es un tipo de pensamiento pero diferente al que ocurre en el nivel mental. A niveles superiores la maravilla del proceso de pensamiento escapa nuestra imaginación. Únicamente en el estado de pralaya, el período de reposo entre las fases activas de existencia, es que el pensamiento cesa temporalmente para luego reactivarse cuando este período de descanso llega a su fin.

Cuando dormimos nuestra conciencia por lo general abandona el cuerpo físico y se mantiene con los vehículos astral y mental, usualmente manteniéndose cerca de la vecindad. Rara vez nos recordamos de lo que nuestros vehículos astral y mental han experimentado, lo cual en la mayoría de los casos son cosas poco profundas. La mayor parte de los sueños se crean por patrones de energía que corren por nuestro cerebro. Con frecuencia los eventos que ocurren durante el día, las emociones que hemos sentido, las imágenes que hemos visto y lo que estábamos viendo en la televisión antes de quedarnos dormidos, todo esto influye sobre los sueños. La calidad de nuestros sueños también es afectada por lo que comimos, cuán pesado fue, cuán condimentado y cuán reciente fue esta ingesta. Nuestros sueños son con frecuencia vívidos pero rara vez con un gran significado.

De otra parte, a veces tenemos un sueño que tiene un gran significado y que no es el resultado de la actividad cerebral. Esto es lo que podría llamarse una visión en vez de un sueño. Por lo general dicha visión nos comunica algo importante para nuestro desarrollo espiritual y es el resultado de rememorar algo que se experimentó en el plano mental. En la mayoría de los casos consiste en una comunicación proveniente de nuestro Yo Superior y puede ocurrir porque estamos en un estado mental receptivo cuando dormimos.

Pensemos acerca de estos conceptos y pongámoslos en práctica observando nuestros propios pensamientos y viendo el resultado de los mismos. Nuestros pensamientos lo crean todo, lo que experimentamos en la vida, nuestro karma, nuestras relaciones con los demás y nuestras relaciones con el mundo externo. Todo es creado por el pensamiento. Ninguna acción ni ninguna emoción se origina por cuenta propia, siempre hay un pensamiento detrás.

Una vez nos percatemos del poder del pensamiento y comencemos a tomar control sobre él mediante la contemplación, la visualización, la meditación y el análisis, comenzamos a aprender cómo utilizar los pensamientos para dirigir la energía. Si poseemos un negocio y queremos que crezca en cierta dirección no solo tenemos que tener un plan, sino que tenemos que poner cierta cantidad de energía de pensamiento detrás de él, guiando así nuestro plan a lo largo del camino. Suplir solo esfuerzo físico no es suficiente, tiene que haber también una dirección bien pensada. Es la energía que lleva el proceso de pensar lo que crea el resultado final.

Somos todos dioses en ciernes, y es en el aprender a dirigir la energía a través del pensamiento que aprendemos a convertirnos en creadores en el universo.

¿Cuál es el primer paso en aprender a controlar el pensamiento?

El de ser consciente. Estamos convencidos de que sabemos cómo pensar mas sin embargo no, o al menos son pocas las personas que saben cómo hacerlo. La mayor parte de nuestros pensamientos son emociones puestas en palabras o en acciones. Reaccionamos a todo lo que sucede a nuestro alrededor y las acciones que resultan como consecuencia están basadas en emociones o instintos. Una de las primeras palabras que aprende un niño es "mío". Su pequeño ego en desarrollo ya está expresando deseo. Vimos esto en el relato del juguete mágico.

El pensamiento es una fuerza, al igual que la electricidad o el magnetismo. Cada pensamiento que generamos crea un patrón a lo largo del cual la energía puede fluir y de hecho fluye. De modo que lo primero que tenemos que hacer es ser conscientes de nuestros pensamientos. Con toda probabilidad podemos recordar nuestros primeros pasos intentando meditar; uno se sienta en un ambiente relajado y espera. Por lo general lo primero que sucede es que la mente de uno se torna desordenada, brincando de una idea a otra con poco ritmo o razón. Llamamos a esto la "mente tipo mono". Como cuestión de hecho, esto no solo sucede cuando nos sentamos calmadamente sino que es el estado natural para la mayoría de las personas.

La mayor parte de nosotros somos capaces de apagar la mente únicamente cuando nuestro cerebro físico está demasiado cansado para procesar las señales. Al suceder esto nuestro cerebro entra en el modo de sueño, el cual comprende imágenes al azar, sin significado y pensamientos desconectados que hacen su travesía por el cerebro.

Aun cuando estemos convencidos de que estamos pensando, en nuestra mente hay solamente una pequeña cantidad de enfoque y mucha cantidad de actividad de trasfondo. Aquellos que insisten en que pueden enfocarse en muchas cosas a la vez están equivocados. Tener pensamientos múltiples significa que nuestro enfoque está dividido y que ninguno de dichos pensamientos tiene toda nuestra atención. No podemos estar funcionando en el ahora estando en tres lugares diferentes.

Cada pensamiento tiene dos cualidades: frecuencia y fuerza, tal y como sucede con una onda radial. La frecuencia es la calidad de la vibración. Tal y como sucede con las emociones, tenemos pensamientos negativos, neutrales y positivos, y algunos de los pensamientos que creemos que son positivos no lo son. Solamente aquellos pensamientos que son altruistas por completo se pueden caracterizar como de la más alta calidad. Cualquier cosa que sea impulsada por el ego o por necesidades personales cae en una escala inferior.

La fuerza del pensamiento la determina la persona que lo creó. Un ser muy avanzado puede crear un pensamiento mucho más poderoso que el ser humano promedio, cuyo poder del pensamiento tiene un gran potencial pero todavía no está bien desarrollado.

¿Cómo puedo yo aumentar el poder de mis pensamientos?

La meta no debe ser convertirse en un creador de pensamientos más poderosos. Si ese fuere el caso, la motivación sería de índole personal y cualquier éxito en lograr aumentar el poder de los pensamientos se utilizaría para satisfacer al ego. En vez de esto, enfoquemos en el desarrollo del carácter y el resto le seguirá de forma natural.

Existe una forma en que podemos aumentar ahora el poder de nuestros pensamientos y es mediante la repetición. Esto ocurre todo el tiempo en las personas que son de naturaleza obsesiva. Estas personas se angustian y se preocupan durante horas todos los días por cosas insignificantes, lo cual no ayuda en nada a la humanidad. También estas personas se pueden obsesionar con alguien que ellas creen que les ha hecho daño, que puede ser un cónyuge anterior u otra persona sobre la cual acumulan una ira o un desprecio feroz. De lo que estas personas obsesivas quizás no se percatan es de la gran cantidad de energía negativa que generan. Esta energía le hace más daño a quien la crea que al objeto del enojo, resultando en desbalance mental, perturbación emocional y enfermedad física. Se estima que al menos el 75% de nuestras enfermedades son ocasionadas por los pensamientos y las emociones.

También podemos utilizar la repetición de pensamientos de forma positiva y es lo que se llama afirmación. En el siglo 19 un psicólogo francés de nombre Emile Coué acuñó la frase: "Cada día y de toda forma estoy mejorando más y más". Este psicólogo le enseñó a sus pacientes a utilizar esta afirmación y ellos lograron con esto mejorar su salud. No podemos cambiar el karma de nadie mediante el envío de pensamientos positivos, pero cada pensamiento tiene su resultado, ya sea positivo o negativo. La persona que envía el pensamiento recolecta el karma generado, el cual puede ser positivo o negativo basado en las motivaciones del pensador.

¿Qué hay de la oración? ¿No es esa una manera de ayudar a otras personas?

Muchas oraciones son bien intencionadas pero no están bien pensadas. Sentimos generalmente que de alguna forma un ser divino nos ha descuidado a nosotros o a una persona que conocemos y esto requiere traer el asunto a la atención de este ser. La súplica por la ayuda se hace con frecuencia en cuestión de segundos o se repite como el papagayo con muy poco pensamiento que la sustente. Las oraciones de esta naturaleza tienen muy poco efecto si alguno.

Resulta mucho mejor el ocuparse en llevar a cabo visualizaciones activas y en hacer afirmaciones. Esto requiere un esfuerzo mayor de nuestra parte de lo que requiere la oración, pero es más seguro de que tenga un efecto positivo aun cuando el resultado obtenido no luzca exactamente como el que quisiéramos.

¿Cómo es que funciona la visualización?

Tanto la visualización como las afirmaciones las trataremos en el capítulo 11. De lo que es importante que nos percatemos es que asumimos la responsabilidad por los resultados. Tomar un paso hacia delante para ayudar a una persona va mucho más allá de una mera solicitud a favor de dicha persona.

Una vez seamos conscientes de nuestros pensamientos, nos daremos cuenta de cuán poco control tenemos sobre ellos. Nuestros pensamientos y nuestras emociones controlan nuestras vidas y rara vez es a la inversa. Debemos adueñarnos de nuestros pensamientos y asumamos la responsabilidad por generarlos. A lo largo de nuestras vidas hemos dado el control a nuestros padres, a las figuras de autoridad, a la opinión pública y a nuestro grupo de pares. Hemos cedido nuestra habilidad de pensar. Ahora es un buen momento para retomar el control y ser dueños de cada pensamiento que generemos. Mientras nos dejemos llevar por la corriente de las masas, podremos reclamar que no somos responsables por nuestros pensamientos mas sin embargo seguiremos sufriendo las consecuencias por los mismos, de modo que mejor nos ponemos sobre nuestros propios pies y nos valemos por nosotros mismos. Dejemos de permitir que sean otras personas las que creen pensamientos por nosotros y pasemos a convertirnos en productores de pensamientos que estén concebidos apropiadamente.

¿Cómo yo hago eso?

Creando muchos espacios de quietud en nuestras vidas. Apaguemos el televisor, si posible para siempre. Si no estamos listos todavía para eso, limitemos nuestro tiempo de ver televisión a tres horas a la semana y escojamos esas horas con sabiduría. Apaguemos el radio en nuestro automóvil y en nuestro lugar de trabajo si es posible. Pasemos un día al mes en silencio, sin decir una sola palabra, solamente estando solos con nuestros pensamientos todo el tiempo.

A muchas personas les aterra estar solos con sus pensamientos. Estas personas no confían en sí mismas. Esta es una de las razones de por qué hay personas que sienten la necesidad de estar hablando sin parar y de tener ruidos de trasfondo constantemente, por lo general el televisor o el radio. Cualquier persona que sea adicta a este ruido constante no podrá ser capaz de controlar sus pensamientos.

Creando algún espacio libre a nuestro alrededor podremos comenzar a examinar nuestros pensamientos y observar sus efectos. Comencemos el día con un período de meditación, aun si este es de tan solo cinco o diez minutos. Al mediodía, agenciemos tener algunos minutos de contemplación tranquila.

¿Qué debería yo estar pensando durante este tiempo?

Nada. Debemos aprender primero a tranquilizar la mente. Hasta que no podamos crear una pantalla en blanco no podremos escoger sobre qué es que queremos pensar.

Seamos muy conscientes de lo que sucede durante las últimas dos horas antes de irnos a dormir. Si estamos en una fiesta, en un juego de fútbol o si miramos en la televisión algo dramático, esto afectará después durante horas la calidad de nuestro sueño y nuestra habilidad para meditar. Hagamos de nuestro entorno lo más parecido posible al de un monasterio.

Mis padres siempre quisieron que yo viviese enclaustrado, pero no estoy seguro de estar preparado para ello.

Entonces nuestro desarrollo espiritual se dará en otra vida o en una fase posterior de la actual. No podremos jamás progresar sin hacer sacrificios.

Parte de la dificultad en controlar la mente estriba en que estamos tratando de contrarrestar patrones de energía que les tomó años formarse. No es posible para nosotros reconfigurar estos patrones en un día, por lo general se requiere coordinar los esfuerzos durante varios años. Otro efecto de trabajar para controlar el pensamiento es que adquirimos mayor claridad en nuestro pensar. Nuestros pensamientos ya no serán borrosos ni incompletos, sino que se convertirán en más poderosos y bien formados y tendrán más sustancia. Conforme nos convertimos en una fuerza confiable para el bien en el mundo, recibiremos automáticamente ayuda en aprender a dirigir nuestros pensamientos y hacerlos más efectivos.

Cuando yo leo, mis pensamientos vagan y muchas veces me veo precisado a releer una sección del texto porque no estuve enfocado en la lectura.

Esto mejorará conforme vayamos dedicando tiempo a meditar y a ejercer control mental. Podremos ser capaces de leer con un mayor grado de comprensión, a entender con más profundidad las materias leídas y a retener lo leído por mucho más tiempo. También nos daremos cuenta de que nuestra intuición asume un papel cada vez mayor. Podremos leer algo que despierte la memoria de otra cosa que ya habíamos leído o escuchado antes y de la combinación de esto, podremos comprender algo que anteriormente constituía un misterio. Esto es un resultado real que sobreviene a los esfuerzos hechos hacia el control de la mente.

TRES PRÁCTICAS ESPIRITUALES

Para la persona que desee seguir el sendero espiritual hay tres cosas que deben incluirse en su práctica: el estudio, la meditación y el servicio a la humanidad. De estas tres el servicio a la humanidad es la más importante, pero sin las dos primeras nuestro servicio se verá limitado a lo que cualquier persona de buen corazón podría proveer. Es mediante el estudio y la meditación que adquirimos un entendimiento mayor sobre cómo es que la vida funciona, y la sabiduría que nos llega a través de la contemplación y la meditación nos convierte en un instrumento valioso para levantar a nuestro prójimo.

El estudio, el cual incluye la lectura de libros, el asistir a clases y conferencias y el mirar programas educativos, va edificando nuestra base de conocimiento. Sin embargo, el conocimiento de por sí no es suficiente. Debemos hacer algo práctico con el conocimiento que hemos adquirido, o sea que debemos ponerlo a trabajar en algo que haga al mundo un mejor lugar. El estudiante de la vida es un estudiante perpetuo, siempre esforzándose en aprender cada vez más. No es suficiente meramente aprender cosas. En el mundo existe una cantidad tremenda de conocimiento inútil que nos ayuda únicamente si estamos participando en un concurso de trivialidades. En vez de esto, practiquemos el discernimiento y dediquemos nuestro tiempo disponible a escoger cuidadosamente temas que ayudarán a nuestro prójimo.

MEDITACIÓN

Tanto la meditación como la contemplación son cruciales para el progreso espiritual. Sin ellas no podríamos esperar llegar muy lejos. Desafortunadamente pocas personas saben verdaderamente cómo meditar, aun aquellos que dicen hacerlo diariamente. Para algunas personas la meditación es sencillamente una forma de oración, una especie de recitar afirmaciones mentalmente. Esto puede ser, y con frecuencia es, un paso importante en el proceso de meditación, pero no es de por sí meditación. Tampoco lo es el sentarse tranquilamente y pensar, aun cuando esto también es una práctica que ayuda y que puede llevarnos a la verdadera meditación.

La meditación tiene un objetivo definido y quien medita puede ver resultados específicos, los cuales pueden ser identificados.

¿Cuál es el objetivo de la meditación?

El desarrollo de un contacto confiable con nuestro Yo Superior o alma. Mientras exista en nuestras vidas un drama emocional, no podremos lograr ningún nivel de meditación que sea significativo. Podremos aprender a sentarnos tranquilamente, pero las vibraciones emocionales que nos han rodeado durante el día no desaparecerán simplemente por sentarnos a meditar. Si no hemos logrado adquirir en nuestra vida cotidiana algún grado de control mental, no seremos capaces de controlar nuestras emociones y si no hemos aprendido a controlar nuestras emociones, lo mejor que podremos esperar es que el resultado de cualquier intento por meditar sea mínimo.

La meditación no es una actividad, es un estado de ser. Debemos entrar en ese estado para que la meditación ocurra y una vez entrado, la meditación sobreviene de forma automática. La preparación para la meditación no se lleva a cabo cinco minutos antes de sentarse a meditar sino cinco días antes.

¿Qué quiere usted decir con eso?

Debemos vivir cada día de forma tal que nuestra vida externa sea un reflejo del carácter de nuestra alma. Si nos enojamos con las personas, si dedicamos nuestro tiempo a hablar necedades con otras personas y a estar dando opiniones acerca de personas o eventos, no existe en este tipo de actividad nada que sea atractivo a nuestra alma. Si dedicamos nuestro tiempo libre a ver películas o programas de televisión basados en dramas emocionales, esas vibraciones no se disiparán en cuestión de minutos. Un incidente que implique una reacción emocional violenta, ya sea excitación, odio, ira o pavor, requiere con frecuencia entre tres y cinco días para aplacarse por completo, partiendo de la premisa de que mientras tanto no suceda nada que revitalice la emoción.

Cualquier emoción violenta es como una tormenta sobre un cuerpo de agua plácido. Imaginemos un lago de aguas cristalinas cuya superficie está en calma por completo. No solo podremos mirar hacia dentro del agua y ver con claridad hasta cualquier profundidad, sino que la superficie reflejará perfectamente lo que esté arriba en el cielo. Cual si fuese un espejo, las montañas, las nubes, los pájaros, los atardeceres y las estrellas se reflejarán con exactitud sobre la superficie.

Cuando surge una tormenta violenta, la superficie del lago ya no reflejará con exactitud las cosas, si es que puede reflejar algo. Cualquier cosa que se refleje será de forma distorsionada en extremo y, si ocurre suficiente perturbación, nada se podrá reflejar en el agua. La perturbación del agua tiene un efecto todavía mayor bajo la superficie ya que se revuelve el sedimento, todo se nubla y oscurece, y ya nada se puede ver con claridad tanto en la superficie como bajo ella.

Nuestras emociones funcionan exactamente de la misma manera. La cantidad de personas que pasan por la vida plácidamente, con poco o ningún trastorno emocional, resulta ser en extremo reducida. La mayoría de las personas tratan de mantener sus trastornos a un mínimo, o al menos tratan de ocultarlos y pretender que no están ahí, casi siempre con poco éxito. Sin embargo, hay personas que les fascina la perturbación y alborotan las cosas premeditadamente si las mismas se tornan muy calmadas. Las únicas personas que pueden evitar los trastornos emocionales son aquellas que practican consistentemente la no reacción. Aquellos que no hacen ningún esfuerzo en no reaccionar ante las cosas no tienen más alternativa que aguantarse y resistir los resultados de estos trastornos emocionales.

Si no hemos hecho ningún esfuerzo en aprender a no reaccionar ante las cosas mediante el control de los pensamientos y emociones, no podremos esperar tener éxito en la meditación, y sin meditación no podemos aprender a controlar nuestros pensamientos.

Si aprender a meditar comprende el control de mis pensamientos y aprender a controlar mis pensamientos depende de la meditación, todo parecería que nunca podré aprender ninguno de los dos.

Debemos hacer ambas cosas simultáneamente. Aun ahora, tenemos cierto grado de control sobre nuestro entorno. Apaguemos el televisor, declinemos esa invitación para asistir a una fiesta ruidosa, evitemos a ese "amigo" que siempre quiere discutir o que le encanta criticar a los demás. Debemos mantenernos alejados de aquellos que son adictos al drama. Hagamos la firme resolución de hacer todo lo que esté a nuestro alcance para crear las condiciones de vida que sean conducentes a la meditación. Mantengamos todo tan calmado y tranquilo como podamos.

Hagamos del meditar cada día un objetivo en nuestras vidas, no importa si es por cinco o diez minutos. Esta cantidad de tiempo no es suficiente comúnmente como para lograr una meditación profunda, pero ser consistente en ello es de vital importancia. Es mucho mejor meditar diez minutos diariamente que hacerlo por una hora solo una vez a la semana. Si somos esporádicos en nuestro esfuerzo no obtendremos grandes resultados.

Cada vez que intento meditar mi mente comienza a saltar de un pensamiento a otro y no puedo enfocarme en nada en particular.

La mayoría de los principiantes en la meditación experimentan lo que podemos llamar la "mente tipo mono." Controlar esto puede tomar meses e inclusive años pero es menester hacerlo. Si hemos hecho poco o ningún esfuerzo en el pasado para controlar la mente, no podremos aprender a hacerlo de la noche a la mañana. Recordemos que si nos encontramos en el sendero espiritual, estamos tratando de acelerar nuestra propia evolución. Esto no es fácil pero tiene que hacerse. El ser humano promedio lo que hace es vagar siguiendo el ritmo actual de evolución, el cual es bastante lento. Aquellos que quieren avanzar con mayor rapidez deben ser unos nadadores fuertes. Aun cuando estemos yendo en la misma dirección que la corriente natural de evolución, el progreso acelerado significa que debemos movernos más rápido que la corriente que arrastra a nuestro prójimo, quien va a un paso más cómodo.

CONTROLANDO LA MENTE TIPO MONO

Una buena práctica para controlar los pensamientos que divagan es la siguiente: cada vez que veamos que nuestra mente divaga, sigámosle la pista hacia atrás a dichos pensamientos. ¿Qué pensamiento está en nuestra mente actualmente? ¿Cuál fue el pensamiento antes de ese? ¿Y el anterior a ese? Si practicamos esto de forma consistente, nos convertiremos en muy hábiles en seguirle el rastro a nuestros pensamientos. Comenzaremos entonces a percatarnos de la veracidad del dicho de que "el pensar" nos ocurre y de que rara vez controlamos nuestros pensamientos.

Adiestrar nuestra mente es como entrenar a un caballo cerrero; no quiere hacer lo que queremos que haga sino que quiere correr libremente. Para el caballo cerrero o la mente sin adiestrar, la libertad significa hacer lo que le plazca sin ningún tipo de restricción. Si nunca hemos intentado antes controlar la mente, nos sorprenderemos de que ella ofrezca resistencia a nuestro esfuerzo. Seamos persistentes y pacientes que eventualmente, tal y como sucede con el caballo cerrero, nuestra mente cederá, pero solo si ella reconoce que estamos al mando y de que lo hemos probado por medio de nuestra intención persistente. Una vez la mente se apacigüe, ella estará dispuesta a ser adiestrada, pero deberemos continuar con nuestros esfuerzos y ser muy claros en cuanto a nuestras intenciones. Un caballo entrenado está ávido por hacer lo que su amo desee, al igual que una mente adiestrada.

El plano astral-emocional es el reflector potencial del plano búdico, el cual es la fuente de toda inspiración verdadera. El ser humano real consiste de ātma, buddhi y manas, o espíritu, intuición y mente superior. Mientras las emociones y el cuerpo físico corran sin control y estén a cargo del proceso de pensar, no hay posibilidad de alcanzar un estado de perfección. Para poder crecer espiritualmente las emociones deben estar apaciguadas y ser un reflector perfecto de nuestra naturaleza búdica. El vocablo buddha significa el iluminado. Una persona iluminada es aquella que ha desarrollado la intuición por medio del control de sus pensamientos y emociones; esa persona es capaz de contactar su alma mediante la meditación. Convertirse en un buddha es haber alcanzado un grado aun mayor de iluminación.

RĀJA YOGA

La meditación es la clave para el control de los pensamientos y las emociones. En los países de oriente, las enseñanzas del rāja yoga contienen en sí la ciencia de la meditación y control de la mente.

He escuchado acerca del rāja yoga pero no estoy seguro de saber lo que es eso.

Los vocablos yoga y religión se derivan de fuentes similares. La palabra religión viene del latín y significa reconectar, reamarrar o reunir. ¿Qué es lo que se reconecta? El yo inferior o la personalidad es lo que debe reunificarse con el Yo Superior o alma. En el descenso de la conciencia espiritual hacia el mundo inferior o material, llega un momento en que hay una desconexión entre la naturaleza superior y la naturaleza inferior o animal.

En sentido alegórico se tiende un velo entre los campos o esferas terrenales y espirituales. No importa si lo llamamos velo o desconexión pero es algo muy real, aunque también resulta necesario en determinada etapa del desarrollo espiritual. Los seres humanos somos cautivados por las atracciones y seducciones existentes en el mundo inferior. Estas atracciones o juguetes mágicos, en forma de deseos emocionales, son la base del crecimiento durante este período. Si hubiésemos sido conscientes por completo de nuestra naturaleza más espiritual, no hubiésemos sido cautivados y no tendríamos la experiencia requerida para un crecimiento en conciencia continuo. Sin este velo no seríamos capaces de adelantar.

Por lo tanto, la religión debería ser el vehículo para reconectarnos con nuestro yo espiritual, pero esto funciona únicamente para los seres humanos más perspicaces. Para el resto de las personas, la religión organizada se convierte en solo una forma más de satisfacer las necesidades emocionales personales. Muchas religiones han sido infladas y distorsionadas, alejándolas así de su pureza original a manera de servir a las ambiciones personales de las llamadas autoridades de esas religiones, quienes operan estas organizaciones con la misma efectividad y determinación que se haría en cualquier gran corporación. Ese tipo de religión organizada tiene muy poco que ver con el reconectarnos con el alma. Si no creemos que esto es así, observemos cuidadosamente a los miembros más ardientes y fervorosos de una congregación y encontraremos egos, orgullo y ambiciones personales. Aquellos miembros que logran progreso espiritual por lo general lo hacen a pesar de y no gracias a la organización.

LAS ESCUELAS DE YOGA

Yoga es una palabra en sánscrito que significa unión o conexión, y también pretende darle a la humanidad la capacidad de reconectarse con el Yo Superior. De entre los millones de personas que practican alguna de las diversas formas de yoga, pocos han encontrado la manera de conectarse con el alma. No hace diferencia si tratamos de lograr esta reconexión mediante la religión o alguna otra práctica. Los pocos que tienen éxito lo logran debido a su habilidad para discernir lo que es verdadero de lo que no lo es, así como por un esfuerzo inteligente y concertado para que esto se dé.

La clave para la iluminación la podemos encontrar en cualquiera de las religiones principales, pero hay que buscar profundamente y saber cómo distinguir entre el oro y la *calcopirita* o lo que se conoce comúnmente como el "oro de tontos". Todas las religiones que surgen de Abraham poseen en su médula verdades puras. Las enseñanzas de la cábala, del gnosticismo y del sufismo tienen todo lo requerido para la iluminación, pero solamente los estudiantes más serios podrán encontrarlo porque ello depende, no meramente de adquirir cierta información, sino de aprender cómo aplicar ese conocimiento de forma que nos ayude a comprender las leyes del universo. "Dadme entendimiento y yo guardaré tus leyes". El aprender no es suficiente, mientras no desarrollemos la sabiduría estaremos sencillamente recopilando datos.

En oriente las mismas verdades profundas se incluyen en el yoga, en el brahmanismo esotérico y en las enseñanzas budistas esotéricas. No empece donde busquemos la verdad, esta no es fácil de encontrar. Debemos buscar en toneladas de mineral antes de encontrar una sola pepita de verdad. Esta tarea resulta imposible si no hemos desarrollado el discernimiento y si no poseemos un conocimiento práctico sobre el mundo en que vivimos. Para poder alcanzar la meta es necesaria la meditación.

Existen varias escuelas de yoga, de la misma manera que hay innumerables interpretaciones de una filosofía religiosa dada. Casi todo el mundo en occidente está familiarizado con el hatha yoga, una forma de yoga para el cuerpo físico. Aunque este tipo de yoga es una gran forma de ejercitarse y un buen comienzo hacia la reconciliación con el alma, el mismo tiene un alcance limitado y requiere de la práctica de otros tipos de yoga para poder adquirir la iluminación.

El karma yoga es otro tipo de yoga físico y, de hecho, karma significa acción. Aquellas personas que trabajan en refugios y que hacen trabajo voluntario para ayudar a los pobres y necesitados están practicando el karma yoga. La Madre Teresa es un ejemplo perfecto de una persona que practicó el karma yoga. Pero practicar este tipo de yoga implica algo más, significa que debemos estar presentes en todo lo que hacemos. Ya bien sea que estemos lavando los platos o leyendo este libro, estemos presentes. Estemos en el ahora. Esto es un tipo de yoga que cualquier persona puede practicar.

El laya yoga comprende prácticas que tienen que ver con los chakras, los vórtices de energía que se encuentran en puntos específicos del cuerpo etérico. Los chakras principales incluyen el chakra raíz que se encuentra en la base de la espina dorsal, uno en el sacro y uno en el plexo solar. Estos tres centros están todos asociados a nuestra naturaleza inferior o animal y los mismos están bien desarrollados en la mayoría de las personas. Los centros más elevados se asocian con nuestra naturaleza más elevada e incluyen el centro del corazón, el de la garganta y dos en la cabeza, uno de ellos asociado con la glándula pineal y uno con la pituitaria. El centro denominado ājñā se encuentra aproximadamente a mitad de la frente cuando esta se mide desde adelante hacia atrás y el centro coronario se encuentra más hacia atrás, específicamente en la coronilla. El centro ājñā está involucrado especialmente en la meditación. En la mayor parte de las personas los cuatro centros superiores están menos desarrollados que los tres inferiores.

Muchos libros presentan los chakras de cara hacia el frente y estando más o menos cerca de la superficie anterior del cuerpo. Otros textos los presentan de cara hacia atrás a tres pulgadas aproximadamente de la parte posterior de la columna vertebral, exceptuando a los dos centros en la cabeza.

KUNDALINĪ YOGA

El kundalinī yoga es una variedad en específico del laya yoga. El propósito del kundalinī yoga es despertar el poder latente que se encuentra dormido en la base de la espina dorsal y, al hacer esto, desarrollar las capacidades psíquicas en la persona. A pesar de estar dormido el kundalinī es la base de la energía en el cuerpo físico. El kundalinī es el "fuego" o la "electricidad" que resulta vital para nuestra existencia física. Tratar de despertar esta energía de forma prematura mediante la práctica del kundalinī yoga es absurdo.

¿Por qué?

Si tenemos éxito en despertar el kundalinī durmiente esto sería tan peligroso como jugar con una serpiente cobra que esté irritada. En esencia lo que habremos hecho es romper el velo que existe entre los campos o esferas físico y astral antes de estar preparados para afrontar las consecuencias. Nos veremos cara a cara con entidades que no sabíamos que existían y sobre las cuales tenemos poco o ningún control. Esto mismo les sucede a las personas que destruyen ese velo mediante el uso descontrolado del alcohol o las drogas.

Una vez ese velo se rompe, rara vez puede repararse y la pobre víctima con frecuencia es arrastrada hasta la demencia por voces y seres astrales, algunos de los cuales son visibles y otros no. Cualquier persona que practique el kundalinī yoga está jugando con fuego literalmente. Algunas personas han experimentado el despertar del kundalinī cuando un rayo les ha caído encima, pero estas personas casi siempre no están preparadas para los resultados.

¿Por qué el kundalinī yoga tan siquiera existe si es tan peligroso?

En la naturaleza hay fuerzas poderosas con las cuales podemos aprender a trabajar si lo hacemos mediante un esfuerzo gradual y persistente. Tenemos un gran respeto por la electricidad porque sabemos que puede matar, de manera que cualquier persona que esté en su sano juicio es cuidadosa en extremo con ella y solo actúa recíprocamente con ella en formas que sean seguras. El kundalinī es igual de poderoso y puede matar a la persona descuidada con la misma facilidad que la electricidad. Llegará el momento para cada persona cuando se le enseñe a cómo despertar el kundalinī de forma segura para el beneficio de la humanidad, pero no para motivos egoístas. Para la mayoría de las personas esto está en el futuro lejano, varias vidas a partir de ahora.

Afortunadamente existen pocos instructores que tienen mucho conocimiento acerca del kundalinī. Si estos instructores tuviesen un conocimiento mayor, hubiesen desarrollado poderes psíquicos sorprendentes. Tal y como es, tan siquiera un poco de conocimiento resulta peligroso. El mejor consejo es no practicar ciertos tipos de ejercicios de respiración a menos que uno tenga un instructor en el cual uno tenga plena confianza. Si uno no confiaría su vida a esta persona bajo cualquier y todas las circunstancias, lo mejor es alejarse. Hay muchas otras cosas a las cuales uno les puede dedicar el tiempo mientras tanto. Las prácticas del tantra caen bajo la misma categoría que el kundalinī y en occidente estas son a veces la base para la magia sexual y la magia negra. Estas prácticas del tantra deben evitarse cuidadosamente.

Mucho de lo que se llama kundalinī yoga en las clases de hatha yoga no es peligroso y no es lo mismo que el que yogis avanzados enseñan. Mientras las técnicas no tengan la intención de desarrollar capacidades psíquicas estaremos seguros con toda probabilidad, mas sin embargo debemos estar alertas. Uno y solo uno es responsable por su éxito o fracaso como estudiante.

Bhakti yoga es el yoga de la devoción, pero en realidad opera casi en su totalidad en el campo o esfera astral-emocional. La mayoría de los devotos religiosos, independientemente si son budistas, hinduistas, cristianos, islámicos o judíos, están operando desde una base emocional. No importa si el motivo de la devoción es un ideal o un personaje, la emoción es la emoción y la misma no ayuda mucho a adquirir la iluminación.

¿Quiere usted decir que los millones de devotos religiosos en el mundo están engañados?

Dicho en una sola palabra, sí. Si esa devoción está basada en un fervor emocional, lo cual sucede para la mayoría de las personas, entonces dicha devoción proviene del deseo personal y del ego. Para una minoría muy reducida la devoción está basada no en deseo personal y emociones, sino en un deseo verdadero de servir a la humanidad. Existe un camino mucho mejor que la devoción si el mismo es de naturaleza desinteresada y altruista.

¿Y cuál es ese camino?

El rāja yoga. Rāja significa real de modo que este es el rey de los yogas. El tratado sobre rāja yoga más antiguo que se conoce se encuentra en los yoga sūtras o aforismos de Patañjali. Nadie sabe cuándo se escribieron pero en realidad eso no importa. Lo importante es que estos yoga sūtras constituyen un método científico breve para aprender a controlar la mente mediante la meditación.

¿Por qué no hay más personas que sean conscientes de estos yoga sūtras de Patañjali?

Muchas personas han escuchado acerca de ellos, pero es muy fácil descartar algo que ha sido escrito en una lengua arcaica que resulta difícil de entender hoy día. Además de esto, aprender a controlar nuestra mente es tarea difícil y pocas personas están dispuestas a tomarse la molestia de hacerlo. Para la mayoría de la gente siempre existen cientos de cosas más importantes y apremiantes que realizar un esfuerzo que los lleve a la iluminación.

¿Sobre qué se trata exactamente en estos yoga sūtras?

La mayor parte de los temas tratados en los yoga sūtras los hemos discutido en este libro. El rāja yoga comprende el uso de mucho intelecto en combinación con una pureza inmaculada y un valor indómito para hacer lo que sea necesario para reconectarnos con nuestro Yo Superior. Si hemos de movernos hacia delante, debemos estar dispuestos a sacrificar y dejar ir mucho de lo que ha sido importante para nosotros durante muchas vidas. No podemos adelantar y a la misma vez aferrarnos al pasado. "Ningún ser humano puede servir a dos amos".

No podemos estar inmersos en la vida espiritual y a la misma vez estarlo en el mundo material.

¿Puede usted darme algún consejo práctico sobre cómo meditar?

Tal y como dijimos anteriormente, primero debemos crear las condiciones apropiadas dentro de nosotros mismos. Practiquemos el no reaccionar y el no juzgar. Dejemos que el mundo nos pase por el lado con todo su glamour, drama e ilusiones. Somos demasiado inteligentes como para caer atrapados en estas redes. Hemos descubierto algo mucho más valioso que lo que puede ofrecer el mundo exterior.

NUESTRO ESPACIO SAGRADO

Busquemos un lugar que sea conducente a la meditación. Si tenemos la suerte de tener un cuarto en nuestra casa el cual podamos dedicar para la meditación exclusivamente, tanto mejor. Debemos seleccionar un cuarto, o hasta una parte de un cuarto, en donde no haya vibraciones discordantes. El cuarto debe ser uno en donde nadie vea televisión, escuche música ruidosa o por donde no haya muchos transeúntes que dejan tras de sí una estela de formas de pensamiento y vibraciones emocionales. Hagamos de este un espacio sagrado reservado para el estudio, la contemplación y la meditación.

¿Debo encender incienso o velas para ambientar?

Debemos utilizar cualquier cosa que nos ayude a meditar. Algunas personas piensan que el incienso ayuda mientras a otras el olor los distrae. La música rara vez es de ayuda, aunque algunos encuentran que este "ruido blanco" ayuda a enmascarar los ruidos del entorno, permitiendo así a la mente retirarse del mundo externo con más facilidad. Las velas son opcionales también, aunque una flama posee una cualidad espiritual inherente y casi todas las religiones utilizan velas en sus servicios. Esto no es por casualidad.

También podemos utilizar un gong o un carillón como parte de nuestra práctica de meditación, y esto es útil muy en particular en la coordinación de meditaciones grupales. Lo que utilicemos como ayuda para la meditación no es de importancia, simplemente estemos seguros de que ello no cause una distracción en dicha meditación.

Algunas personas se ciegan mucho con el aspecto ceremonial. Las cosas tienen que hacerse de cierta manera, con ciertos atavíos y en cierto orden. Si nos dejamos atrapar por los rituales entonces la cosa se convierte en una superstición y hemos perdido de vista el verdadero objetivo. La persona que ha alcanzado cierta habilidad para meditar no necesita nada en especial, solo un lugar tranquilo y, en cuestión de segundos, él o ella entran en meditación profunda, por completo ajenos a lo que sucede a su alrededor.

Algunas veces cuando medito veo luces de colores o imágenes. ¿Significa esto que estoy haciendo contacto con mi alma?

Por lo general no. La mayoría de las veces debemos ignorar las cosas de esta naturaleza que vemos. Estos son fenómenos astrales y en nada nos ayudarán a hacer contacto con nuestra alma. El enfocarnos en estas cosas nos puede llevar por el sendero del psiquismo inferior, el cual es una trampa. Si estas formas son creadas por nosotros mismos como un ejercicio de visualización la cosa es distinta. Cuando experimentamos visiones, las cuales son muy diferentes, esto se convierte en un escenario mucho más complejo y mucho más intenso que el de cualquier película que hayamos visto. Al principio estas experiencias ocurren con mayor probabilidad durante el sueño y quizás luego durante la meditación.

LOS ESTADOS DE CONCIENCIA

¿Es la meditación una forma de autohipnosis?

En lo absoluto. Los humanos experimentamos varios tipos de conciencia. Durante las horas de vigilia nos encontramos en lo que podría llamarse nuestro estado normal de conciencia. En los aforismos de Patañjali esto es lo que se llama jāgrat. Nuestra mente está funcionando a través del cerebro y somos capaces de pensar y razonar con un nivel de claridad.

Cuando dormimos generalmente hay dos fases principales, la inconsciencia o sushupti y la semiconsciencia o svapna. Durante la inconsciencia el cerebro no transmite nada que pueda clasificarse como pensamiento. El cerebro no deja de funcionar pero lo hace en un modo de subsistencia. Esta fase es crucial para el bienestar del cuerpo físico. Sin ella el cuerpo y el cerebro no obtendrían el descanso necesario para poder funcionar adecuadamente.

Cuando el cuerpo físico está dormido hay un aspecto de nosotros, conocido como el elemental físico, que vela para que todo marche bien. Si ocurre algo que dicho elemental percibe que representa un peligro para el cuerpo, él intentará despertarnos. Este elemental no posee el intelecto que poseemos y su nivel de conciencia es bastante inferior. Su función es hacer todo lo que sea posible para preservar y proteger al cuerpo. No es necesario que entremos en mucho detalle al respecto pero ayuda que seamos conscientes de la existencia de este elemental.

La semiconsciencia o svapna ocurre durante la etapa del sueño. Nos percatamos de nuestros sueños pero por lo general no somos capaces de controlarlos. Nos asemejamos más a un espectador de una película extraña y desarticulada.

El alcohol y las drogas, aun las alucinógenas, también inducen el estado de semiconsciencia. Tanto con el alcohol como con las drogas que alteren nuestro estado anímico, mientras mayor sea lo ingerido menos conscientes seremos hasta caer completamente por debajo del nivel de conciencia. Una dosis lo suficientemente grande puede resultar en la muerte. Si no somos capaces de controlar nuestros pensamientos y no podemos poner fin a esta experiencia inmediatamente en el momento que así determinemos, estamos entonces en un estado semiconsciente y hemos perdido el control.

La hipnosis tiene el efecto de producir un estado de semiconsciencia. La persona hipnotizada se ha convertido en pasiva a propósito y le ha dado el control sobre su cuerpo a otra persona. Esta otra persona está ahora a cargo y la persona hipnotizada está consciente solo parcialmente, en un estado similar al del sueño. Lo mismo sucede con los médiums. El médium se coloca con deliberada intención en un estado pasivo y entonces cualquier entidad que se encuentre en la vecindad puede operar a través de él proyectando sobre su cerebro pensamientos o imágenes. En el caso de un médium que entre en trance, este se convierte en inconsciente por completo y está a merced completamente de la entidad que lo posee, quien utiliza entonces el cuerpo del médium como si fuese el suyo propio.

La autohipnosis o autosugestión se asemeja más al uso de afirmaciones. Uno no puede ser tanto el hipnotizador como el hipnotizado. Uno no puede estar en control y a la misma vez estar en un estado de sueño. Lo que sí uno puede hacer es practicar el uso de afirmaciones durante los estados normales de conciencia o durante las meditaciones. Durante los estados de conciencia parcial, entonces nuestro cerebro repetirá las afirmaciones porque estas se grabaron firmemente en él debido a la fuerza que tenía el pensamiento o por la repetición del mismo. Esta es la razón de por qué las afirmaciones son tan efectivas.

La mayoría de las personas experimentan solamente la conciencia normal, la semiconsciencia y la inconsciencia. Lo que muchas personas describen como una conciencia elevada es con frecuencia una arremetida de energía emocional combinada con un sentimiento de gran devoción, una especie de éxtasis emocional. Esto sigue siendo una conciencia normal llena de energía emocional.

La conciencia elevada o conciencia superior es algo enteramente diferente. Algunas personas nunca la han experimentado, mientras que otras solamente una o dos veces en la vida y aun así a un grado menor. Algunas personas, por el contrario, experimentan esto de forma regular. Una vez experimentemos esto no nos queda duda alguna en nuestra mente de si esto fue o no un episodio de conciencia superior. Resulta ser raro en extremo experimentar esto cada vez que meditemos. Este estado de conciencia superior es lo que se denomina turya en los aforismos de Patañjali.

Es únicamente durante estos momentos de conciencia superior en donde adquirimos una conexión con el alma. La conexión entre el alma y la personalidad es lo que se llama el antahkarana, el cual es prácticamente inexistente en la mayor parte de las personas y en estas es más bien como un filamento pequeño. Luego de meditar por años podremos lograr algún nivel de aumento en el antahkarana, pero ello requiere de varias vidas de esfuerzo concertado antes de que esté funcional por completo. Una vez logrado esto, entonces la personalidad se convierte en un instrumento completamente desarrollado para que el alma la pueda utilizar para el servicio al mundo. El control es entonces transferido al Yo Superior y la personalidad pasa a dedicarse por completo al bienestar del prójimo.

Mientras la meta primordial de la meditación es el desarrollo del antahkarana y la comunicación completa con el alma, el efecto secundario concomitante es un incremento en la vibración a todos los niveles.

¿Qué significa eso?

No es fácil de describir. Quizás la mejor manera de hacerlo es mediante un ejemplo. Ya hemos visto como existen las emociones dentro de cierto rango de frecuencias. A los niveles más bajos se encuentran lo que denominamos como las emociones negativas tales como el odio, el resentimiento, la avaricia, los celos y la ira. En el rango intermedio se encuentran emociones como la ansiedad, la preocupación y la irritabilidad. En la parte más elevada de la escala encontramos emociones como la compasión, el afecto y la bondad, siempre y cuando estas sean motivadas por el desinterés. A pesar de que las consideramos como emociones, algunas de ellas son aspectos de nuestra naturaleza espiritual y solamente el nivel más elevado del campo o esfera emocional es capaz de reflejarlas. A medida que practiquemos la meditación de forma regular y a la misma vez practiquemos los conceptos presentados en este libro, descubriremos que las emociones inferiores aparecerán cada vez con menos frecuencia hasta que dejen de existir para nosotros. Ya no habrá ninguna materia en nuestro ser emocional que pueda vibrar en sintonía con estas emociones bajas. Estaremos en camino a nuestra perfección humana.

Este fenómeno afecta más allá de las emociones ya que el cuerpo físico como tal también cambia. Con el tiempo cada átomo de nuestro cuerpo es remplazado por unos nuevos. Ni un solo átomo de los que componen nuestro cuerpo físico actual estaba ahí siete años atrás. Cada vez que un átomo es remplazado, la frecuencia del nuevo es tal que corresponde a la frecuencia vibratoria que hemos alcanzado mediante la meditación y el control sobre nuestra naturaleza inferior. Para la persona promedio este proceso toma eones, pero no podemos esperar tanto tiempo. Debemos tomar este asunto en nuestras manos y lograr avances mediante un esfuerzo con determinación. Por fortuna no tenemos que ser biólogos moleculares para hacer que esto suceda ya que ello ocurre como un efecto natural de nuestro esfuerzo concertado hacia la iluminación, el cual acaece durante la meditación profunda y por nuestra práctica espiritual en la vivencia diaria.

¿Elevar las vibraciones afecta también a la mente?

Sí la afecta. Todos los aspectos de nuestra naturaleza inferior deben alinearse con el Yo Superior. La personalidad debe convertirse en un instrumento perfecto para que el alma la utilice. Las vibraciones mentales, emocionales y físicas deben sintonizarse con las del Yo Superior, lo que constituye el proceso de purificación con el fuego refinador. Todo lo que sea burdo, todo lo que sea escoria debe ser incinerado dejando atrás solo oro puro. Este proceso no es uno que esté libre de dolor o sacrificio.

¿Por qué esto es así?

Pensemos sobre ello. Debemos eliminar de nuestro ser todo lo que es más querido por la mayoría de las personas; las emociones, el drama y los apegos. Durante épocas extensas no ha habido nada en la personalidad que fuera de algún interés para el alma. Entonces a lo largo del tiempo, las personalidades de distintas encarnaciones hicieron un esfuerzo para alinearse con el alma hasta que finalmente, luego de varias vidas de esfuerzo concentrado, se ha alcanzado la meta. Un ser humano más ha llegado a la otra orilla. Este es el verdadero significado de la salvación. Ha sido un esfuerzo largo y arduo efectuado a un costo tremendo, pero la recompensa sobrepasa por mucho el esfuerzo que ha requerido. Esta persona en particular se ha convertido en un instrumento valioso y es ahora un miembro de la Jerarquía Espiritual.

Solo aquellos que han logrado este nivel excelso de iluminación son los que puede decirse que han alcanzado la vida eterna.

¿No tenemos todos vida eterna?

Sí la tenemos. Nosotros somos la vida misma y esta es eterna, pero existe una gran diferencia entre la vida de un ser humano común y la de un miembro de la Jerarquía Espiritual. Mientras tengamos períodos de inconsciencia como los que experimentamos durante el sueño o luego de la muerte del cuerpo físico, habrá una discontinuidad de conciencia que ocasiona ansiedad para muchas personas. La gente tiene muchos miedos y en especial hacia la muerte porque están temerosos de que dejarán de existir. Este temor está bien fundado mientras estemos identificados con la personalidad. La personalidad sí dejará de existir cuando muera el cuerpo, de modo que la persona que se identifique con su ser personal tiene todo el derecho a temerle a la muerte. Únicamente cuando una persona está en contacto constante con su Yo Superior y ha aprendido a retener completa conciencia, tanto durante el sueño como luego de que muera el cuerpo físico, podrá decirse que esa persona ha alcanzado la vida eterna. Solo entonces no habrá ya más interrupción en la conciencia.

Morir antes de morir es la clave de la vida eterna.

He escuchado esa frase antes, pero no entendía lo que significaba.

Significa que la personalidad ya no está más al mando. Luego de un esfuerzo largo y sostenido, la personalidad ha pasado a ser un instrumento perfecto para que el alma lo utilice. Esto da un significado nuevo a la frase final de la Oración de San Francisco: "y muriendo se resucita a la vida eterna".

Capítulo 11

NUESTRA PRÁCTICA ESPIRITUAL

> Cuando uno se mueve en el mundo de los sentidos, libre tanto del apego como de la aversión, sobreviene una paz que pone fin a todo sufrimiento, y uno vive en la sabiduría del Yo.
>
> *Bhagavad Gītā 2:64-65*

NUESTRA PRÁCTICA DE MEDITACIÓN

¿Cuáles son algunas de las cosas que pueden ayudar en la meditación?

Existen una serie de prácticas que pueden ayudar. Cada estudiante debe intentar varias de ellas y entonces continuar practicando aquellas que él o ella encuentre que son más útiles. Una práctica espiritual pudiere incluir algunas de las siguientes: lectura, escritura, música, pintura u otra forma de arte, hatha yoga, caminatas por la naturaleza, contemplación, períodos de silencio, meditación y la enseñanza. Se pudieren pensar en otras también. La clave estriba en efectuar la práctica de forma consistente, diariamente si es posible.

EL CENTRO DE MI UNIVERSO

Tomemos una hoja grande de papel y pongamos un punto en el centro de ella. Este punto somos nosotros y la página es nuestro universo. Pensemos en diferentes personas que hayan jugado un papel en nuestras vidas, tanto ahora como en el pasado, estén vivas o muertas. No nos detengamos en cada una de ellas, sencillamente conforme esa persona aparece en nuestra mente pongamos un punto sobre el papel. La proximidad de este punto al nuestro debe reflejar nuestra relación con esa persona, de forma que aquellas personas que estén o hayan estado cerca de nosotros tendrán su punto cerca del nuestro. Las personas que consideremos como conocidos ocasionales o como enemigos tendrán su punto más hacia fuera del nuestro. Tan pronto como pensemos en alguien, pongamos el punto y sigamos con el próximo que nos venga a la mente.

Vayamos bien hacia atrás en nuestras vidas. Nos daremos cuenta de que hemos actuado recíprocamente con miles de personas. Nos podríamos sorprender de la cantidad de personas que vienen a nuestra mente de las cuales no habíamos pensado en años. En este ejercicio podemos incluir también a las mascotas. Hagamos esto por diez o quince minutos o hasta que se nos haga más difícil pensar en nuevas personas.

Dediquemos ahora algunos minutos en observar nuestro papel, visualizando nuestra conexión con estas personas y el hecho de que ellas a sus vez están conectadas entre sí. Cerremos los ojos y contemplemos por algún tiempo, especialmente en nuestra condición de estar conectados, no solo con las personas, sino con todo lo que existe en el mundo. Podremos obtener algunas revelaciones interesantes, muy en especial sobre las relaciones más difíciles en nuestra vida.

CONECTARSE CON UNA PLANTA O UN ÁRBOL

Esta práctica está diseñada para ayudarnos a desarrollar nuestra sensibilidad. En las personas existen dos tipos de sensibilidad. El primer tipo es una especie de mentalidad de víctima en aquellas personas en que sus sentimientos son heridos con facilidad y que por costumbre reaccionan al más mínimo asomo de crítica, como si esta tuviese la intención de herir. Todos conocemos a personas así. Resulta difícil actuar recíprocamente con ellas porque siempre hay que estar alerta y tener mucho cuidado. La más mínima observación puede ocasionar un arranque de enojo. "¿Cómo te atreves a decir eso?" Estas personas no pierden tiempo en dejarnos saber que las hemos ofendido, aunque hayamos tenido o no la intención de hacerlo.

Este tipo de sensibilidad está totalmente basada en el ego. Mientras más fuerte sea el ego, tanto más frágil será y tanto más "sensible" será la persona a cualquier cosa que pueda interpretarse como una crítica. Esta persona no es candidata para el crecimiento espiritual.

El tipo de sensibilidad que queremos desarrollar excluye al sentido de ego. Esta sensibilidad puede manifestarse solamente cuando estamos en control de nuestros pensamientos y emociones y estamos en paz con nosotros mismos. Este tipo de sensibilidad es receptivo en vez de reactivo, altruista en lugar de egoísta, dirigido hacia fuera en vez de hacia dentro.

Si podemos, seleccionemos un árbol en nuestro patio o en un parque cercano que podamos visitar casi a diario. Si esto no fuere posible escojamos una planta, aun si esta se encuentra en nuestro balcón o cocina. Tomemos nuestro tiempo en seleccionar un árbol o una planta con la cual sintamos afinidad. Dediquemos ahora algún tiempo con este ser viviente. No le proyectemos nuestros pensamientos o ideas, en vez practiquemos ser receptivos. Dejemos nuestra mente en blanco y observemos cualquier idea o impresión que recibamos.

Podemos tocar el árbol si queremos, pero esto no se trata de una experiencia física de textura o de cualquier otro atributo físico. Nuestro objetivo es sintonizarnos con la esencia natural del árbol, de sentir su energía. Al principio la tendencia podría ser proyectarle al árbol rasgos humanos. Tendemos a antropomorfizar cualquier cosa con la cual nos sintamos conectados. Muchas de nuestras impresiones iniciales podrían ser causadas por nuestra imaginación. Toma tiempo para aprender a percibir con acierto sin que nuestra propia energía interfiera. La meta es percibir con objetividad, o sea, "ver" con claridad sin que intervengan nuestras expectativas y prejuicios.

No existe ninguna necesidad de analizar nada o de pasar juicios. Continuemos esta práctica diariamente o tan frecuentemente como sea posible. Veamos si podemos sentir alguna diferencia en el árbol a medida que pasan las estaciones, conforme el verano se convierte en otoño y este a su vez entra en la latencia del invierno, solo para redespertar y comenzar un ciclo nuevo de crecimiento en la primavera. Podríamos quizás mantener apuntes en un diario espiritual.

NUESTRO DIARIO ESPIRITUAL

Muchas personas encuentran que llevar un diario espiritual resulta de ayuda. Esto no es un diario de experiencias personales, sino uno que refleje los resultados de nuestra práctica espiritual. Algunas personas gustan de llevar un diario de sueños, pero nuestro diario espiritual solamente debe incluir sueños que tengan un significado especial, los que podrían denominarse como visiones en vez de sueños.

El diario espiritual debería más bien ser acerca del contacto con nuestra alma. Puede tener solo pocas anotaciones o podría tener muchas. No hay que escribir en él todos los días pero si se hace debe ser de forma breve y concisa. Podemos hacer anotaciones sobre un concepto que ha adquirido un significado nuevo para nosotros, acerca de lo que estemos leyendo o de los resultados de nuestra práctica de meditación.

Si nuestro diario se ha convertido en muy introspectivo y enfocado en nosotros mismos, no hemos comprendido el propósito y dicho diario se ha convertido solo en una manera más de estimular al ego. Si sentimos que este diario es importante porque es parte de nosotros, hemos fallado en practicar el desapego. Si alguna vez llega a extraviarse, esto no debe ocasionar una reacción en nosotros. Nunca podemos pensar que nuestra cautela para no caer en el campo o esfera del ego es excesiva. El ego es muy astuto aunque no particularmente inteligente y tratará de sobrevivir a cualquier costo.

Echémosle un vistazo a nuestro diario de vez en cuando. Podríamos encontrar que estamos progresando más de lo que habíamos pensado. Algunos de nuestros mayores avances surgen de las pruebas más difíciles a las que nos enfrentamos. Es solo luego de haber escalado la montaña un poco más y miramos hacia abajo que vemos el pasado en su justa perspectiva y todo se torna más claro. Un diario espiritual nos ayuda a recordar experiencias previas y a incorporarlas de forma significativa cuando podamos ver con más claridad.

LA CAMINATA POR LA NATURALEZA

Esto no tiene que ser una caminata como tal y no tiene que ser a la intemperie, aunque estando a la intemperie con la naturaleza es de ayuda. Estemos donde podamos conectarnos con objetos naturales tales como árboles, flores, pájaros, ardillas, nubes, peces, montañas, rocas o cualquier cosa en la naturaleza. Entonces, tal y como hicimos en nuestra práctica con el árbol, experimentemos la energía que sintamos. Maravillemos por el movimiento de las nubes o los cambios de colores del atardecer. Resistamos el deseo de compartir esta experiencia con otras personas, esta es *nuestra* experiencia. Toda persona tiene su propia experiencia en la vida.

¿Alguna vez hemos visto algo tan maravilloso que sentimos que teníamos que compartirlo con otras personas? Quizás vimos un atardecer magnífico o una flor increíblemente bella, de modo que le tomamos una fotografía para poder compartirla con otras personas. Cuando compartimos la foto la reacción de las personas fue mínima o fingida a manera de no ofendernos. Miramos la foto otra vez para ver por qué las personas no vieron las cosas maravillosas que vimos, y nos choca el darnos cuenta de que la belleza y majestuosidad que experimentamos ya no están ahí. Tratamos de explicar desesperadamente en palabras qué fue lo que experimentamos, pero este esfuerzo resulta inútil.

Aunque la persona que mire la fotografía haya estado físicamente con nosotros durante nuestra experiencia, esta tendrá una experiencia diferente por completo. Cada persona vive en su propio universo. Nadie puede experimentar lo que nosotros percibimos y nosotros no podemos percibir lo que otros experimentan. Tenemos que darnos por vencidos y dejar de intentar que otras personas vean y experimenten lo que vemos y experimentamos. Esto es solamente otra forma de apegarse a las cosas y es un indicador de la presencia del ego.

Uno de los objetivos de la caminata por la naturaleza es para conectarse con la energía poderosa que nos rodea. Solo la disfrutamos a plenitud cuando no nos sentimos obligados a compartirla. Si estamos caminando con alguien, caminemos en silencio. Si vemos algo interesante podemos apuntar hacia ello con el dedo, pero no son necesarias las palabras. Luego de retornar de la caminata podemos complacernos recordando la experiencia. Tratar de poner la experiencia en palabras o compartirla con otras personas solo logrará disminuirla. Aprendamos a mantener silencio. Esto también aplica a nuestras experiencias en meditación. Mantengamos esto para con nosotros a menos que haya alguna lección que pudiere ser útil para otras personas. Compartir experiencias espirituales con frecuencia tiene más que ver con el ego que con querer ayudar a alguien a que aprenda algo nuevo.

Durante la caminata, practiquemos el observar sin que medien palabras. Cualquier palabra, sea esta mental o hablada, nos distraerá de esta experiencia meditativa. Los conceptos más profundos del universo nunca se expresarán en palabras. Las formas externas siempre reflejarán campos y patrones energéticos en su interior, pero siempre hay en la expresión interna energías que la forma externa no puede transmitir.

El propósito de este ejercicio es detener la cháchara incesante de la mente. Cuando observamos algo en la naturaleza nuestra mente quiere tomar notas y crear frases al respecto, de forma que las podamos compartir con otras personas así como también para que nos ayuden a nosotros mismos a recordar lo observado.

No hay razón para recordar esa experiencia y, de hecho, la misma nunca puede ser recordada. La experiencia ocurrió en su momento y la misma pertenece a ese momento. Una vez haya pasado el momento las experiencias físicas dejan de existir. Ya esto se fue para siempre y todo lo que nos queda en nuestra mente es un recuerdo pobre. El registro verdadero del evento está grabado en la experiencia de nuestra alma. Esto nunca podrá borrarse pero tampoco podrá ser compartido con otras personas. Aprendamos a aceptar esto.

MOVIMIENTO ULTRALENTO

Esta es una práctica que cualquier persona puede realizar. La misma puede llevarse a cabo en el interior de la casa o al aire libre, individualmente o en grupo, sentado o de pie. Esta práctica es sumamente sencilla y poderosa en extremo.

La práctica consiste en moverse muy, muy lentamente y con intención. Hay que estar todo el tiempo presente completamente. Hay que estar enfocado completamente en el movimiento físico, aun cuando este se perciba escasamente. Si se hace correctamente no seremos capaces de pensar en otra cosa. El único pensamiento en la mente es nuestra posición actual en ese preciso momento.

El movimiento de soltar el bolígrafo y tomarse un sorbo de agua del vaso que esta frente a nosotros, acción que toma cinco segundos normalmente, ahora toma cinco minutos. Pero no debemos preocuparnos, durante esos cinco minutos no existe nada más importante que lo que estamos experimentando.

Este ejercicio lo podemos hacer sencillamente mientras caminamos. Cada paso nos puede tomar un minuto completo. Si somos valientes de verdad, intentemos hacer esto en un parque público. Si hay pájaros cerca alimentándose, sería interesante ver cuán cerca podemos llegar antes de que levanten vuelo. Si nos movemos despacio en extremo, los pájaros se hipnotizarán y nos podría sorprender lo cerca que podemos llegar antes de que su instinto natural venza a su curiosidad.

Si tenemos problemas en aquietar nuestra mente para la meditación, esta práctica resulta perfecta para nosotros. Inténtemosla con los niños. Si los niños tienen edad suficiente como para entender el concepto, ellos estarán generalmente ávidos para intentarlo.

VISUALIZACIÓN

Parte del aprendizaje para poder controlar la mente es ser capaz de detener el proceso de pensar y lograr que la mente se quede quieta por completo. La gente se sorprende con frecuencia al descubrir cuán dificultoso resulta esto. Una vez que uno ha logrado cierto grado de control mental, el próximo paso es comenzar a dirigir la mente y a utilizarla como la herramienta poderosa que podría ser. Una práctica perfecta para esto es la visualización.

El objetivo final de la visualización es ayudar a los demás, pero para aprenderla es útil llevar a cabo varias prácticas en la forma de meditación dirigida. La meditación profunda o samādhi no se logrará por medio de la visualización, pero esta es una parte fundamental del proceso y es una aplicación práctica de la meditación. Se puede utilizar cualquier tipo de meditación dirigida que nos guste o podemos crear una propia. A continuación presentamos un tipo de meditación dirigida que podemos practicar y modificar para ajustar la misma a nuestras necesidades. Se debe leer varias veces hasta que quede impresa en la mente y no interrumpir la lectura para hacer referencia a apuntes.

Debemos sentarnos tranquilamente en una posición que sea cómoda con la espina dorsal erecta y cerremos los ojos. Comenzando en la coronilla, enfoquemos nuestra atención sucesivamente en cada parte del cuerpo. A medida que nos enfocamos en cada parte, sintamos que todos los músculos y nervios en esa área se relajan. Una vez terminemos con la coronilla, continuemos con los músculos y los nervios de la cara, de la parte posterior de la cabeza, las orejas, la barbilla y el cuello, relajando cada área a medida que avanzamos a la próxima.

Continuemos bajando hasta llegar a la parte superior de la espalda, hombros, brazos y manos, pecho, abdomen y parte baja de la espalda. Luego continuemos con las caderas y las nalgas, la pelvis, los muslos, rodillas, tobillos, pies y dedos de los pies.

Cuando todos los músculos y nervios estén relajados, hagamos lo mismo con nuestros órganos: el corazón, pulmones, bazo y páncreas, hígado, vesícula, estómago y el sistema digestivo. Sintamos ahora nuestra conexión con la Tierra y con todos los seres. Ya para este momento debemos estar en un estado de relajación y listos para echar a andar.

Imaginemos que estamos caminando por un área boscosa en un día precioso. En aquellas áreas que están iluminadas por la luz solar, sentimos el calor del sol sobre nuestra espalda y hombros. En las partes sombrías, sentimos la brisa fresca sobre nuestra cara. Respiremos despacio y profundamente. Con cada inhalación, inspiremos vida y energía vital. Notemos el aroma dulce de las flores, el olor a tierra húmeda del bosque y el olor penetrante de los árboles de hoja perenne.

Vayamos despacio. No hay ningún lugar en donde necesitemos estar salvo aquí. Seamos conscientes de los sonidos del bosque. Los pájaros están parloteando, cada especie en su respectivo lenguaje. Las abejas y otros insectos voladores están zumbando, cada uno de ellos experimentando la vida a su manera. De vez en cuando escuchamos a una criatura correr por la maleza. Escuchamos en lontananza el sonido de agua corriendo y mentalmente vemos el arroyo que nos encontraremos en breve.

Caminemos despacio, disfrutando cada momento de nuestra aventura. Sintamos deleite en lo que vemos, en los sonidos y las sensaciones. Maravillemos ante la exquisitez de los colores que nos rodean. Luego de un rato, nos detenemos en un claro y nos acostamos en un lecho de yerba suave. Sintamos la energía viva que nos rodea en cada hoja de yerba, en cada flor, planta y animal. Una lagartija está haciendo planchas sobre una roca cercana, su cabeza inclinada hacia el sol y sus ojos a medio cerrar. Esto nos da sopor y, a medida que observamos las nubes blancas como algodón desplazarse a través del cielo azul, cerramos los ojos y entramos en un sueño apacible.

Cuando despertamos no tenemos la más mínima idea de cuánto tiempo estuvimos dormidos, pero la calidad de la luz ha cambiado y el mundo a nuestro alrededor es aún más mágico que antes. Todo parece estar encantado.

A medida que seguimos nuestra marcha nos llama la atención el sonido atrayente y cautivante del arroyo, el cual va haciéndose cada vez más alto conforme nos acercamos. Cuando vemos el arroyo seguimos su trayectoria y sonreímos ante su esfuerzo persistente por llegar a su destino final. Luego de doblar una curva, vemos un magnífico lago de aguas azules cristalinas que se extiende ante nosotros. Sin pensarlo nos zambullimos en él y entramos a un mundo completamente nuevo. Bajo la superficie y visible perfectamente, se encuentran una variedad de peces y otros animales acuáticos. Algunos de ellos son curiosos y, al nunca haber visto una criatura como nosotros, no vacilan en nadar en nuestra dirección para investigar. Otros son más tímidos y nos observan desde cuevas entre rocas y desde la densa vegetación acuática.

Luego de actuar recíprocamente con estos seres subacuáticos, nadamos hacia la orilla opuesta en donde una cascada cae directamente en el lago, la fuerza de la cual crea burbujas, espuma y remolinos en la superficie del lago. Una vez cerca de la cascada, notamos un reborde detrás de ella y nadamos a través de la cascada para investigar. Nos levantamos y nos paramos por largo rato en un espacio húmedo detrás de la caída de agua, sintiendo sobre nuestra cara la atomización de las gotas y sintiendo el poder del aire ionizado.

Continuamos escalando la pared de rocas al lado de la cascada hasta llegar a la cima, la cual está bastante alta. Erguidos, observamos el escenario que se encuentra abajo. Podemos ver todos los lugares en donde estuvimos, desde el comienzo de nuestra caminata hasta la pradera donde descansamos, el arroyo que seguimos y el lago abajo con la cascada a nuestros pies. Todo tiene sentido. Cada paso en la trayectoria fue necesario para llegar al punto que hemos alcanzado.

Mirando al cielo vemos un ave de presa que busca hacia abajo con ojos que todo lo ven. Sus alas están extendidas por completo e instintivamente aprovecha una corriente sutil de aire para planear y remontarse sin esfuerzo en los campos energéticos invisibles. Cerrando los ojos nos hacemos uno con esta ave. Vemos todo lo que ella ve. Compartimos el resultado de toda experiencia que dicha ave haya vivido jamás. Su conocimiento y pericia son nuestros también.

En un instante sabemos que nosotros somos uno con toda vida y que podemos experimentar todo lo que cualquier ser haya experimentado jamás si expandimos nuestra conciencia para incluir todo lo que antes parecía estar separado de nosotros. Somos la Vida misma.

Aunque este es un ejercicio poderoso, el mismo debe ser utilizado con cautela. Siempre existe la posibilidad de usarlo como una herramienta para realzar el yo, para definirlo como *mi* experiencia. Debemos remover cualquier pensamiento que nos identifique con la personalidad y, en vez, enfocarnos en que somos un punto de luz, uno de entre miles de millones, en la Vida Una. Nuestra experiencia no es más importante que la de cualquier otro de los puntos de luz.

También existe otro problema potencial con la práctica de este ejercicio. Mientras más poderoso es para nosotros, en tanto más real se convierte.

No veo qué problema podría haber con eso.

La pregunta es, ¿es eso real o no?

Si es algo que yo he imaginado entonces no es real, ¿o sí?

Los sueños que tenemos son reales porque ellos existen. Ni tan siquiera pensaríamos en negar eso y, mientras estemos en ese estado de sueño, los mismos sí existen. Cada pensamiento que creamos o experimentamos es real, y mientras más poderoso el pensamiento en más real se convierte. Otras personas pueden sentir los efectos de nuestros pensamientos e inclusive algunas pueden "verlos" o "leerlos".

Si repetimos la práctica de este ejercicio una cantidad de veces y permeamos la misma con energía suficiente, un psíquico podría ser capaz de verla con más o menos claridad. Un psíquico podría verla como una caminata que nosotros tuvimos, convencido de que él estaba viendo una serie de eventos que tuvieron lugar en el mundo físico. Un clarividente con adiestramiento vasto distinguiría que esto fue una práctica mental sin ningún componente físico correspondiente. Cuando uno está operando en los campos o esferas astral-emocional y mental inferior, resulta fácil ser engañado.

Cada objeto físico tiene también una réplica astral, pero no todo lo que existe en el plano astral tiene una réplica física. De la misma manera todo lo que existe en el plano astral tiene una réplica en el mental, pero hay "objetos" mentales que no tienen componentes astrales ni físicos. De esta manera existe más en forma astral que en forma física, y más en forma mental que en forma astral.

No es tarea fácil ser capaz de separar estos campos o esferas diferentes. El psíquico común está en desventaja severamente. Ninguno de ellos tiene el adiestramiento necesario como para poder hacer esto, y muy pocos tienen el nivel de inteligencia o de pureza que se requiere para este adiestramiento.

Muchos psíquicos están viviendo en el engaño completamente. Ellos forjan un universo dentro de sus mentes, y las formas de pensamiento creadas pueden ser tan poderosas que las mismas rodean al psíquico todo el tiempo. Si estos psíquicos creen que este universo creado por ellos mismos no es verdaderamente una creación suya, continuarán creyéndolo por el resto de esta vida, lo cual es un impedimento para poder progresar subsiguientemente. El problema potencial es el mismo para nosotros. Podemos crear un universo en nuestras mentes y escoger vivir en él en vez de en el mundo exterior. Esto resulta tentador pero no ayuda en nada. Aprendamos a estar bien con las cosas tal y como son.

TODOS PUEDEN LEER MIS PENSAMIENTOS

Una práctica interesante y útil es actuar como si todo el mundo fuera psíquico y pudiera leer nuestros pensamientos. ¿Queremos saber la verdad? Sí pueden. Cada individuo, no solamente los humanos, pueden percibir los patrones de energía creados por nuestros pensamientos y nuestras emociones. A veces esto es una percepción subconsciente, pero no debemos subestimar la habilidad de otras personas para "leernos". La razón por la cual las otras personas rara vez nos pueden leer con acierto es porque sus percepciones están filtradas por sus propios prejuicios y expectativas. Una persona que sea deshonesta presumirá que todo el mundo lo es y, por lo tanto, no tendrá mucha capacidad para discernir quién está diciendo la verdad y quién está mintiendo.

Con toda probabilidad las personas son más perceptivas de lo que le atribuimos. Aun el peor de los criminales tiene una chispa divina dentro y respeta subconscientemente a la persona más adelantada, o sea aquella cuya luz brilla con más fulgor que los demás. Las personas menos iluminadas a veces tienen más perspicacia para percatarse del nivel de adelanto de otros que lo que puede percatarse una persona iluminada parcialmente. ¿Por qué? Porque el ego de la persona iluminada parcialmente con frecuencia se interpone en el camino. Esta persona se rehúsa a creer que alguien a su alrededor pudiere ser posiblemente más adelantado de lo que él o ella es. Un profeta no está falto de honor salvo en su pueblo de origen y entre su propia familia.

El objetivo de esta práctica es que otras personas pueden percibir nuestras emociones y nuestros pensamientos, algunos con más precisión que otros. Nuestra tarea es controlar nuestros pensamientos y emociones de forma que siempre reflejen la bondad y compasión que son características inherentes a nuestra naturaleza más elevada.

Capítulo 12

EMOCIONES, ¿SON AMIGAS O ENEMIGAS?

> Aquello que buscas desesperadamente,
> lo perderás.
> Aquello que dejas ir,
> lo tendrás en abundancia.

LA MARIPOSA ELUSIVA

Un hombre había coleccionado mariposas desde que era pequeño y tenía una colección enorme compuesta por diferentes especies. Era la colección más grande de su tipo y él estaba muy orgulloso de ella. Paseaba la vista todos los días por las filas de anaqueles y admiraba sus especímenes, algunos más pequeños que la uña de un dedo y otros tan grandes como un plato de comer. Sonreía con orgullo conforme observaba sus especímenes y pensaba sobre las aventuras que los mismos representaban, ya que muchos de ellos habían sido capturados por él personalmente.

A pesar de todo esto, había un poco de tristeza dentro del hombre. Faltaba una especie en particular. Era una muy rara que se encontraba solamente en un área en específico de una selva tropical lejana. Algunos otros coleccionistas habían informado haber visto esta mariposa, pero ninguno de ellos había sido capaz de capturar una. Él había hecho la resolución de que obtendría este espécimen no importa el costo que acarreara en tiempo, esfuerzo o dinero.

Comenzó a hacer los preparativos para una expedición a la selva tropical en donde se había visto antes a la mariposa. Luego de una planificación que tomó varias semanas, él llegó al área después de haber realizado un viaje largo y tortuoso, la última fase del cual fue en canoa manejada por indígenas.

Los miembros de la expedición deambulaban y acampaban al final de cada día. El hombre dedicaba muchas horas buscando el objeto de su deseo. Día tras día se topaba solo con desilusión, frustración y desesperanza. Su determinación comenzó a flaquear, pero entonces pensaba en lo mucho que este espécimen aumentaría su reputación entre sus pares. Él sería famoso y la tenencia exclusiva de este espécimen le traería la estima y la envidia de todos, así que prosiguió con motivación renovada.

Finalmente, el evento que tanto él había anhelado sucedió. Frente a él estaba el objeto por el cual tuvo que pasar tan largo vía crucis. Inmediatamente reconoció a la mariposa por sus marcas, las cuales habían sido descritas anteriormente por otros coleccionistas. Alzó su red y, justo cuando la blandió para atrapar a la mariposa, esta levantó el vuelo y se posó sobre otro lugar. Una y otra vez, justo cuando él estaba a punto de lograr su objetivo la mariposa escapaba en el último segundo, casi como si estuviera jugando con él.

Estaba agotado luego de varias horas de intentos infructuosos por capturar a la mariposa. Se sentó a descansar en un árbol caído y puso la red en el suelo a su lado. Sosteniendo su cabeza con las manos, pensó acerca de la posibilidad de regresar sin haber logrado su objetivo. Tendría que enfrentar a todos a los que les había hablado sobre esta aventura y admitir que él era un fracasado.

Luego de reflexionar por algunos minutos sobre su destino algo captó su atención, y como sus ojos estaban cerrados, no fue por nada que él hubiese visto. ¿O sí? Percibió cierto campo energético, algo que no había estado allí un momento antes. Abrió los ojos lentamente y miró con detenimiento hacia su izquierda. Ahí, descansando sobre su hombro, estaba la mariposa elusiva. Tuvo cuidado en no permitir que la excitación se apoderara de él y así asustar a la mariposa. ¿Qué hacer? Muy despacio trató de agarrar la red con su mano derecha, pero la misma estaba en el suelo justo fuera de su alcance. No se atrevió a propinarle a la mariposa un golpe repentino con su mano ya que esto la destruiría como espécimen.

Ponderando acerca de la situación difícil en que se encontraba, estaba cada vez más fascinado con esta criatura, la cual por años constituyó el objeto de sus sueños más entrañables. Aquí estaba, descansando sobre su hombro sin poder capturarla. Contempló los colores exquisitos e iridiscentes que destellaban a la luz del sol, los cuales latían con el flujo y reflujo de la vida. De repente le sobrecogió un sentido de desesperanza. Quedó conmocionado al percatarse de que, justo un momento antes, él había estado tramando para matar a esta criatura indefensa. Entonces pensó acerca de todas las otras criaturas indefensas que había matado de forma que pudiera tener una colección de la cual sentirse orgulloso. ¿Cuántas miles de vidas él había destruido a consecuencia de sus carencias egoístas? El horror de esto lo conmocionó hasta el tuétano de los huesos. La compunción le llegó al corazón a medida que las lágrimas de arrepentimiento colmaban sus ojos.

La mariposa cambió su postura ligeramente y giró tal y como si estuviese mirando directamente a él. Era su mirada de despedida; entonces la mariposa voló hacia lo alto y desapareció de la vista.

En el capítulo 2 leímos acerca del juguete mágico. En ese relato, y en el que acabamos de leer, vemos el efecto del deseo sobre nuestras vidas. El deseo es lo que nos impele a actuar. Si no hubiese deseo que proveyera el ímpetu, no tendríamos un propósito en la vida y simplemente existiríamos. Nos estemos refiriendo a las acciones de un sistema solar, de un planeta, de un hombre, de una hormiga o de un átomo, el deseo es el factor motivador que ocasiona que nos movamos adelante.

En la etapa actual de la evolución humana es el deseo emocional, que podemos definir como aquello que el ego anhela, lo que nos motiva. Queremos una relación amorosa, dinero, poder y objetos materiales que provoquen envidia en los demás. Dentro de pocos siglos, las necesidades emocionales personales habrán comenzado a disminuir a medida que nuestra motivación en la vida y en la voluntad sea substituida por un tipo de deseo diferente.

¿Pero no dejaríamos de ser humanos si ya no tuviéramos emociones?

No son las emociones lo que nos hace humanos. Es cierto que los animales tienen menos emociones que nosotros los humanos, pero sus emociones están guiadas por el instinto y no por la mente. Como humanos nosotros tenemos emociones poderosas y bien desarrolladas, pero en general a nuestra mente le queda mucho desarrollo por delante todavía. Somos humanos por el nivel de conciencia que hemos adquirido y no porque tenemos emociones.

Como hemos visto, en la mayoría de los humanos es el kāma-manas, o la parte inferior de la mente la cual está ligada al deseo emocional, quien los propulsa para que obtengan experiencia. Las personas más iluminadas son propulsadas por el buddhi-manas, o la parte superior de la mente la cual está ligada a la intuición. El campo o esfera de existencia búdico vibra a una frecuencia mucho más elevada que lo que lo hacen las emociones.

¿Cómo podemos reconocer a algunas de estas personas más iluminadas quienes ya no requieren de las emociones para que los impulse a actuar?

Por sorpresa, a muy pocos de ellos podemos encontrarlos entre las llamadas personas espirituales del mundo. Con frecuencia podemos encontrarlos entre los científicos y los filósofos, entre aquellos que ponderan profundamente acerca de los misterios de la vida. Einstein, quien quería "conocer la mente de Dios", es un ejemplo de este tipo de persona más iluminada. A estas personas no les preocupa sus necesidades personales, sino que más bien se enfocan en materias de importancia planetaria y hasta cósmica. Podría decirse que los pies de estas personas escasamente tocan tierra, pues ellos están inmersos profundamente en la contemplación de asuntos más elevados. Con toda probabilidad no los encontraremos asistiendo a eventos deportivos, cines u otros lugares repletos de agitación emocional.

¿Por qué usted dice que podemos encontrar pocas de estas personas más iluminadas entre las personas espirituales del mundo? Uno pensaría que debería ser lo contrario.

Desafortunadamente, la mayor parte de las llamadas personas espirituales lo que han hecho es sencillamente cambiar en la vida un tipo de drama emocional por otro, el cual vendría a ser un tipo de drama "espiritual". En las religiones organizadas podemos ver esto con frecuencia en forma de servicios que se asemejan a un concierto de rock, con música ruidosa, cánticos y oraciones con mucho fervor y un drama emocional grande. No existe nada particularmente espiritual en este tipo de teatro religioso, ya que el mismo está diseñado para apelar al ego personal y su necesidad por el drama emocional.

Hay otras personas que, aunque son más calladas y estudiosas, frecuentemente no son mucho más adelantadas. Puede que ya no se deleiten con las vibraciones de la música ruidosa y los eventos grupales emocionales, pero todavía están siendo guiadas por la necesidad del drama en sus vidas; sus egos no solo están intactos todavía sino que son poderosos. Estas personas han substituido las emociones bajas y más primitivas con emociones "espirituales".

Como ejemplo de lo anterior, hay estudiantes de esoterismo que con frecuencia captan un pequeño fragmento de un concepto y entonces, en vez de guardarlo en su corazón cuidadosamente en donde pueda desarrollarse y crecer hasta convertirse en un entendimiento mayor, se entusiasman grandemente y no pueden esperar a "compartirlo" con otras personas, lo que significa que su ego recibirá un gran impulso al ser él quien anuncie esto al mundo.

A lo largo de los siglos no han faltado personas que forman grupos alrededor de sí para anunciarle al mundo el regreso inminente de Cristo a la Tierra. Aun en la Biblia podemos ver que esto ocurrió al poco tiempo de que Jesús muriera y ha continuado sin aminorar hasta el presente.

Miremos a los grupos que proclaman de forma vociferante el regreso de Cristo, que tienen como evidencia una serie de signos milagrosos y que poseen relatos extraños para corroborar su mensaje. En el centro de estos grupos podemos encontrar una o más personas con egos enormes que realizan un gran espectáculo para presentarse como un gurú, quien ha sido seleccionado especialmente para anunciar al mundo este gran evento. Echemos una mirada a sus profecías y encontraremos que las mismas no se materializan, lo cual ocurre una y otra vez. También encontraremos que muchas de las cosas que estas personas escriben no tienen más substancia que las que podrían tener los escritos de un estudiante de escuela secundaria.

¿Quiere esto decir que no hay tal cosa como la segunda venida de Cristo?

El nacimiento de la conciencia crística dentro del corazón es la única venida de Cristo que resulta importante para una persona. Es obvio que esto es un evento muy personal y precioso, algo que se debe mantener en privado y sobre lo cual se debe ponderar cuidadosamente. No es nada que deba anunciarse al mundo, de ahí la parábola de no arrojar tus perlas a los cerdos.

Hay avatares o seres divinos que, de vez en cuando, vienen de un nivel de existencia mucho más elevado para ayudar en el desarrollo espiritual de la humanidad. Ellos aun a veces nacen de padres humanos y ocupan un cuerpo físico, aunque esto es un evento raro. Es más común que estos avatares abriguen con su energía a seres humanos que han purificado sus propios cuerpos físicos y sus pensamientos y que han reducido grandemente o eliminado de su naturaleza a las emociones negativas. Esto le permite a estos avatares manifestar conciencia en los planos inferiores sin necesidad de adoptar un cuerpo físico propio.

El ser que ocupa la posición de El Cristo o Instructor del Mundo vendrá al mundo en algún momento. Él puede decidir usar un cuerpo físico, pero podría ser que el vehículo más denso que ocupe sea en el nivel astral. No importa cómo él decida aparecer, no será en la forma del evento público que tantas personas proclaman que será. Solo aquellos que sean iluminados se percatarán de su existencia en el mundo, y solo ellos serán capaces de beneficiarse en algún grado de su estancia aquí. La persona común no tendrá la capacidad de soportar, ni de darse cuenta de, el nivel de vibración más elevado y no podrá reconocer la posición exaltada de El Cristo.

Seamos cautelosos de aquellos que se visten con ropajes espirituales, y aquí nos referimos tanto literalmente como en sentido figurado, a manera de impresionar a otras personas con su desarrollo espiritual. Cualquier persona que haga esto lo que hace es simplemente realzar su ego personal. Puede que haya algo de motivación altruista en el interior, pero la misma ha sido opacada por el ego aún potente del "gurú".

Tengamos presente que toda energía vibra a una frecuencia específica. Todo aquello que vibre dentro de cierto rango de frecuencia se denomina astral o emocional. Cuando hablamos de vibraciones estas incluyen no solo las físicas, sino las frecuencias vibratorias que animan la materia en todos los planos de existencia. Cada tipo de vibración solo puede ser percibida en su propio nivel.

Hay muchas cosas que "aparentan ser ciertas" y que tienen sentido pero que no las podemos "probar", necesariamente, a otras personas. Cada concepto debe ser captado en su propio nivel. Desafortunadamente, en algún punto las palabras se convierten en casi inútiles para explicar conceptos más elevados. En estos casos las palabras sirven solamente como símbolos, insinuaciones y sugerencias para la persona perceptiva que contempla y medita sobre ellas a manera de alcanzar mayor iluminación.

En el rango vibratorio más elevado se encuentran las emociones positivas tales como la compasión, la benevolencia, la bondad y el interesarse por y ocuparse de los demás.

Yo no consideraría esto último como emociones sino como rasgos del carácter.

Mientras la acción comprenda el más mínimo deseo personal, la misma es emocional en su naturaleza. Examinemos con detenimiento el motivo de la acción. Si le regalamos algo a alguien porque queremos que esta persona reconozca nuestra generosidad, entonces esto no fue un regalo en verdad. Regalamos esto porque queríamos algo a cambio, aun cuando esto no fuera algo material. Queríamos realzar nuestro ego. Pocas personas en el mundo son honestas por completo. Resulta ser sumamente difícil ser honesto cuando nuestro ego está de por medio y se siente amenazado. Nuestro ego hará todo lo posible por convencernos de que nuestros motivos son puros y desinteresados cuando en realidad no lo son. ¿Por qué? Porque el ego sabe que si no existe egoísmo en nosotros él dejará de existir.

Muchos actos que aparentan ser bondadosos y compasivos en la superficie contienen motivos contradictorios, tanto egoístas como desinteresados. En el mundo, muchas fundaciones caritativas nunca existirían si no fuera por el hecho de que su fundador recibe elogios y reconocimientos por ser tan generoso. Pero, ¿cuántas personas donarían el dinero de forma anónima, sin ninguna necesidad de satisfacción personal? Hay personas que lo hacen, pero son pocas en comparación con las que no lo hacen.

El amor incondicional, el gozo, la bondad amorosa, la compasión verdadera, las cosas que no comprendan motivos o emociones egoístas, todo esto son características del alma y las mismas se reflejan solo en los niveles más elevados del campo o esfera astral. Constituye un gozo trabajar con personas que exhiban estas características, ya que nunca hay un cuestionamiento acerca de sus motivos ni la necesidad de recurrir a sus egos porque no existe el ego y sus motivos siempre son puros.

EL PODER DEL PENSAMIENTO

Nunca ha existido una emoción sin que haya habido un pensamiento detrás de ella. Imaginemos que nos persigue un león hambriento. Mientras no nos percatemos de ello, ¿tendremos alguna emoción al respecto? No. Continuaremos alegremente, sin darnos cuenta de la situación y haciendo lo que estuviésemos haciendo. Ahora imaginemos que nos volteamos y vemos al león agazapado y listo para lanzarse sobre nosotros, ya que nos ha identificado como una presa. ¿Habría emociones aquí de parte nuestra? Para la mayoría de las personas, sí. Habría un flujo de adrenalina y el cuerpo se pondría inmediatamente en el estado de pelear o de huir.

Pensemos en esto detenidamente. ¿Qué fue lo que ocasionó el cambio entre un estado de no emoción a uno altamente emocional? Solamente una cosa; un pensamiento. Tan pronto nuestra mente le comunicó a nuestro cerebro que estábamos en peligro mortal, nuestro cuerpo respondió inmediatamente con una reacción emocional y una física.

¿Habría hecho alguna diferencia si el peligro hubiese sido real o imaginado? En lo más mínimo.

¿Hemos alguna vez soñado que nos caíamos desde un lugar muy alto? ¿Qué sucedió? Lo mismo que sucedería si viésemos un león que nos está persiguiendo. Nuestra mente le diría a nuestro cerebro que estamos en peligro mortal. Hay entonces una reacción emocional y una física. Con toda probabilidad nos despertaríamos en pánico y encontraríamos que nuestro corazón está palpitando violentamente. Aunque no hay forma de probarlo, es posible que muchas personas hayan muerto mientras dormían debido a un paro cardíaco ocasionado por un sueño.

Un sueño, ¿es real o irreal? Mientras lo estamos experimentando seguramente diremos que es real. De la misma manera podríamos decir que el sueño no es real porque el mismo no es más que una idea o una imagen.

¿LA VIDA ES REAL O IRREAL?

Ciertamente la vida aparenta ser real. Experimentamos el nacer, el morir, los eventos dramáticos y tenemos una serie extensa de experiencias. Sentimos la felicidad y la angustia, el gozo y la pena, la esperanza y la desesperanza. ¿Es esto real o no? No importa. De la misma manera que el sueño fue real mientras lo soñábamos, la vida es real mientras la vivimos. Pero llegará el día en que la vida termine y la conciencia dentro de nosotros reflexionará acerca de ella como si esta hubiese sido un sueño. La vida entonces no parecerá real ya que ahora estamos en un estado de conciencia diferente. Dicho de forma sencilla, despertaremos un día y encontraremos que la vida fue solo un sueño.

Eso suena pesimista en extremo. ¿Por qué debemos soportar el dolor y el sufrimiento como lo hacemos, solo para encontrar que todo no fue más que una ilusión?

Porque así es como funciona la vida. Esa es la manera de adquirir experiencia. Una persona que esté aprendiendo a volar una aeronave puede utilizar un simulador de vuelo con controles de imitación como parte de su adiestramiento para aprender a pilotar un avión. Esto provee la ilusión de volar, pero no es real. Una vez concluida esta parte del adiestramiento, la persona entonces toma un Boeing 777 y despega en él, vuela por varios cientos de millas y aterriza de forma segura. ¿Es esto real? No es más real que el simulador de vuelo. Todo lo que experimentamos como una realidad no es más que una ilusión. Pero ello no importa. Ganamos la misma experiencia, no importa si la misma proviene de algo real o imaginario. Recordemos que lo único importante es la ganancia en experiencia y la expansión de conciencia. Para lograr esto, lo que hayamos percibido como una realidad resulta ser una ilusión y ello no tiene importancia.

¿De modo que eso quiere decir que nunca debemos esforzarnos en la vida, toda vez que esta es solo una ilusión? ¿Por qué entonces no debemos escoger no hacer nada?

Intentemos el no hacer nada y veamos qué sucede. Podremos sentarnos por un tiempo, pero nos aburriremos eventualmente y sentiremos la necesidad de hacer algo. ¿Qué es lo que nos impele a dejar de no hacer nada y a hacer algo? El deseo, el impulso de vida asentado muy profundamente en todas las criaturas. Recordemos, una hormiga, un planeta, un sistema solar y un átomo de hidrógeno todos tienen deseo. La conciencia dentro de nosotros está en movimiento sin cesar. Su naturaleza es evolucionar y nada cambiará esa naturaleza innata.

EL PODER DE LAS EMOCIONES

Aquel a quien los dioses quieren destruir, primero lo enfurecen.

Un niño estaba un día jugando con sus amigos. Él padecía de asma y siempre se aseguraba de tener a mano su inhalador. Mientras jugaban, uno de sus amigos hizo un comentario que molestó al niño. Se enfureció tanto que se quedó corto de aliento y se dio cuenta de que estaba teniendo un ataque de asma.

Se apartó de sus amigos y corrió hacia su mochila en busca del inhalador. Luego de hurgar en ella, se percató de que había dejado el inhalador en su casa. La percatación de que su fuente de alivio no estaba ahí produjo en el niño un ataque de pánico, lo que resultó en un incremento en la intensidad del ataque de asma al punto de que ya no podía respirar. Perdió la conciencia, cayó al suelo y murió mientras sus amigos se reunían con ansiedad a su alrededor.

Desafortunadamente, esta es una historia verídica. Para este niño, ¿cuál fue el costo de la emoción de ira? Su vida. Un arranque de emoción repentino puede matar inmediatamente, como en este caso, pero cada día sufrimos los efectos de las emociones. Cada emoción le añade su parte a la acumulación de estrés en nuestras vidas. Miremos a aquellos en nuestro alrededor que experimentan emociones fuertes y frecuentes y veremos el efecto de esto sobre su comportamiento físico.

Cada vez que experimentamos un arranque de emociones nuestro sistema inmunológico sufre. Un ataque de ira reduce nuestra inmunidad al punto de que somos más susceptibles a prácticamente cualquier agente infeccioso circundante. Aunque muchas cosas diferentes afectan la inmunidad, el estrés emocional la afectará de forma inmediata y de forma adversa.

Pero, ¿qué de las emociones positivas? ¿No serían estas provechosas en vez de perjudiciales?

Las emociones son las emociones y, sean estas "buenas" o "malas", todas ellas conllevan un costo. Imaginemos a una anciana que tiene una condición cardíaca y que un día contesta una llamada a su puerta, para encontrarse con un grupo de personas repletas de anticipación para anunciarle que acaba de ganarse veinte millones de dólares en la lotería. La reacción emocional pudiera ser demasiada para un corazón debilitado y podría causarle la muerte, tal y como sucedió con el niño que murió debido a una emoción de ira. Toda emoción tiene un costo.

Recordemos que ninguna emoción ocurre sin que haya un pensamiento detrás. El pensamiento es lo que origina la emoción, y cada emoción tiene un componente físico. No podemos tener ningún tipo de emoción sin experimentar también una reacción física. Pensemos acerca de esto cuidadosamente, observemos cuando esto ocurre en la vida y veremos que es verdad.

CONTROLANDO LAS EMOCIONES

Uno no puede controlar las emociones enfocándose en ellas y diciendo: "Voy a tener el control sobre esta emoción". Las emociones se presentan de maneras muy variadas. Ellas aparecen no solo como las que mencionamos anteriormente, sino que también tenemos la necesidad por el drama y la adicción a las altas y bajas de las emociones. Con frecuencia las relaciones se constituyen sobre la necesidad común por una experiencia emocional. Las cosas marchan bien por un tiempo y luego sobreviene el aburrimiento, así que un miembro de la pareja hará algo para crear un drama, el otro reacciona, y ambos retornan a la felicidad. Muchas parejas provocan peleas de forma regular porque son adictas al ciclo de pelear y reconciliarse. Les encanta la montaña rusa emocional ya que, según la pareja, sin ella la vida no tendría sentido.

La mayoría de la humanidad está adicta a esta montaña rusa emocional. La buscamos en las películas, en los conciertos, en las peleas de boxeo, en las carreras de autos, en las relaciones personales, en los comerciales de televisión y en miles de otras situaciones. Si no tenemos drama suficiente en nuestras propias vidas, lo buscamos en las vidas de las celebridades o personas conocidas.

El sufrimiento que los humanos experimentamos se debe a nuestra adicción por las emociones. Aunque muchas personas dicen disgustarle el drama emocional por el sufrimiento que este conlleva, aun el sufrimiento es parte de la adicción. Si no fuera por el sufrimiento, ¿cómo entonces podrían experimentar el júbilo? Sin la desdicha, ¿cómo podrían conocer la felicidad? No podemos tener las altas sin las bajas. Esta es la naturaleza de las emociones y por eso es que constituyen una adicción tan poderosa. Reaccionamos físicamente de manera muy fuerte a ellas y esto nos hace sentir que estamos vivos.

¿De modo que usted está diciendo que si yo no estoy preparado para controlar mis emociones entonces estoy condenado a sufrir? Eso no parece ser justo.

Esto no tiene que ver nada con que si es justo o no, sencillamente es la forma en que la vida funciona. Si no hubiere consecuencias a nuestras acciones y pudiéremos envolvernos en emociones sin experimentar los resultados, ¿qué sucedería? En primer lugar nos sentiríamos sin vida, como si en ella no hubiese nada de valor. Además de esto, no habría motivo alguno para querer cambiar nuestros hábitos de vida. El resultado negativo de las emociones es lo que nos impele a buscar un tipo de deseo más elevado que sirva como nuestro ímpetu en la vida, sustituyendo así a las emociones.

Pocas personas están listas para dejar ir a las emociones, primero que todo porque ellas no tienen nada con qué sustituirlas, y en segundo lugar porque todavía quedan muchas lecciones por aprender en la fase actual de vida en que se encuentran. No es de ayuda tratar de pasar a la próxima fase demasiado rápido. Lo mejor que se puede hacer es reconocer que estamos motivados por nuestras emociones si este es el caso, y entonces ser conscientes de que en algún punto, sea en esta vida o en otra, eso dejará de ser así.

Observemos nuestras emociones con cuidado. Examinemos las mismas y los resultados que provocan en nosotros y en aquellos a nuestro alrededor. Veremos que algunas personas utilizan las emociones para controlar o manipular a otros. Con toda probabilidad conocemos a alguien que utiliza la ira como un soplete, blandiéndolo de forma amenazante hacia cualquiera que ose cruzarse en su camino o cuestionar sus motivaciones. Las emociones son armas muy efectivas. Las personas caminan con suma cautela alrededor de aquellos que son volátiles emocionalmente.

EMOCIONES COMPUESTAS

Raras veces las emociones son puras emociones, es decir, por lo general hay una combinación de varios sentimientos que surgen al mismo tiempo. Si alguien nos dice algo y nos ofendemos por ello, no solo estallaremos en ira sino que habrá algún grado de odio dirigido hacia la persona que hizo el comentario. Este odio puede ser relativamente leve o moderado, pero podría ser lo suficientemente fuerte como para que estemos tentados a hacerle daño a la persona si pensásemos que podemos quedar impunes.

Muchas veces la ira viene acompañada de violencia. Toda emoción está dirigida hacia el objeto, por lo general una persona, o hacia nosotros mismos. Nosotros nos violentamos. *Nosotros* nos sentimos que estamos siendo atacados. *Nosotros* sentimos que hemos sido lastimados o minimizados por otra persona. Por lo general presumimos que las reacciones de la otra persona tuvieron la intención de hacer daño, y en raras ocasiones nos detenemos a considerar que todos nosotros decimos y hacemos cosas que pueden ser percibidas como que son motivadas por intenciones maliciosas pero que en realidad son producto simplemente de una falta de conciencia.

CLARIVIDENCIA

Un clarividente bueno puede ver estas emociones de una manera vívida y gráfica, pero los clarividentes buenos son escasos.

No estoy de acuerdo. Conozco a varias personas que son psíquicos y que reciben comunicaciones de sus guías que se encuentran en forma de espíritu.

Un clarividente bueno no depende de guías que se encuentren en forma de espíritu. Un guía de estos, que también se conoce como una entidad astral, no está muy adelantado y con frecuencia es menos adelantado que la persona promedio. Estas entidades astrales no tienen más conocimiento profundo acerca de los misterios de la naturaleza de lo que tiene cualquier persona no iluminada. Un clarividente bueno o un vidente es alguien que ha recibido, a lo largo de años, adiestramiento por parte de aquellos que están muy adelantados. Él o ella aprende a distinguir las variaciones vibratorias sutiles y a interpretarlas con certeza. El talento de los clarividentes no se desperdicia nunca en ser adivinos ni en realzar el ego de nadie. Esta habilidad que los clarividentes poseen ha sido adquirida a un costo elevado en términos de trabajo y de esfuerzo, y la misma es utilizada juiciosamente y solo para el bien de la humanidad. Todo esfuerzo que realiza una persona iluminada es para el bienestar de todos y nunca para beneficio del ego personal de uno.

No obstante todo eso, me encantaría desarrollar la clarividencia. ¿Me puede decir usted cómo lograrlo?

Tratar de desarrollar la clarividencia se debe evitar en forma escrupulosa.

¿Por qué dice usted eso?

Si uno tiene el deseo de convertirse en clarividente es porque existe un aspecto personal aquí. El deseo real es impresionar a otras personas y que estas veneren a uno como a alguien que tiene una habilidad poco usual. Para aquellos que nacen con algún grado de clarividencia, esto es con frecuencia una maldición. Sí es cierto que estas personas pueden "ver" cosas en el plano astral-emocional, pero su visión es limitada en extremo y nunca semejante a lo que podemos ver con nuestros ojos físicos.

Imaginemos que estamos caminando a través de una niebla densa y espesa. De vez en cuando hay una abertura momentánea en la niebla y, solo mediante un esfuerzo mental intenso, podemos percibir algo pero nuestra visión vuelve a nublarse. Nos quedamos ahí tratando de describir e interpretar lo mejor que podamos lo que acabamos de ver. Esto es semejante a la experiencia de un clarividente. Usando nuestra imaginación, tratamos de llenar las partes vacías a manera de que las cosas cobren algún sentido. Si se nos está pagando por una consulta psíquica, estamos sometidos a una presión para producir algo. No resuelve mucho ser ambiguo, ya que el cliente vino a nosotros debido a su ego personal y se nos está pagando para apelar a ese ego.

Los psíquicos se encuentran bajo una presión grande para que ejecuten y casi siempre ellos producen información, alguna de la cual tiene cierto grado de certeza. Algunos psíquicos reclaman ser un 80% certeros en sus interpretaciones, aunque la realidad es que es mucho menor a eso.

Conozco a algunos psíquicos que han sido certeros de forma sorprendente en las cosas que dicen.

Algunos psíquicos muestran acierto, en muchos casos de forma admirable, cuando nos hablan del pasado. La información que estos psíquicos están recibiendo no proviene de parientes nuestros muertos ni de guías que se encuentran en forma de espíritu. Estos psíquicos tienen la habilidad inexplicable de acceder y leer nuestra mente. Algunas de las cosas que nos dicen son sorprendentes porque son sobre temas acerca de los cuales no hemos pensado en años, sin embargo en este momento estos psíquicos nos están hablando acerca del perro que tuvimos como mascota cuando éramos niños e inclusive que el mismo tenía por nombre Fido.

Aun así, esto es bastante impresionante.

Esto sí *es* impresionante, pero por lo general la información que se provee es una de poca utilidad. Ya sabemos que tuvimos un perro cuando niños y que su nombre era Fido, pero esto no nos ayuda en nada a ser más iluminados, ¿verdad que no?

Me imagino que no, pero resulta interesante y divertido recibir una interpretación de parte de un psíquico.

Desafortunadamente esto no es tan bueno para el psíquico, toda vez que este termina pagando caro por la sesión. El dinero que le pagamos no compensa en lo más mínimo el daño que dicho psíquico se hace a su desarrollo espiritual.

No entiendo.

Cuando un psíquico entra en un estado mental pasivo mediante el cual él o ella puede entrar en sintonía con el mundo astral, dicho psíquico se abre a ser influenciado por cualquier entidad que pase por ahí, y muchas de estas son de naturaleza abominable. ¿No hemos visto a alguien en la calle vociferando y desvariando ante una persona invisible?

Sí lo he visto. Es atemorizante ver la mirada vacía en los ojos de estas personas. Siempre me cuido en evitar encontrarme con ellas.

El psíquico se topa con el mismo tipo de entidades que se topa la persona perturbada o enloquecida. Algunos psíquicos son capaces de evitar a las peores de estas entidades, de la misma forma que cruzamos la calle para evitar encontrarnos con la persona perturbada o enloquecida que viene en nuestra dirección, pero ¿qué tal si esa entidad viene atraída por el cliente que el psíquico tiene al frente? Algunas de estas entidades no son horribles mas sin embargo tampoco son muy adelantadas.

Los psíquicos están atrapados en un mundo de vibraciones malsanas. Los niveles inferiores del campo o esfera astral-emocional están repletos de vibraciones perjudiciales y los psíquicos están a merced de ellas por completo. El precio a pagar en términos emocionales y físicos es enorme. No es raro para los psíquicos enfermarse o morirse mucho más jóvenes de lo normal debido al estrés. Lo mejor es dejar a un lado las actividades psíquicas.

¿Qué tal acerca de las sesiones espiritualistas y los médiums que entran en trance?

El término espiritista sería más adecuado para describir estas actividades. En ellas no hay nada muy espiritual que digamos. Los médiums que entran en trance están jugando un juego muy peligroso. Cuando estos médiums permiten que una entidad ocupe su cuerpo físico, esta actividad resulta ser mucho más íntima que el llevar a cabo un acto sexual con otra persona. ¿Estaríamos dispuestos a dejar vacante nuestro cuerpo y permitirle a una entidad utilizarlo mientras estamos en un estado de inconsciencia y luego enterarnos de qué fue lo que ocurrió mientras estábamos ausentes?

Es probable que yo hubiese estado tentado a hacerlo antes, pero creo que ahora no, luego de lo que usted acaba de decir.

El mundo astral es sumamente delicado y difícil, ya que es uno ilusorio en su totalidad y emocional en su tasa vibratoria. Si tenemos todavía en nuestra naturaleza el más mínimo resquicio de ego, nos perderemos irremediablemente en los laberintos de este campo o esfera astral-emocional. En este mundo astral solamente vemos con claridad cuando hayamos vencido al ego y a los deseos emocionales por completo. Es obvio que esto lo logra una persona iluminada grandemente y no alguien que se gana la vida haciendo interpretaciones psíquicas para personas con carencias emocionales. No debemos dejarnos atrapar por el deseo de desarrollar habilidades psíquicas, esto solo perjudicará nuestro desarrollo espiritual. ¿Vemos ahora porqué viveka y vairāgya son de tanta importancia?

Refrésqueme la memoria acerca de lo que significan estos términos.

Viveka es el discernimiento, la habilidad para ver las cosas con claridad sin que estas pasen a través del filtro de las emociones, las cuales nublan nuestra visión. Viveka es algo desapasionado por completo, no entra en juego ningún sentido del yo. No es posible lograr esto si no se posee un fuerte intelecto y relativamente pocas personas lo poseen aunque estén convencidas de poseerlo.

Vairāgya se traduce comúnmente como ausencia de deseo, pero es mucho más que eso. Este término significa también desapego y el no reaccionar ante las cosas, lo cual logramos cuando alcanzamos el dominio pleno sobre nuestras emociones. Quizás la mejor manera de describir el término vairāgya es "indiferencia hacia el placer o el dolor", en otras palabras, ecuanimidad. Nuestra compostura se mantiene inalterada ante los eventos en la vida que les ocasionan un colapso emocional a las personas menos iluminadas. Somos imperturbables.

Debemos dedicar nuestro tiempo y esfuerzo a desarrollar el carácter y no dedicarlo a nuestro desarrollo psíquico. Aprendamos a ser honestos escrupulosamente en todas las cosas. Esto es más difícil de lo que pensamos y ser honestos con nosotros mismos resulta en lo más difícil.

Desarrollemos nuestra propia práctica espiritual. Dediquemos tiempo a la contemplación en silencio, a observar la vida, a hacer apuntes, a analizar, a descifrar cómo es que las cosas funcionan. Cada minuto que desperdiciamos en conversaciones inútiles, en involucrarnos en dramas o permitirnos el lujo de ir en búsqueda de emociones, es un minuto que se pudo haber utilizado de forma más efectiva en la práctica de la contemplación.

Aprendamos a hacer el bien en el mundo. *Ser* bueno no es suficiente, debemos también *hacer* algo. Irradiemos paz y bondad dondequiera que vayamos. Algunas personas irradian frustración, desconfianza y ansiedad. Hagamos lo contrario e irradiemos ese resplandor de paz indicativo de un ser más iluminado, presumiendo que lo seamos.

Una vez hayamos alcanzado un progreso de relevancia en el desarrollo del carácter, podremos ser capaces de desarrollar la clarividencia con menos riesgo de que esto vaya en detrimento de nuestro bienestar general. Hasta tanto no haya llegado ese tiempo, seamos conformes con lo que aparente ser un progreso lento. Mientras mantengamos una presión constante en la dirección correcta, todo saldrá bien. La carrera la ganaremos con un esfuerzo lento y constante. La impaciencia y el deseo por un progreso acelerado son síntomas de que todavía no estamos listos y, mientras más nos presionemos por obtener logros, con tanta más certeza será que fracasemos. Nuestra meta espiritual debe comprender varias vidas. Si solamente nos preocupamos por lo que podemos lograr en esta vida, ello es indicativo de que el ego está de por medio. El Yo Superior no se preocupa solo por esta vida, él tiene un campo de visión mucho más amplio.

Tengamos presente el relato de la mariposa elusiva. Mientras con más ardor deseemos algo, tanto más seguro será que no lo logremos obtener. Si nuestros motivos son altruistas por completo, nuestro progreso será lento y constante pero mucho más seguro. Existen muchos destrozos y muchos restos abandonados a lo largo del camino hacia el desarrollo espiritual, cada uno de los cuales fue causado por la impaciencia y el ego personal.

Como dijimos anteriormente las emociones son de naturaleza compuesta, pero en un momento dado cada persona acarrea un aura que refleja la totalidad de su energía emocional y mental y, más importante aún, esta es acumulativa.

¿Cómo es que esta energía es acumulativa?

Si nunca logramos resolver un asunto de índole emocional que ocurrió cuando teníamos cinco años de edad, todavía estamos cargando dentro esa energía. Todavía dicha energía nos afecta a nosotros y a todos los que están a nuestro alrededor. Si hay otras personas que también tienen asuntos no resueltos de una naturaleza similar, nuestros patrones de energía refuerzan los de estas personas y viceversa. Nada cambiará hasta que uno de nosotros haga un esfuerzo por eliminar esa energía de su vida.

Una vez hayamos eliminado de nuestra aura esa frecuencia energética mediante un esfuerzo intenso de parte nuestra, ya no estaremos infligiendo la misma a otros y, además, ya no seremos susceptibles a vernos afectados por la que todavía traigan consigo otras personas.

Son demasiados los estudiantes de la Nueva Era que sencillamente halan y aprietan el cordón de amarre de la bolsa en donde se encuentran sus emociones no resueltas. Piensan que si ignoran tales emociones por tiempo suficiente las mismas desaparecerán. No solo esto no ocurre sino que sucede todo lo contrario. A medida que ignoremos tales emociones no resueltas, estas irán ganando fuerza.

Entonces, ¿qué puedo yo hacer para eliminarlas a manera de poder comenzar a progresar?

Esta es una pregunta muy buena. Hasta tanto no hagamos algo con respecto a nuestras emociones, no podremos lograr un progreso verdadero. Una vez hayamos logrado un adelanto en la solución de asuntos viejos, entonces tendremos la capacidad de evitar que se arraiguen asuntos emocionales nuevos en nosotros y, poco a poco, estas emociones dejarán de ser la fuerza dominante en nuestras vidas. Cuando lleguemos a este punto, aumentará de forma significativa la rapidez de nuestro crecimiento espiritual.

Es solo mediante el aprender a controlar nuestra mente que aprenderemos a controlar nuestras emociones.

Capítulo 13

CÓMO LAS EMOCIONES NOS AFECTAN

> La mayoría de la gente es tan feliz como ha decidido serlo.
>
> Abraham Lincoln

AMOR Y FELICIDAD

Si le preguntamos a la mayoría de las personas qué es lo que más anhelan en la vida, con toda probabilidad dirían: "Ser feliz", seguido frecuentemente por "y ser amado". Examinemos estos conceptos de amor y felicidad para ver por qué tantas personas fracasan en obtener estas metas que a todas luces parecen sencillas.

Se dice que los indígenas de las regiones árticas tienen más de veinte palabras para referirse a la nieve. Cuando estamos rodeados por nieve y hielo, y en especial cuando nuestro modo de vida y nuestra sobrevivencia depende de nuestro conocimiento acerca de ellos, no solo debemos conocer las diversas condiciones sino también cómo comunicar esta información a las otras personas. Mientras la nieve está cayendo la misma puede ser suelta y suave, aguanieve, granizo o un emblanquecimiento total cegador. Una vez en el suelo la nieve puede ser fina y polvorosa, cristales de hielo, seca y fácil de desmoronar, o húmeda y apta para hacer pelotas.

Hablamos mucho acerca del amor, mas sin embargo esa palabra sencilla puede significar cualquier cosa entre una lujuria animal y primitiva hasta el más sublime e incondicional amor espiritual. No existe palabra alguna que cubra tan amplia gama de emociones y frecuencias vibratorias.

Cuando nos "enamoramos" entramos en una condición que está fuera de nuestro control por completo. Satisfacer esta emoción se convierte en algo más importante que cualquier otra cosa, inclusive los alimentos. "El mundo entero ama a un amador". Resulta fácil sonreír ante unos amantes y sentir una respuesta emocional, ya bien sea porque nos identificamos con ellos por nuestra propia experiencia o quizás por celos debido a que esto le está sucediendo a ellos y no a nosotros.

El tema de toda canción de amor en el mundo es: sin tu amor yo moriré; sin ti la vida no tiene significado; no soy nadie sin ti. Cuando nos enamoramos establecemos un contrato, por lo general sin la intervención de un buen abogado, el cual estipula que "Te amaré hasta que..." Le sigue entonces una serie de convenios, condiciones y restricciones. No importa que dicho contrato sea expreso o implícito, el mismo está ahí. Casi nunca el contrato es uno unilateral que estipule: "Te amaré por siempre, no importa qué".

Desafortunadamente, en muchos casos lo que estábamos seguros era un sentimiento puro y exaltado se convierte en todo lo contrario, o sea en odio. Aquellos que antes estaban tan enamorados el uno con el otro ahora se convierten en enemigos encarnizados y pelean fuertemente. ¿Era amor en realidad lo que había al principio si ese "amor" se puede convertir en un rencor amargo? Esto no es posible. Si amamos a alguien en realidad, ese amor es para siempre y el mismo no puede anularse como puede hacerse con un matrimonio. Independientemente de lo que suceda o de quién fue el responsable por el rompimiento, el amor verdadero siempre existirá si el mismo estaba ahí en el comienzo. De no ser así, lo que había no era amor sino una necesidad emocional.

Debemos mirar con cuidado y honestidad a nuestros contratos amorosos. Es muy fácil insistir en que nuestro amor es desinteresado, en especial si este es entre un progenitor y su progenie. Aun en este caso rara vez es amor incondicional verdadero, es más común que el mismo esté fundamentado en necesidades emocionales. Tengo unas necesidades emocionales y estoy en búsqueda de otra persona que también las tenga de modo que las podamos satisfacer mutuamente. Esta es la definición de codependencia, la cual no puede decirse que sea indicativa de iluminación.

¿Quiere esto decir que nunca deberíamos entrar en una relación amorosa?

Si la relación está basada en una necesidad emocional, entraremos en ella no importa qué. En la mayor parte de las personas las emociones son todopoderosas y esta situación no la podemos cambiar. Hasta que no hayamos desarrollado el control de la mente hasta cierto grado, evitar las situaciones emocionales no es tan siquiera una opción.

Existe algo más que se debe considerar y es el karma. Pocas de nuestras relaciones amorosas más fuertes pueden evitarse debido a que las mismas son kármicas. Reencarnamos con el mismo grupo de personas una y otra vez.

RELACIONES DE MALTRATO

Algunas relaciones son de naturaleza negativa claramente e inclusive a veces de maltrato, ya sea física, emocional o mentalmente. Con frecuencia aquellos que son maltratados son tan adictos a ello como el maltratante. Este tipo de relación es malsana no importa cómo se le quiera mirar. Aunque resulta más difícil negar el maltrato físico, el maltrato emocional y el mental pueden ocurrir sin que nadie lo admita.

El maltrato se caracteriza por la necesidad de controlar a otras personas o el deseo emocional a ser controlado por otra persona. Si uno está en una relación de maltrato, independientemente de qué papel uno juegue, uno debe ponderar sobre esto con profundidad. El precio a pagar por una relación de maltrato es enorme.

Conozco a alguien que se encuentra en una relación de maltrato. He tratado de ayudarla para que salga de dicha relación, pero ella sigue regresando. Finalmente me di por vencido y me alejé.

Nos podemos descorazonar al ver personas que sean tan adictas al patrón emocional que no puedan romper con el ciclo. Para nosotros la cosa es sencilla, pero para estas personas les resulta imposible efectuar el cambio. Encima de esto, con frecuencia existe una amenaza verdadera de peligro físico.

No podemos salvar a todos los que sufren. De hecho, la única persona que podemos salvar es a nosotros mismos. Podemos ofrecer sugerencias, pero si las mismas se repiten con mucha frecuencia se convierten en una cantaleta. En la mayoría de los casos lo único que podemos hacer es estar ahí y ofrecer un apoyo amoroso, mas sin embargo no debemos convertirnos en un facilitador. Las personas involucradas en la situación son las únicas llamadas a cambiar la misma y esto puede constituir para ellos la lección más importante en esta vida. Si no la aprenden esta vez, el ciclo se repetirá vida tras vida hasta que despierten y se percaten de lo que están haciendo. Solo entonces las cosas cambiarán.

Nuestra responsabilidad estriba no en reconocer la relación de maltrato en otras personas sino en examinar con detenimiento nuestra propia vida para determinar si existe todavía la más mínima necesidad de controlar a otras personas. Esto puede manifestarse como el jefe que nadie nunca puede complacer, un progenitor cuyos hijos nunca pueden hacer lo suficiente como para hacerlo feliz, o un amante que utiliza el sexo o el afecto como una herramienta para controlar a su pareja. El maltrato se puede manifestar de formas muy sutiles y es nuestra responsabilidad reconocer y eliminarlo de nuestras vidas cada vez que ocurra.

La lujuria, cuyas vibraciones existen en el extremo inferior del campo o esfera astral-emocional, se puede reconocer con relativa facilidad. La mayoría de las relaciones amorosas ocurren en algún punto intermedio dentro del rango de las emociones, ya que las mismas son ni muy burdas ni muy evolucionadas. Queda todavía en dichas relaciones amorosas mucho de necesidad egoísta y personal de parte y parte, y en la mayor parte de los casos, la relación es satisfactoria en términos emocionales sin ocasionar la energía negativa que encontramos en las relaciones de maltrato.

AMOR INCONDICIONAL

El amor incondicional, la forma de amor más elevada, no es una emoción sino un distintivo del alma. Las formas inferiores de amor tienen un aspecto emocional-físico fuerte, el cual se caracteriza por la necesidad de estar juntos o en comunicación frecuente.

En las formas inferiores de amor siempre existe un elemento de miedo a la pérdida. Solamente el ego puede tener un sentimiento de pérdida, de pena o de sentirse que está siendo disminuido. En el alma no existe nada que responda a estos sentimientos.

El amor incondicional verdadero es mucho más poderoso que cualquiera de los otros tipos de amor. No solo el amor incondicional es un distintivo del alma, sino que el mismo constituye una cualidad de la Vida Una. Cuando nuestra conciencia está enfocada en el nivel mental superior o más allá de este, experimentamos un sentido de unidad con toda vida. No existe sentido alguno de separación, ansiedad o miedo a la pérdida. Una vez hayamos sentido este amor universal perdurable, ya nunca podremos confundirlo con las vibraciones más bajas que también llamamos amor.

Si solo sentimos amor incondicional, ¿quiere esto decir que amamos a todos por igual?

Siempre habrá aquellos para quienes tendremos un amor especial. Esto es así porque hemos compartido junto a estas personas mucha de nuestra travesía vida tras vida, pero no empece ello no existe un sentido de apego. El amor los unos por los otros existe al nivel del alma y el mismo se derrama sobre el campo o esfera de la personalidad, sin que esto lo haga de ninguna forma menos espiritual. En una relación de amor verdadera siempre existe el espacio. No hay un sentido de necesidad sino solo un gozo trascendente y perdurable, sabiendo que esa persona forma parte de nuestra experiencia de vida. Cuando esta persona muera, pudiere haber un sentido de tristeza pero no la pena que comúnmente siente la gente.

¿Cómo se puede distinguir entre la pena y la tristeza?

En ambos casos hay un sentimiento temporal de pérdida. La pena es una emoción profunda, existe atada a ella un elemento de ira y resentimiento: "¿Cómo pudiste tú hacerme esto a mí?", "¿Cómo pudiste tú dejarme, sabiendo lo mucho que yo te necesito?" Existe un sentido de injuria y un sentimiento claro de haber sido lastimado por la pérdida de la persona, ya fuere esta por muerte, divorcio u otra forma de separación forzosa. Es el ego quien resulta enfurecido por haber sido lastimado y esta emoción existe en el extremo inferior del campo o esfera astral-emocional.

EL PODER DE LA TRISTEZA

En el caso de la tristeza, existe una diferencia clara. No existe aquí ninguna de la ira y nada en los niveles inferiores de vibración. Lo que existe es un espacio vacante que una vez estuvo ocupado pero que ahora constituye un vacío que aparentemente no puede ser llenado, y aquí está la clave: dondequiera que haya un espacio, el Espíritu puede morar allí.

No podemos construir una flauta de un trozo de bambú sin antes haber removido la médula. Tiene que existir una abertura por donde el aliento o ātma pueda moverse. Lo mismo aplica también a otros aspectos de nuestras vidas. Pensamos que nuestra vida debe estar repleta de cosas, ya sean objetos físicos, emociones, personas o relaciones. Aun en nuestros conceptos de la situación ideal, ya sea esta el paraíso o el cielo, estamos seguros de que incluirá todo lo que "nos hace felices".

La tristeza nos trae a la realidad. Ella nos recuerda que la vida la componen otras cosas además de las que creemos que son tan importantes. Cuando se abre un espacio vacío, todas las cosas que creíamos que eran tan importantes entran en justa perspectiva y, al menos por un tiempo, existimos en un nivel de conciencia un poco más elevado.

Yo no lo había visto de esa manera antes, pero cuando reflexiono sobre los momentos en que experimenté pérdida y tristeza, también hubo a la misma vez una especie de energía espiritual.

No podemos vivir a plenitud en dos niveles distintos. Podemos estar presentes por completo en el mundo físico-emocional-mental y ser conscientes solo parcialmente en los campos o esferas superiores, o podemos ser conscientes más plenamente en el nivel del alma y actuar recíprocamente en el mundo externo solo lo necesario. Cuando operamos de esta manera, todavía estamos mucho más presentes en nuestras acciones que la persona promedio. La meta es funcionar en el mundo sin ser mundano, estar en el mundo pero no ser del mundo. Ser mundano significa que somos incapaces de separarnos del drama constante que nos rodea.

De modo que podemos ver que la tristeza es una emoción especial, distinta a cualquier otra. Algunas personas han experimentado un salto gigantesco en conciencia luego de una pérdida cuando lo que experimentaron fue tristeza y no pena.

Algún día habrá una forma mejor de expresar el rango de emociones a los que nos referimos como "amor". Mientras tanto, debemos estar atentos para poder reconocer el nivel de vibración prevaleciente y decidir entonces si el mismo es uno que nos ayude en nuestro crecimiento espiritual. Como mínimo podemos ser conocedores, al menos parcialmente, de lo que es amor incondicional verdadero y saberlo reconocer cuando lo experimentemos. De la misma manera que no podemos controlar si nos enamoramos o no, tampoco podemos controlar si experimentamos o no el amor incondicional ya que este es una parte integral de la vida superior y no se puede separar de ella.

GOZO VERSUS FELICIDAD

Si definimos la felicidad como lo opuesto a infelicidad, entonces nunca podremos ser felices completamente sino que estaremos experimentando de forma continua las variaciones en el ciclo del drama de felicidad-infelicidad. Algunos ciclos duran solo minutos, otros duran días y algunos por semanas, pero ninguno de ellos es eterno. Es mucho más sabio para nosotros el dejar ir nuestro apego a la meta elusiva de la felicidad, pero esto puede suceder solamente cuando substituyamos la felicidad emocional con el gozo.

¿En qué estriba la diferencia entre gozo y felicidad? ¿No son estos dos términos sinónimos?

De la misma forma que el amor incondicional es una característica del alma, así mismo es el gozo. El odio es lo opuesto al amor egoísta, la infelicidad a la felicidad, pero no existe ningún opuesto al amor incondicional ni al gozo.

El gozo es aquel sentido de paz profundo que experimentamos cuando contactamos a nuestra alma y renunciamos al apego a las cosas del mundo exterior. Esto no nos hace ser menos, al contrario, ahora tenemos mucho más que antes. Sin embargo, siempre hay cierto sentido de pérdida en este proceso y ello ocurre porque solo una cantidad relativamente pequeña de personas son capaces de compartir con nosotros ese nivel de conciencia. No empece el mundo externo estar colmado de personas, los campos o esferas superiores del mundo interno todavía están poblados escasamente.

Creo que yo prefiero quedarme con mis amistades y familiares. No creo estar seguro de querer dejarlos atrás.

Este es un problema que tienen en común las personas que están al borde de tomar un salto grande en conciencia. Nos angustia encontrarnos entre dos mundos. Nuestra personalidad, el ego, quiere quedarse atrás y moverse al ritmo del resto de la humanidad. Por otro lado, el alma nos insta a correr adelante y experimentar un nivel de conciencia más elevado de forma que podamos, a su vez, demostrarle a otros cómo alcanzarlo.

ALMAS GEMELAS

¿Tiene todo el mundo un alma gemela? De ser así, yo no he encontrado la mía todavía.

El concepto de almas gemelas, al igual que sucede con tantos otros, ha sido malentendido grandemente. La idea común es que existe en algún lugar una pareja perfecta la cual llenará todas nuestras necesidades, una compañía confiable dentro de una relación cálida y esmerada, alguien que no me abandonará nunca. Esto, con frecuencia, implica que también habrá una relación sexual muy gratificante. En la mayoría de los casos cuando nos convencemos de que hemos encontrado nuestra alma gemela, resulta ser que esto es sencillamente un caso en donde existe una química buena entre ambos, de que existe una pareja perfecta al menos mientras tanto y de que nuestras necesidades comunes están siendo satisfechas.

Aunque algunas personas pueden sostener una relación como esta por años y quizás hasta por el resto de su vida, la misma no es del todo desinteresada. Con frecuencia encontramos que existe una interdependencia grande, la cual también se conoce como codependencia.

Sí existen las relaciones de almas gemelas, pero las mismas se dan en el nivel del alma, que es aquella parte de nuestro ser que continúa de vida en vida. A lo largo de muchas vidas creamos patrones recurrentes de relaciones con las personas, algunas en armonía y otras no. La mayor parte de nuestras relaciones con los demás son un combinado de los dos extremos de armonía y desarmonía. En algún punto cuando la persona se ha convertido en una un tanto iluminada, otra persona podría ser que fuera un compañero o una compañera más o menos constante en el crecimiento espiritual. Puede ser que las dos personas no encarnen juntas en cada vida, pero lo harán con mucha frecuencia. Estas dos almas forman un vínculo de pareja, cada uno alentando y apoyando al otro en su crecimiento espiritual.

Con el paso del tiempo y luego de varias vidas, todo trazo de necesidades egoístas y deseos personales desaparecen, y el resultado de esto es el establecimiento de una relación exquisita y hermosa la cual no es para beneficio de las personalidades, sino para el bienestar del mundo. En esta relación ya no hay un sentido de apego ni de necesidad. Si las dos personas están separadas, aun por largo tiempo, no existe sentido alguno de pérdida ni de soledad porque el vínculo entre ellos es en el nivel del alma en donde no existe la separación. La conexión en el plano físico es solamente secundaria.

Un aspecto significativo de este tipo de relación es que ambas partes se encuentran aproximadamente en el mismo nivel de adelanto espiritual, aunque esto no siempre resulte obvio. Aunque en un momento dado la relación pueda ser una de parejas en matrimonio, con la misma frecuencia también podría ser una de progenitor e hijo, de mejores amigos, de maestro y discípulo, o cualquier otra relación estrecha. Las dos personas pueden ser o no del mismo sexo, ya que esto no es de importancia debido a que la relación existente entre las partes es en un nivel espiritual en donde no existe el sexo.

No debemos ir en búsqueda de esa alma gemela. Si lo hacemos es porque estamos inspirados por nuestras propias necesidades y cualquier pareja que encontremos no cumplirá con nuestras expectativas. Puede que no hayamos establecido un alma gemela todavía y no es probable que todos tendrán una, aun en una vida futura. No todo el mundo está inspirado a trabajar en compañía, algunas personas trabajan mejor estando solos.

Si tenemos un alma gemela encarnada al mismo tiempo que nosotros, le encontraremos a él o a ella sin ningún problema. Ambos se juntarán de forma automática. En cualquier relación entre almas gemelas siempre hay otras personas que están en conexión con estos dos seres que forman una unidad, apareciendo dichas personas en diferentes tipos de relación recíproca a lo largo de muchas vidas. La energía combinada de las almas gemelas, la cual es mayor que la suma de las de cada una de las dos personas individualmente, no solo tiene el poder de atraer a otras personas sino que provee un campo energético poderoso que sirve para enseñar e inspirar a las personas que están alrededor.

Las almas gemelas se comportan como alpinistas; a veces uno asciende hasta llegar a un punto seguro de anclaje y luego hala al otro y lo ayuda a llegar hasta ese nivel. Los papeles entonces se invierten y quien se encuentre en segunda posición entonces avanza primero. De esta forma ambos pueden progresar mucho más rápido que cada uno trabajando solo y por separado.

No nos preocupemos de si tenemos o no un alma gemela. Si la tenemos bien y si no también. Hagamos el trabajo que tenemos por delante ahora y todo caerá en su sitio.

LA CASA A LA VERA DEL CAMINO

Unos cónyuges habían vivido por cerca de cincuenta años en una pequeña casa localizada en un área remota cercana a una carretera interestatal de mucho tráfico. En la noche de una víspera de Año Nuevo, mientras la pareja estaba viendo la televisión, escucharon que alguien tocaba a la puerta. Ellos pensaron que podría ser un pariente o amigo, o quizás un extraño que necesitaba ayuda. A lo largo de los años ellos habían ayudado a cientos de viajeros que tenían problemas con su automóvil o que de otra forma necesitaban de asistencia. Los cuentos que hacían dichos viajeros acerca de sus penas siempre encontraban en esta pareja una mano amiga, alimento si estaban hambrientos y un poco de dinero si estaban carentes de él. El esposo se levantó de su silla para contestar a la puerta.

Una vez fuera de la casa, el esposo conversó con alguien en el zaguán y entró a la casa con prontitud, siendo seguido por dos hombres que portaban armas semiautomáticas. "Haz todo lo que te digan, estos hombres están desesperados", le dijo él a su esposa.

La pareja de cónyuges desconocían que estos dos extraños habían estado viajando con armas de fuego escondidas, y que cuando un oficial de la policía de carreteras los había detenido, los hombres asesinaron al oficial y huyeron del lugar. Sabían que todos los agentes del orden público del área los estaría buscando, así que era imperativo cambiar de automóvil rápidamente.

Los hombres le requirieron a la pareja que les entregaran las llaves de su automóvil, arrancaron el cable telefónico, y amarraron a la pareja con dicho cable telefónico y con un pedazo de soga adicional. Durante todo este tiempo ninguno de los miembros de la pareja gritó ni entró en pánico ni ocasionó ningún tipo de conmoción.

Resultaba evidente que uno de estos extraños estaba a cargo y el otro seguía sus órdenes. Este último, mientras ataba con nerviosismo a la esposa de la casa, recostó su cabeza sobre el hombro de la mujer y dejó escapar un sollozo. En ese momento la mujer sintió que él estaba experimentando un remordimiento grande por lo que estaba haciendo, y ella sintió entonces un flujo de compasión hacia este extraño.

Una vez la pareja de cónyuges estaba en una posición de no poder actuar ni pedir auxilio, los dos hombres abordaron el automóvil de la pareja y huyeron. Ellos no se atrevieron a tomar la autopista, así que condujeron el vehículo en la dirección contraria hacia unas vías de ferrocarril existentes con la esperanza de encontrar un camino vecinal.

Mientras esto sucedía, la pareja de cónyuges pudo liberarse de las ataduras y comunicarse con familiares que vivían cerca de ellos. Al poco tiempo llegó la policía al hogar de la pareja para asegurarse de que todo estaba bien y para obtener la información necesaria para poder llenar el informe policíaco.

Al día siguiente la policía descubrió a los dos asaltantes en otra residencia localizada a veinte millas de distancia. Ellos no habían podido ir muy lejos toda vez que el automóvil que habían robado se había atascado en el fango cerca de las vías del ferrocarril. Habían abordado clandestinamente un tren de carga para poder escapar del lugar. Luego de un tiroteo con la policía, el líder de los asaltantes se suicidó con su propia arma mientras que el segundo se rindió.

¿Qué sucedió con la pareja de cónyuges? ¿No se traumatizaron por lo sucedido?

Ellos nunca demostraron la más mínima ansiedad, ira o injuria, solamente un lamentar genuino por lo que estas personas habían hecho de sus propias vidas. Cada vez que alguien preguntaba acerca del incidente, la pareja narraba lo sucedido detalladamente tal y como si hubiese sido una película que hubiesen visto y no como un drama de la vida real que a ellos les tocó vivir. La esposa decía con frecuencia que tanto ella como su esposo se sentían protegidos en esos momentos y que no importa lo que fuere a suceder luego, ello sería para lo mejor. La pareja siempre había tratado con respeto y amabilidad a todos los extraños y no había razón alguna para que el universo no los tratara de igual forma.

Aun el más burdo y menos evolucionado de los seres humanos tiene una chispa divina dentro. Cuando este tipo de ser humano se topa con personas que son bondadosas y cuya luz interior brilla con intensidad, ellos reconocen eso y lo respetan de alguna manera. Si estos hombres desesperados se hubiesen encontrado con alguna otra persona, quizás el resultado hubiese sido otro.

La pareja no poseía armas de fuego aun cuando vivían en un área remota. Si el esposo hubiese abierto la puerta con un arma en la mano, tanto él como su esposa hubiesen sido asesinados allí mismo. Lo que en realidad salvó a la pareja fue su fe en la bondad innata del ser humano y su esperanza de que ellos serían protegidos debido a sus buenas obras pasadas.

También existe otra cosa que los salvó.

¿Qué cosa?

La no reacción. El no reaccionar emocionalmente cuando sus vidas corrían peligro fue primordial para poder sobrevivir. Estos asaltantes habían asesinado a un agente de la policía y no tenían por consiguiente nada que perder. Si cualquiera de las víctimas hubiese gritado o reaccionado emocionalmente, estos criminales cargados con adrenalina no hubiesen vacilado en apretar el gatillo. Si no practicamos en nuestra vida diaria la no reacción, nunca podremos ponerla en práctica cuando nuestras vidas dependan de ello.

¿Qué sucedió con el criminal que se rindió?

La pareja tuvo que asistir a juicio y testificar en contra de él en el tribunal, en donde se le sentenció a una condena larga en prisión. Allí este convicto se convirtió en un preso modelo, aprovechando todas las oportunidades que se presentaron para recibir educación. También ha hecho todo lo posible por compensar los daños que sus acciones ocasionaron.
Salió bajo fianza eventualmente y se convirtió en un estudiante de honor en un colegio universitario de la comunidad.

¿Qué sucedió con el matrimonio de personas mayores que sufrió el asalto?

Vivieron para celebrar no solo su cincuenta aniversario de casados, sino su número sesenta también. Ambos murieron de causas naturales, uno de ellos tres años después del otro, en la casa a la vera del camino y junto a miembros muy queridos de la familia.

EL RELATO ACERCA DE LA ESTRELLA DE MAR

Hay un relato que con frecuencia va de boca en boca en los grupos de nueva era. Un viejo sabio va cada mañana a la orilla del mar para practicar la contemplación y escribir. Una mañana luego de pasada una tormenta fuerte, el viejo sabio ve una figura humana a la distancia que parece estar bailando. A medida que él se va acercando, se percata de que la figura humana es un niño y que no está bailando sino que está doblándose una y otra vez a recoger algo de la playa y lanzarlo al agua.

"¿Qué estás haciendo, hijo?", pregunta el viejo sabio.

El niño responde, "El sol salió y estas estrellas de mar se quedaron varadas en la orilla. Si no las regreso al agua morirán".

El viejo sonríe y le dice al niño, "Hijo, hay millas y millas de litoral y miles de estrellas de mar en él. Tus esfuerzos pueden estar muy bien intencionados, pero no es posible que tú puedas hacer una diferencia".

El niño recoge otra estrella de mar y la lanza al agua. Con un gesto dramático gira hacia el viejo y le dice, "¡Hice una diferencia para esa!"

¿Qué aprendemos de este relato?

¡Creo que es magnífico! Es obvio que este niño es alguien que se preocupa por todas las formas de vida y quiere hacer del mundo un lugar mejor. Aun cuando pueda salvar tan solo a una estrella de mar, él ha hecho una diferencia en el mundo. Quisiera que otras personas fueran como ese niño. ¿Cómo interpreta usted ese relato?

Esto es un ejemplo de lo que podríamos llamar un "relato para hacernos sentir bien". Este tipo de relato está diseñado para apretarnos el corazón y quizás hacernos brotar alguna lágrima producto de nuestro reconocimiento de la bondad básica en las personas.

¿Es eso algo malo?

No constituye nada malo pero resulta inútil. Ya sabemos que en las personas hay una bondad básica, aun en los seres humanos menos adelantados. Un relato que produzca en nosotros un surgimiento leve de emoción tiene como motivo producir un poco de drama. Algunos relatos dramáticos son extensos y complicados. Este género en particular es conocido por ser sucinto, fácil de relatar o de enviar por correo electrónico, y por ocasionar una reacción emocional momentánea en quien lo lee.

Eso parece como un poco cargado de desánimo. Tiende a arrebatarle a uno la sensación buena que la mayoría de las personas experimentan mediante estos relatos. ¿Cómo reaccionaría usted ante un relato de esta naturaleza?

En primer lugar se espera que no reaccionemos. La reacción implica que existe una emoción inmediata e involuntaria. En vez de mirar el relato a través del filtro de las emociones, ¿por qué no lo miramos desde otro punto de vista? La primera premisa aquí es que vivir es bueno y morir es malo.

¿No es eso cierto?

¿Qué es la vida? Ciertamente no es la forma física. La vida es lo que anima, por un lapso de tiempo dado, la forma física y la utiliza como un vehículo para adquirir experiencia. La fuerza de vida no deja de existir cuando muere el cuerpo físico.

¿Qué sucedió con las estrellas de mar que murieron, aquellas que el niño no pudo salvar?

La fuerza de vida de las estrellas de mar que morían entra en un período de inconsciencia, de la misma forma que cuando se duerme. Cuando esté disponible un cuerpo nuevo, entonces la misma fuerza de vida regresa a ocuparlo. Repite sumariamente el mismo proceso de crecimiento por el cual ya ha pasado tantas otras veces antes, y entonces continúa en su adquisición de conocimiento acerca de cómo es que funciona la vida. No existe ningún sentido de pérdida ni de que no se consiguió algo. La vida continúa por medio de innumerables episodios de experiencias, cada uno de los cuales es único a su manera. La muerte no es que sea peor que la vida sino que es parte de ella.

El segundo aspecto que queremos considerar es cómo nuestras acciones puedan estar interfiriendo con el proceso natural. Resulta fácil asumir la actitud de que la naturaleza ha cometido un error y debemos intentar corregirlo. La mayoría de las veces, independientemente de nuestras intenciones, creamos más desbalance en vez de crear menos. Parte de la lección de vida que la estrella de mar está aprendiendo es cómo sobrevivir. Con frecuencia es el individuo más inteligente de la especie, no el más fuerte, quien sobrevive y transmite a las generaciones futuras el conocimiento adquirido. Ayudando a las criaturas menos inteligentes a sobrevivir, sin quererlo estamos posponiendo la educación de las estrellas de mar.

Los biólogos, y todos aquellos que producen documentales acerca de la naturaleza, tienen sumo cuidado en no interferir con ella. Estos profesionales mejor que nadie conocen el comportamiento animal, pero también reconocen que no tienen todas las respuestas. Con frecuencia se apegan emocionalmente a los animales con los cuales trabajan. Ser objetivo no resulta fácil, no importa que estemos tratando con animales o con humanos.

Veo el punto que está usted trayendo, ¿pero quiere eso decir que nunca debemos tratar de ayudar a los animales o igualmente a los seres humanos?

Siempre debemos tratar de ayudar si creemos que podemos hacerlo. Sin embargo, una respuesta emocional nunca resulta de ayuda. Cuando ocurre un accidente y alguien resulta herido, la persona emocional no solo no es de ayuda sino que empeora las cosas. La situación dramática por la que se está pasando es la excusa perfecta para redirigir la atención de todos los presentes hacia las necesidades emocionales de la persona que está reaccionando. Es el ego quien reacciona emocionalmente ante un evento. La persona que sí es de ayuda es la que observa calladamente desde el fondo la situación para evaluarla y luego, si puede ayudar, procede a hacerlo rápida y eficientemente. Cuando ya su intervención no es necesaria, se va del lugar de la misma forma callada y sin dramatismo en que apareció. En su comportamiento no hay relatos, no hay drama, no se busca la atención ni las lisonjas, simplemente el servicio a la humanidad.

Cuando tratamos de ayudar a otros seres humanos, ya bien sea una persona sin hogar, una amistad o un miembro de nuestra familia que tiene problemas financieros o emocionales, en la mayor parte de las ocasiones hacemos que empeoren las cosas. Si somos honestos con nosotros mismos, el deseo de ayudar es una necesidad emocional de nuestra parte y no un intento bien pensado de ayudar a alguien que se ha ganado una segunda oportunidad. Sin quererlo somos arrastrados por el drama de las otras personas y con frecuencia estas no quieren ser salvadas, simplemente quieren a alguien que las acompañe en su desdicha. Observemos con cuidado las veces que hemos tratado de ayudar a alguien que estaba sufriendo y veremos que en muchos casos esto sucedió. A menos que miremos la situación desde un punto de vista no emocional, lo que haremos será convertirnos en facilitadores y en codependientes de la desdicha que pretendemos aliviar.

Eso suena como algo muy insensible.

No es insensible en lo absoluto. Los seres más avanzados en nuestro sistema solar no son insensibles, mas sin embargo no reaccionan emocionalmente ante los dramas que los humanos crean. Si lo hicieren, no estarían capacitados para poder ayudar. Estos seres saben cómo es que la naturaleza funciona. Ellos saben que cada ser humano está exactamente donde necesita estar para su aprendizaje continuo y su desarrollo. Todo es exactamente como debe ser.

¿Quiere eso decir que estos seres se circunscriben solamente a observar y no hacen nada para ayudar?

En lo absoluto. Ellos laboran las veinticuatro horas del día para guiar y educar a la humanidad, pero son conscientes de que este es un trabajo en curso y que el mismo requiere de tiempo. La labor que se realiza no es cuestión de agitar una vara mágica para hacer que todo sea "perfecto". Todo es perfecto tal y como es porque cada persona está en el nivel que debe estar dentro de la escuela de la vida. La atención de estos seres no está dirigida hacia los individuos, a menos que ellos estimen que ese individuo en particular puede ser un instrumento útil en la educación y el adiestramiento de la humanidad. A estos seres no se les puede inducir a que satisfagan las necesidades emocionales de ninguna persona.

Fijemos nuestra atención en que el anciano del relato de la estrella de mar era un hombre sabio. Él era lo suficientemente sabio como para saber que la naturaleza estaba ejerciendo su función de forma perfecta y que no se había cometido un error. Era lo suficientemente sabio como para no desperdiciar su tiempo en intentar convencer al niño de que él debería cambiar su postura. El niño estaba inmerso en la emoción del momento, convencido de que él estaba haciendo algo importante. El anciano era lo suficientemente sabio como para dejar al niño tranquilo con su convicción.

Con frecuencia asociamos a las emociones con el corazón. A las personas que no reaccionan de una forma emocional nos referimos a ellas como "que no tienen corazón" o como de "que son fríos de corazón". El chakra del corazón no está relacionado con las emociones, el que sí lo está es el chakra del plexo solar. Si pensamos acerca de esto nos daremos cuenta de que es verdad. Cuando estamos alterados, ¿qué parte de nuestro cuerpo es la que refleja la emoción? El sistema digestivo. Cuando estamos nerviosos sentimos "mariposas en el estómago", una forma gráfica de describir la sensación peculiar experimentada en el plexo solar.

PREOCUPACIÓN

El Dalai Lama estaba siendo entrevistado en la televisión por una reportera de noticias que estaba haciendo alusión a un terremoto terrible que había ocurrido en el Tíbet. La reportera le preguntó al Dalai Lama cómo fue que él pudo manejar la tristeza que lo embargaba al darse cuenta de que no podía ir a ayudar a su propia gente. El Dalai Lama le respondió de esta manera: "Cuando observo algún problema, alguna tragedia, me acuerdo del consejo dado por un antiguo maestro budista. Ocurre una tragedia y uno piensa sobre la situación y la analiza. Si existe una forma de superarla y remediar, entonces no hay por qué preocuparse. Si *no* existe forma de superar esa tragedia y remediar, entonces no hay por qué preocuparse".

Existe una gran sabiduría en este consejo tan sencillo. Si uno puede ser de ayuda, entonces ayude. Si uno no puede ser de ayuda, entonces se debe aceptar la situación con ecuanimidad. En vez de esto, ¿qué es lo que hace la mayoría de las personas?

Se preocupan acerca de la situación y se sienten mal por no poder ser de ayuda.

¿Y cómo ayuda esto a remediar la situación?

De ninguna forma.

No solamente no ayuda sino que hace que las cosas empeoren.

¿Cómo hace esto que las cosas empeoren?

Porque le estamos añadiendo más energía negativa a una situación que de por sí ya es difícil. En estos casos lo mejor que se puede hacer es enviar pensamientos de buena voluntad y de bienestar. En vez de hacer esto, le estamos añadiendo preocupación y ansiedad a los mismos pensamientos y emociones que están creando millones de otras personas. Si miramos la situación detenidamente, lo que está avivando el fuego de las reacciones emocionales es nuestra necesidad personal por el drama. Yo me siento mal porque yo no puedo ir allá y salvar la situación. ¿Nos hemos percatado de que el campo energético de una persona preocupada no es muy distinto al de una persona enfurecida?

Sí me he dado cuenta y no es muy placentero que digamos. Por lo general quiero alejarme de las personas cuando se encuentran en esta condición.

Cada emoción tiene una frecuencia vibratoria así como una cualidad que la distingue. Las emociones de ira y las de preocupación tienen una frecuencia que es diferente ligeramente, pero ambas tienen un efecto negativo. La energía en cada una de ellas está enfocada en el pensador y este las utiliza como un medio para crear un drama personal. Percibimos estos campos energéticos y nos vemos afectados por ellos aunque no nos demos cuenta de esto.

Yo puedo entender, por ejemplo, que no ayude que yo me preocupe porque alguien en mi familia esté enfermo, pero no puedo evitar hacerlo. ¿Cómo puedo yo cambiar la manera en que reacciono a una situación que me toca tan de cerca?

Pensemos con cuidado acerca de la situación. Quizás sí haya algo que podamos hacer. La presencia física de una persona iluminada dentro de un grupo de personas preocupadas y ansiosas puede ser muy confortante. El aura de aceptación pacífica que emana de tal persona puede ayudar más de lo que nos podemos imaginar si esta persona así lo decide. Esto solo puede hacerse si es algo que forma parte del estado natural de ser de la persona. No es algo que pueda desarrollarse en el momento y ciertamente no es algo que pueda fingirse. Muchas personas pretenden ser de determinada manera, pero las personas no son llamadas a engaño pues todo el mundo puede percibir lo suficiente como para sentir el campo energético que traemos a nuestro alrededor.

Existe otro aspecto de importancia en cuanto a la preocupación. Tanto la preocupación como la ansiedad son reacciones emocionales, ya sea ante algo que nos afecta a nosotros en lo personal o que afecta a alguna otra persona. En cualquier caso es nuestro pensar acerca de algo lo que revuelca las emociones, ¿no es así?

Sí, creo que sí. Mientras no pienso acerca de algo ello no me perturba, pero cuando no tengo en mi mente ninguna otra cosa entonces el pensamiento de preocupación regresa.

La preocupación es un hábito, y uno muy malo. Sucede con muchas personas que cuando no tienen en qué pensar, encuentran algo sobre qué preocuparse. Esto es una adicción, tal y como lo es el fumar, el comer en demasía o el ir de compras. Derivamos cierto placer en estar preocupados y en reafirmar la creencia de que la vida es injusta.

¿Por qué esto es así? Pareciera casi como si fuese una enfermedad.

Sí es una enfermedad, una psicológica. Al menos un veinticinco por ciento de las enfermedades humanas son causadas por los pensamientos y las emociones. Si pesamos acerca de ello, nos daremos cuenta de que todo aquello sobre lo cual nos preocupamos involucra a nuestro ego. Nuestro ego crece y se desarrolla mediante las emociones, y para sentirse satisfecho él necesita de una gran variedad de ellas. La preocupación, la ansiedad, la ira, la frustración y el resentimiento, todas estas emociones alimentan el sentido de importancia del ego. Si el ego no tiene emociones que lo mantengan ocupado, él entonces creará una situación que le inyecte emoción a su entorno.

Yo conozco a alguien que es así. Si las cosas marchan demasiado bien, ella comienza una disputa o busca crear algún tipo de drama. Ella no parece ser feliz a menos que en su vida haya drama, y esto siempre afecta a todos los que están a su alrededor.

Este es otro ejemplo de lo que es la adicción a las emociones. Las emociones crean drama en nuestras vidas. Si no podemos encontrar drama en nuestras vidas, entonces lo buscamos en las vidas de otras personas. Observemos los mensajes que aparecen en los sitios de internet sociales. Nos daremos cuenta de que algunas personas se conforman con un poco de drama, mientras que otras están teniendo un elevado nivel de drama constantemente, por lo general en forma de discusiones u opiniones muy fuertes acerca de algo. No importa el nivel del drama, siempre seguirá siendo una adicción. Mientras seamos adictos al drama, nuestro progreso espiritual estará limitado. ¿Cómo podemos descubrir lo que está más allá cuando nos involucramos en dramas emocionales todos los días?

¿Tiene usted alguna sugerencia para superar la adicción a la preocupación y a la ansiedad?

Sí. Comencemos por sentarnos tranquilamente y analizar la situación. ¿Cómo fue que sucedió? ¿Fue por un acto de la naturaleza tal como un terremoto o un tsunami? ¿Fue debido a una falta de visión o inclusive a la avaricia, tal y como podría ser en el caso de un colapso económico, ya sea a nivel internacional o a nivel personal? ¿Es como resultado de malos hábitos, como por ejemplo tener enfisema pulmonar debido al fumar o tener problemas cardíacos debido a estar sobrepeso?

Dediquemos algún tiempo en hacer esto. Con toda probabilidad hemos estado preocupándonos sobre la situación durante horas. Lograremos mucho más si dedicamos dos o tres horas a entender la situación con nuestra mente en vez de permitirnos entrar en reacciones emocionales. Las emociones nunca han resuelto ningún problema, solamente nuestra mente puede hacerlo y solo si la utilizamos como una herramienta.

Debemos preguntarnos, ¿"Qué es lo peor que podría suceder?" Por ejemplo, si tenemos problemas financieros la preocupación solo podrá empeorar la situación, y nuestro peor temor puede convertirse en realidad porque hemos creado el escenario una y otra vez y hemos tenido una reacción emocional cada vez que pensamos en dicha situación. Saquemos a las emociones del panorama ya que mientras no lo hagamos, no podremos pensar con claridad y por lo tanto no habrá posibilidad alguna de una solución.

¿Cómo ayuda el preguntarme a mí mismo qué es lo peor que podría suceder?

Una vez hayamos determinado qué es lo peor que podría suceder, la siguiente pregunta es: "¿Puedo yo manejar eso?" La contestación siempre es en la afirmativa. A lo mejor tenemos amistades o familiares que nos pueden ayudar.

Yo no quisiera depender en que alguien me ayude. Yo quiero hacer las cosas por mí mismo.

Ese es nuestro ego hablando. El orgullo es el primer atributo del ego. Es inmensamente orgulloso. ¿Nos hemos puesto a pensar que al negarles a otras personas la oportunidad de ayudarnos las estamos privando de una oportunidad que es deseable para ellas?

Tengo amistades que les han solicitado ayuda a sus padres tantas veces que estos ya no quieren saber de ellos. Me han solicitado ayuda a mí también, pero al final de cuentas me he percatado de que sencillamente son irresponsables.

Algunas personas abusan del ofrecimiento de ayuda que le hacen otros. Este es un caso de un drama que está en marcha y de una necesidad de ser rescatado. Algunas personas son adictas a rescatar gentes y otras a fingir querer ser rescatadas. A esto se le denomina codependencia. En ambos casos es el ego quien sufre la adicción, y en el caso de los que necesitan ser rescatados, en realidad no quieren serlo porque ello significaría el final de su drama. La meta de estos últimos es involucrar a otros en su drama y no ponerle fin. ¿Somos nosotros alguna de esas personas?

Creo que yo lo estaba en un momento dado, pero cuando me di cuenta de lo que estaba haciendo me conmocioné. Desde entonces he tenido mucho cuidado en no volver a hacer esto.

La cualidad de ser consciente y la cualidad de ser atento son elementos que siempre son necesarios para superar cualquier adicción.

Una vez hayamos pensado exhaustivamente acerca de la situación utilizando las dos preguntas: ¿"Qué es lo peor que podría suceder?" y "¿Puedo yo manejar eso?", llegamos al convencimiento de que podemos lidiar con cualquier cosa. Después de todo, solamente la personalidad es la que puede sufrir. Nosotros, el alma, no tenemos nada en nuestro interior que pueda sufrir de la manera como puede la personalidad. Conforme nos vamos enfocando más en las cualidades del alma y nos vamos poniendo en contacto con ella, todo se va haciendo más fácil. La vida es fácil, la complicamos con nuestro drama emocional. Una vez terminemos con la adicción al drama, habremos logrado la verdadera libertad.

LA ADICCIÓN AL DRAMA

Una amiga me envió un mensaje de texto esta mañana temprano. Me dijo que ella había estado despierta desde las 2:00 a.m. y que temía estar teniendo una crisis nerviosa. No sé cómo yo pueda ayudarla.

¿Qué es lo que le preocupa a ella?

Ella ha estado siguiendo durante semanas un reportaje noticioso acerca de un juicio por asesinato. Inclusive ella ha colocado un televisor en su área de trabajo para poder ver las noticias mientras trabaja. Cuando el jurado llegó al veredicto de "no culpable", ella se perturbó tanto que ya no puede dormir porque está convencida de que el acusado se salió con la suya con el asesinato.

Es poco lo que se puede hacer para ayudar a una persona como esa. Podemos hacerle algunas sugerencias, pero en última instancia solamente ella puede ayudarse a sí misma. Este ejemplo es de primera para ilustrar lo que es la adicción al drama. Lo que está en cuestión no es un drama personal de ella, de modo que no hay razón alguna para que ella se vea afectada, pero su adicción al drama está tan fuera de control que, si no lo tiene, irá en su búsqueda. El ego de esta mujer requiere del drama para crecer y desarrollarse, y si no hay ningún drama a mano, este entonces la impele a ir en búsqueda de alguno.

¿Recomendaría usted la consejería para una persona como esa?

La consejería podría ayudar, pero solo si se cuenta con el consejero correcto. Muchos de estos están prestos a escuchar, semana tras semana, los relatos de sus pacientes, cobrarles el dinero y enviarlos a casa nuevamente. Un buen consejero hará a la paciente responsable por lo que ella ha creado y le dará una oportunidad para que vea con claridad el enredo en que se ha metido. Entonces ella debe decidir si se quiere librar o no de la adicción. Si la paciente decide mantener la adicción, entonces quizás no hay un motivo verdadero para continuar con la consejería, salvo que la paciente quiera engañarse a sí misma y a los demás haciendo creer que ella está haciendo algo para solucionar el problema. Un consejero bueno con toda probabilidad rehusara ser parte de tal farsa y le sugiera a la paciente buscar una solución diferente.

¿Cree usted que en este tipo de situación la medicación pueda ayudar?

Cada persona debe decidir por sí misma, tomando en cuenta la recomendación que esté dando el profesional médico. Muchas personas quieren una píldora, un procedimiento o un elíxir mágico que les cure sus problemas. Tal cosa no existe. El sufrimiento que experimenta el paciente es causado por algo creado por él, ya sea en esta vida o en una anterior. La solución debe venir de la misma fuente de la que creó el problema, en este caso la mente humana.

¿De modo que si padezco de hipertensión o de diabetes yo soy el responsable por ello?

Algo en nuestros patrones de pensamiento, y con frecuencia en nuestras reacciones emocionales, ha creado la situación que tiene como resultado una condición enfermiza o desbalanceada. ¿Por qué enfatizamos tanto sobre la necesidad de controlar nuestros pensamientos?

Comienzo a darme cuenta de que los pensamientos son mucho más importantes de lo que imaginaba.

Dejemos de pensar tanto de que la vida es injusta y comencemos a asumir la responsabilidad por nuestra vida. Nadie puede lograr un progreso espiritual de relevancia hasta tanto no haya ejercido al menos algún control sobre sus pensamientos, sus emociones y su ego. La meta es ejercer un control absoluto. Todo lo que causa dolor y sufrimiento en nuestras vidas es un recordatorio de que no hemos alcanzado esta meta. Todavía nos quedan lecciones de vida por aprender.

De modo que no hay mucho que yo pueda hacer para ayudar a mi amiga.

No lo hay. Uno puede darle algunas sugerencias y apoyarla si ella en verdad quiere superar su adicción, pero no importa lo que se haga, uno no debe convertirse en un facilitador. Las personas que tienen adicciones encontrarán otras que las apoyen en su adicción. Uno no se debe sorprender si la persona con la adicción se aleja porque uno no se solidariza con el drama de su vida, el cual es causado por la adicción a las emociones.

No resulta fácil ver sufrir de esa manera a alguien que nos importa.

No podemos cambiar la adicción, solamente la persona en cuestión puede hacerlo. Lo que sí podemos es practicar la no reacción.

¿Cómo puedo hacer eso?

Si todo el mundo se sintiera mal porque alguna otra persona es infeliz, nadie podría salir del drama emocional. Alguien tiene que surgir y dar el ejemplo, pero esto solo puede suceder cuando se haya superado toda adicción al drama emocional en su propia vida. Una vez se haya hecho esto, otras personas nos mirarán a nosotros de forma natural como el líder que puede dar las claves sobre cómo proceder. Nos convertimos en líder siendo comprensivos y compasivos, no por reaccionar a los dramas de las personas y en definitiva no por dejarnos arrastrar por el torbellino de sus emociones. La desdicha ama el acompañamiento, pero la persona iluminada rehúsa la invitación a asistir a la fiesta penosa de autocompasión.

Capítulo 14

EL SENDERO ESPIRITUAL

> Sed humildes si queréis alcanzar la sabiduría. Sed más humildes aún luego de haberla alcanzado.
>
> *La Voz del Silencio*

SOLO PODEMOS SALVAR A UNA PERSONA

De la misma forma en que nos podemos salvar solamente a nosotros mismos, de esa misma manera el alma no puede salvar a la personalidad. La personalidad está a cargo de la situación hasta tanto esté lista para entregar el control al alma, lo cual nunca ocurre de forma instantánea. La guerra entre la personalidad y el alma por el control es una que comprende innumerables batallas, pero existe una batalla decisiva que establece el momento crucial del viraje. Desde este momento en adelante, el resultado ya es seguro y solamente lo único que puede cambiar es el marco de tiempo en que sucederá. Todavía queda un proceso largo de dejar ir a los viejos apegos y un período dificultoso de ajuste al crecimiento espiritual que está ocurriendo.

Las etapas tempranas de este período pueden ser unas de soledad y a veces de desánimo. No siempre podemos ver con claridad y con frecuencia nos preguntamos si habremos tomado la decisión correcta. A veces sentimos que estamos perdiendo la cabeza, lo cual es siempre una posibilidad. Hasta tanto no hayamos ganado algún terreno espiritual y estemos más seguros en nuestra experiencia nueva, habrá algunos peligros incuestionables.

Una vez comenzado este camino de aprendizaje avanzado, ya no hay marcha atrás. Según dijera Eliphas Lévi: "Debemos ya sea alcanzar la meta o perecer. Dudar es arriesgarse a la demencia; Detenerse es caerse; Retroceder es precipitarse de cabeza hacia un abismo."

El ceder las riendas a nuestro Yo Superior trae consigo grandes recompensas, no para la personalidad, sino para toda la humanidad. Pero esto no está libre de riesgos, y son muchos los que retroceden cuando se enfrentan cara a cara con la elección. "Muchos son llamados, pero pocos son escogidos." Nosotros decidimos si estaremos o no entre los escogidos, y ello está fundamentado en cuán preparados estamos. A todos los que se ofrecen a sí mismos para la labor se les da una oportunidad y pasan por un adiestramiento básico, el cual se denomina como la "prueba de fuego."

No creo estar seguro de lo que usted quiere decir.

La Jerarquía Espiritual es consciente de cada persona que esté acercándose, aunque sea remotamente, al sendero espiritual. Si la persona piensa firme y decididamente que quiere ser considerada para un avance acelerado, la Jerarquía es consciente de ello. No hay mensajes floridos provenientes de seres elevados ni estímulo brindado por un grupo que vitorea, sino que lo que existe son grandes pruebas, una tras otra. Leamos el relato acerca de Job si queremos tener una idea del alcance de estas pruebas. En ellas no existe nada divertido, excitante o glamoroso.

El sendero hacia el saber más elevado está protegido por puertas diamantinas. Tenemos que tomar el cielo por asalto, no por oraciones ni súplicas. Una vez hayamos logrado suficiente progreso como para pasar a través de esas puertas, las mismas se cierran a nuestras espaldas para siempre y ya no hay marcha atrás. De ahí en adelante debemos continuar nuestro camino en silencio y con determinación, venciendo los obstáculos uno tras otro. Al principio hay mucha soledad y falta de compañía, pero eventualmente encontramos algunas personas con las cuales podemos, de vez en cuando, hacer la travesía.

Una fracción pequeña de aquellos que solicitan dan el grado, mas sin embargo cada solicitante está convencido de que él es la excepción y de que no fracasará. La tasa de fracaso es asombrosa y esto casi siempre se debe al ego. Un fracaso es algo temporal, pero ello puede significar el final del avance en esa vida.

Antes de ofrecernos como candidato para una educación espiritual avanzada, debemos dedicar varios años a prepararnos. Estudiemos y ponderemos cuidadosamente el contenido de este y de otros libros. Trabajemos en desarrollar el carácter moral. ¿Somos honestos escrupulosamente? ¿Hemos progresado en lograr controlar nuestros pensamientos y en eliminar nuestro ego? ¿Hemos superado el amor por el poder y la atención? ¿Están nuestras emociones bajo control por completo? Hasta tanto la contestación a estas preguntas no sea sí, es mejor que esperemos porque la probabilidad de fracasar es cerca de 100%.

Debemos darnos prisa lentamente. Estemos claro en cuanto a lo que queremos lograr y entonces procedamos de forma metódica hacia la meta. Todavía tenemos muchas cosas por atender en el mundo externo, no podemos simplemente darle la espalda a nuestras obligaciones kármicas. Hagamos lo que sintamos que debemos hacer, manteniendo siempre en mente la meta final.

Muchas personas utilizan al desarrollo espiritual como una excusa para eludir responsabilidades. Esto no es labor espiritual verdadera sino algo pseudoespiritual. "Estoy cansado de la vida, es muy difícil, dolorosa y frustrante." Algunas personas escapan de la realidad mediante el alcohol y las drogas, algunos mediante el aislamiento físico o emocional, mientras que algunos lo hacen mediante otras actividades como ver televisión, la lectura o los pasatiempos.

Para muchas personas la búsqueda del crecimiento espiritual es meramente una forma más de escapar al aburrimiento de la vida cotidiana. La persona que utiliza las prácticas espirituales como una manera de escape no irá lejos. Las prácticas espirituales deben llevarse a cabo por las razones correctas y si no, las mismas son de naturaleza egoísta. No pensemos que podemos engañar a alguien, la naturaleza no es tonta y ella es mucho más inteligente de lo que somos nosotros. Podremos saber qué es lo que deseamos, pero la naturaleza sabe qué es lo que necesitamos. No hay una solución fácil a la infelicidad en el mundo, afortunadamente.

Creo que usted quiere decir "desafortunadamente."

No. Es afortunado porque la infelicidad y el sufrimiento son factores de motivación muy grandes. De la misma manera que el deseo y el ego fueron factores motivadores en las etapas más tempranas de nuestras vidas, en algún punto nos daremos cuenta de que junto con lograr nuestras metas está el dolor y el sufrimiento. La vida es astuta, ella sabe cómo movernos a lo largo del proceso de aprendizaje. Podemos pataletear y gritar todo lo que queramos, al igual que hace un niño que no se sale con la suya, pero eventualmente nos calmamos y desciframos que lo importante en la vida no es lo que nosotros queremos de ella, sino lo que ella quiere de nosotros. En algún punto tenemos que crecer.

EL SEXO Y EL SENDERO ESPIRITUAL

Usted mencionó varias veces que uno de los requisitos para el adelanto espiritual es la pureza inmaculada. Presumo que esto incluye la pureza sexual.

Sí la incluye, pero quizás no exactamente en la manera en que podemos estar pensando. A manera de poder entender un poco el asunto, necesitamos saber algo acerca de la historia de la sexualidad humana. De esta forma quizás estemos en una mejor posición para entender lo que el futuro nos depara. Cada vez que queramos ver lo que nos espera en nuestra búsqueda espiritual, siempre es bueno mirar al pasado y a aquellos que están delante de nosotros para averiguar lo que ellos han aprendido.

Hay varias cosas que debemos tener presente acerca de la sexualidad humana. En primer lugar, el alma no tiene un sexo ya que no es ni masculino ni femenino. Los ángeles tampoco son ni masculinos ni femeninos porque ellos no tienen cuerpo físico. Los humanos les han dado nombres masculinos y femeninos a ciertos ángeles debido a las características que ellos personifican, pero en realidad ellos no tienen un sexo. La necesidad por la sexualidad surge únicamente cuando se ocupa un cuerpo físico.

Una vez establecemos una conexión confiable con nuestra alma, el sexo pasa a tomar su lugar apropiado en nuestras vidas y dejará de ser la obsesión absorbente que es para tantas personas. Solamente tenemos que ver la televisión por treinta minutos para notar cuán obsesionadas están las personas con el sexo. Debido a que el sexo está presente casi todo el tiempo en las mentes de las personas, la cantidad de energía que acumulan estas formas de pensamiento y las emociones que se asocian a ellas resulta ser tremenda.

El ser humano verdadero, o sea el Yo Superior, no es un ser sexual. Nuestra naturaleza verdadera no tiene nada que ver con que si en la actualidad estamos utilizando un cuerpo masculino o uno femenino. Una vez hayamos logrado el control absoluto sobre nuestros pensamientos y estemos en sintonía con nuestra alma, veremos al sexo solo como una manera de producir cuerpos físicos para que sean ocupados por otras almas y ya no estaremos obsesionados con el sexo como mecanismo de excitación emocional y de drama.

Los cuerpos físicos que ocupamos en la actualidad fueron desarrollados a partir de cuerpos animales adaptados a manera de poder ser utilizados por las almas humanas. Estos cuerpos conservan muchos de sus instintos animales los cuales son restos de un pasado lejano. Mucho de lo que compone nuestra lucha como seres humanos gira alrededor de este campo terrestre de batalla, con nuestra naturaleza animal inherente de un lado y nuestra naturaleza espiritual verdadera del otro. El lado espiritual siempre triunfa eventualmente, pero las batallas son encarnizadas y en ocasiones desesperadas. Esto es lo que ocurre comúnmente con los discípulos y su naturaleza sexual. Existe la tendencia de angustiarse al respecto.

Cada vez que nos angustiamos por algo estamos enviando energía negativa, lo cual va en detrimento de todos. Es importante también que nos percatemos de un hecho poco conocido y es que, cada vez que comenzamos a lograr un progreso espiritual verdadero, sobreviene a nuestras vidas un incremento de energía. El efecto de esto es que se agudizan todos los aspectos de nuestra naturaleza, tanto los más sublimes como los más burdos. De repente vuelven a surgir aquellas cosas que anteriormente habíamos logrado ignorar o controlar y nos vemos forzados a lidiar con ellas. Nuestra primera reacción a esto es la consternación al darnos cuenta de que esta parte de nuestra naturaleza tan siquiera existe y con frecuencia la vergüenza al aceptar de que sí existe. Por el contrario, no tenemos problema alguno en aceptar aquellas características más elevadas que surgen concomitantemente.

Si estamos batallando con pensamientos sobre sexo y hábitos sexuales, debemos estar tranquilos y serenos con ello. No debemos detenernos en el intentar controlar dichos pensamientos, pero dejemos de estar haciendo un drama emocional al respecto. Aceptemos esto y sigamos adelante. Todo eventualmente toma el lugar apropiado en la vida del discípulo, pero hay períodos en que todo parece estar fuera de control.

Uno de los instructores espirituales más reverenciados del siglo veinte tuvo una relación amorosa clandestina con la esposa de su mejor amigo y administrador. Esto no se vino a saber sino hasta varios años después de haber muerto el instructor.

¿Quiere esto decir que no debemos prestar atención a las enseñanzas de este instructor, ya que resulta obvio que él no era el ser altamente espiritual que todo el mundo creía que era?

No, para nada. Lo que tuvo lugar en la vida privada de este instructor no afecta sus enseñanzas. En todo momento sus enseñanzas deben ser evaluadas por sus propios méritos y no basado en la suposición de que dichas enseñanzas eran importantes porque miles de seguidores reverenciaban a este instructor como un gran maestro. Nunca creamos algo solamente porque alguien bien conocido lo dijo. Solo nosotros somos responsables por analizar cada idea y decidir si la misma tiene aplicación en nuestras vidas. De no ser así, dicha idea no tiene relevancia para nosotros, no importa de dónde la misma provino.

Para un aspirante, superar las inclinaciones sexuales es de mucha menor relevancia que otros asuntos. La preocupación mayor debe ser el desarrollo del carácter. La honestidad, el no reaccionar ante las cosas, el control sobre los pensamientos, el no juzgar, la eliminación del drama y el respeto hacia la vida, todas estas son cosas que deben estar en nuestra lista de los rasgos de carácter que queremos adquirir.

Los humanos debemos lidiar con ciertos instintos biológicos que prevalecen todavía entre los animales. En primer lugar de entre estos instintos está la preservación de la especie y el transmitir nuestros propios genes. Tenemos un instinto innato a la propagación, a pasar nuestros genes a las generaciones futuras. En algunos casos esto se convierte en una obsesión. Una pareja que no puede tener hijos, en vez de adoptar uno gasta miles de dólares en concebir un niño que lleve los genes de dicha pareja. No hay un motivo racional para esto, solamente que dicha práctica obedece a un instinto.

Un león que se tope con una leona que tenga una cría, con frecuencia mata a dicha cría de forma tal que la hembra esté receptiva a engendrar una nueva camada, en esta ocasión llevando los genes del león en cuestión. Aunque los humanos hemos progresado y rebasado en algo este comportamiento animal, todavía sentimos el deseo profundo de mantener a nuestros genes fluyendo. Esto es parte de nuestro instinto animal y es parte de nuestro ego.

Los machos de muchas especies de animales están programados para tener sexo con la mayor cantidad posible de hembras. Los machos libran batallas feroces con otros machos por el derecho a aparearse, y las hembras prestan mucha atención al resultado de estas batallas. Ellas quieren que su prole tenga los genes más fuertes posible, y el instinto guía a las hembras a aceptar al macho más fuerte y no al más débil.

Las hembras, y todavía podemos ver este comportamiento entre los humanos, buscan dos cosas: buenos genes y un buen ambiente para criar a sus hijos. En los humanos esto resulta a veces en una situación singular y es que ambos requisitos puede que no estén presentes en la misma persona. El varón que tenga dinero y la capacidad para proveer un buen hogar, una buena educación y todo lo requerido para que sus hijos tengan "éxito" en la vida, puede que no sea fuerte físicamente y puede que no sea muy atractivo. Este varón no posee los genes adecuados.

Una mujer puede casarse con un hombre de recursos económicos pero sostener relaciones sexuales clandestinas con otro hombre que sea más atractivo físicamente, con la esperanza de que sus hijos sean más fuertes y deseables. Se estima que tanto como un diez por ciento de los niños en el mundo no son los hijos biológicos de su supuesto padre.

¿Qué es lo que una mujer busca en una pareja sexual potencial? Buscan la simetría facial, fortaleza física, altura, buen peso y un atractivo general. Las mujeres observan para ver si existe algún indicio de enfermedad, tanto física como mental.

Los hombres buscan los mismos atributos en las mujeres, pero también prestan una atención muy particular a los pechos y a las caderas. El varón puede que no se percate de que esto es un instinto ancestral para determinar si la hembra tiene el físico adecuado para dar a luz a sus hijos y el equipo apropiado para amamantarlos. Las mujeres puede que no sean conscientes de que el colorearse los labios y las mejillas de rojo es una forma de imitar a la naturaleza para indicar juventud, salud y receptividad sexual.

Resulta increíble la cantidad de dinero que se gasta cada año para dramatizar y darse gusto con la lujuria. Pensemos en todo el bien que podría hacerse si todos estos miles de millones de dólares en vez se dedicaran a la educación en el mundo, pero el estado actual de las cosas es conforme a la etapa del desarrollo humano en que nos encontremos durante nuestra travesía. Podemos ser más conscientes de nuestros instintos animales y anticipar lo que será el futuro. Esto nos ayudará a saber cuál será el próximo paso en nuestro crecimiento personal.

Todos pasamos muchas vidas como varón y como hembra. Cada encarnación tiene un conjunto específico de circunstancias que se acomodan a las necesidades individuales para el adelanto que sea posible lograr en esa vida, y ello incluye la sexualidad.

He escuchado decir que los homosexuales todavía tienen una conexión fuerte con el sexo opuesto, aquel que experimentaron en una vida pasada. ¿Es eso cierto?

Este es uno de esos mitos de la Nueva Era que salen para afuera de vez en cuando. Esto suena plausible a primera vista, pero la vida tiende a ser más complicada de lo que a las personas les gustaría. A muchas personas les gusta pensar que todo es blanco o negro, cierto o falso, correcto o incorrecto. La vida casi nunca es adaptable para ellos. Existen muchos matices entre el negro tipo carbón y el blanco tipo nieve. Pocas cosas en la vida son cien por ciento ciertas o cien por ciento falsas. Ninguna de nuestras observaciones son completamente correctas ni completamente falsas.

No es importante indagar acerca de las razones para la existencia del homosexualismo. Lo que resulta de importancia es el reconocimiento de que cada persona nace bajo las circunstancias que proveen para el crecimiento en esa vida, y ello incluye su naturaleza sexual.

¿Y qué de las personas que afirman que la homosexualidad es un pecado y que debe ser castigado?

¿Somos nosotros los que vamos a determinar el castigo?

No. No veo ninguna necesidad de hacer eso.

Algunas personas sí piensan que hay necesidad y asumen la responsabilidad personal de marginar a aquellos que no se ajustan a sus ideas de lo que es el comportamiento adecuado. Estas personas invierten millones de dólares para que se aprueben leyes que aseguren que a los homosexuales se les califique como a ciudadanos de segunda clase. Otra cosa que estas personas hacen es inventarse programas mal concebidos que garanticen cambiarle su forma de ser a los homosexuales, a quienes ven como individuos desafortunados.

Si existe algo que esté fuera de balance, el karma se encargará de ello. El universo no necesita que los humanos actuemos como policías, jueces y jurados. En nuestra sociedad existen asuntos mucho más apremiantes que el preocuparnos por los hábitos sociales de otras personas. Mientras estemos hablando de las acciones privadas entre dos adultos que consienten, no hay motivo ni razón para preocuparnos por lo que estos adultos hagan. Es nuestro ego quien insiste en inmiscuirse en la vida de otras personas.

Visto desde la perspectiva espiritual más elevada en donde el sexo se debe practicar solamente para la reproducción y para nada más, cualquier acto sexual que sea para la obtención de placer personal sería percibido de la misma manera objetable en que algunos perciben al homosexualismo. La verdad es que algunas personas experimentan una reacción emocional la cual está basada en el miedo.

¿De qué miedo está usted hablando?

El miedo a poder tener dentro de sí la misma naturaleza que lo que se objeta, y de hecho la tienen. Ninguna persona es cien por ciento heterosexual ni cien por ciento homosexual. La sexualidad de todo el mundo se encuentra en algún punto a lo largo de la escala entre estos dos extremos.

¿Y qué de las personas que dicen que el homosexualismo es algo no natural?

¿Cómo puede no ser natural si las personas nacen de esa manera?

Ese es precisamente el asunto. Estas personas afirman que no nacieron de esa forma y de que alguien los indujo a entrar en un comportamiento desviado.

Este punto de vista le da a quien decida adoptarlo una licencia para juzgar a las personas y a hacerles saber a los demás dichos juicios. Es el ego de estas personas quien requiere que esto se haga. Afortunadamente nuestros conocimientos acerca de la psicología humana han llegado al punto en donde este tipo de argumento pronto será solo uno de esas opiniones populares que, aunque sostenidas vehementemente en el pasado, ahora avergüenzan y serán relegadas al olvido. La homosexualidad ocurre entre los animales en más o menos el mismo porcentaje que en los humanos. ¿Están actuando los animales de forma no natural?

Algunas personas argumentarán que los humanos somos más avanzados que los animales y no deberíamos entrar en comportamientos de tipo animal.

Entonces dejemos el sexo del todo, a menos que queramos tener un hijo.

No creo estar preparado para eso en este momento.

Ahí está la respuesta, y hasta tanto las personas que mantienen opiniones tan fuertes acerca del comportamiento sexual de las otras personas no estén dispuestas a renunciar al sexo por placer, entonces tal vez no debamos prestar oídos a sus diatribas.

Eso es exactamente lo que yo pienso hacer.

Ayuda mucho tener en mente cuáles de las cualidades del alma tienen que ver con el sexo, y no hay ninguna. El alma está carente de características sexuales y no tiene ningún interés en el sexo: "Ellas ni se casan ni se ofrecen en matrimonio, son como ángeles en el cielo". En lo que respecta al Yo Superior, la única razón para la existencia del sexo es para producir un cuerpo físico que él pueda utilizar como instrumento. Los humanos convertimos al sexo en el drama emocional en que se ha convertido. Esto ocurrió en tiempos de la Atlántida cuando nuestra mente humana se dirigió hacia metas puramente egoístas, y todavía estamos lidiando con las consecuencias. No resulta fácil erradicar la cantidad enorme de energía emocional que se ha acumulado a lo largo de millones de años, la misma forma parte del karma grupal que tenemos como raza humana. Cuando lleguemos al punto en nuestra evolución espiritual en donde la personalidad se convierta en un instrumento perfecto del alma, tendremos un control completo sobre nuestros pensamientos, incluyendo los pensamientos concernientes al sexo.

ETAPAS TEMPRANAS DEL DESARROLLO HUMANO

Todavía no hemos considerado un aspecto muy importante de la sexualidad humana. En las etapas tempranas del desarrollo humano, todavía no existían cuerpos físicos disponibles que fuesen adecuados para ser utilizados. Durante millones de años los seres humanos existían en una etapa intermedia entre la del alma en el campo o esfera mental superior y la del mundo físico que habitaríamos eventualmente. Al principio esto era en el nivel astral-emocional y eventualmente en el nivel etérico, el cual forma parte del nivel físico pero que es más ralo de lo que podemos detectar visualmente.

Los cuerpos físicos que los humanos ocuparíamos eventualmente estaban siendo preparados eones antes de que pudiésemos ocupar los mismos. Aun luego de dichos cuerpos estar listos, algunas almas se rehusaron a ocupar los vehículos primitivos y poco atractivos que le fueron preparados para su uso. Este es un origen del relato de la Guerra en los Cielos, en donde una tercera parte de las huestes celestiales se sublevaron y dos terceras partes estuvieron dispuestas a seguir adelante con el plan.

Cuando los humanos comenzamos a ocupar cuerpos físicos más densos, los mismos no estaban todavía divididos en masculinos y femeninos. Esto tuvo como resultado que existieran maneras de reproducción poco usuales, algunas de las cuales quizás se asemejan más a la de los anfibios que a la de los mamíferos. La leyenda de Zeus relatada por Homero dice que este visitó a Leda, la hija de Thestius, quien era rey de Aetolia. Luego de la "visita" Leda aovó, de cuyos huevos en su momento salieron humanos. Nuestros mitos y leyendas no son tan fantásticos como pensamos. La separación entre cuerpos masculinos y femeninos no tuvo lugar inmediatamente, sino hasta pasados millones de años. Resulta difícil para nosotros tan siquiera concebir cómo era la apariencia de estos cuerpos, ya que los mismos no eran semejantes a nada que tengamos actualmente en la Tierra.

Cuando en la Biblia se menciona que Adán y Eva llevaban puesto abrigos hechos de piel los cuales fueron confeccionados para ellos, este es el período al que nos referimos en el párrafo anterior. Con anterioridad a este período no había necesidad de usar ropa porque "Adán" y "Eva", quienes representan a la humanidad en el pasado lejano, al principio no tenían una forma física densa. Los "abrigos hechos de piel" eran los cuerpos físicos que se habían confeccionado para ellos, y no fue sino hasta mucho tiempo después que se pensó en usar ropa. No había necesidad de usar ropa porque los humanos estábamos todavía en una etapa de inocencia, muy parecida a la de niños pequeños hoy día que corretean desnudos hasta que algún adulto reacciona emocionalmente al respecto y crea un drama.

La separación de los sexos tuvo lugar a lo largo de mucho tiempo y, de acuerdo a algunos textos antiguos, la misma se completó dieciocho millones de años atrás aproximadamente.

Eso es mucho más remoto de lo que los científicos afirman que los seres humanos han existido.

No empece ello, tenemos razones para creer que esta cifra es precisa. La ciencia espiritual tiene información que no es conocida por los científicos que operan en el plano físico.

Más o menos hasta este mismo período de tiempo de dieciocho millones de años atrás, el pecado como tal no existía. El desarrollo mental humano no había llegado todavía a la etapa en donde podíamos ser responsables por nuestras actuaciones, pero eso iba a cambiar con el transcurso del tiempo.

¿Cómo define usted al pecado? He escuchado muchas definiciones, pero ninguna que en realidad tenga mucho sentido.

La definición típica que hacen las religiones es que el pecado es cualquier cosa que sea contraria a las leyes estipuladas por su deidad, las cuales fueron transcritas, por lo general muy detalladamente, en los escritos religiosos de sus profetas. Esta idea no está tan lejos de la realidad, pero en estos textos existen cientos y a veces miles de estas "leyes" y "reglas", y la mayor parte de las personas no están de acuerdo con lo que les es requerido, aparte de lo obvio como no matar, honrar a sus padres, no robar y no mentir. Pocas personas en el mundo pueden reclamar con honestidad que nunca han roto con ninguna de estas leyes y reglas, aun con lo básicas que estas puedan ser.

Un concepto que resulta de mucho más provecho es definir el pecado como cualquier acción, premeditada o no, que sea contraria al flujo natural de la evolución espiritual, tomando en consideración el nivel actual de conciencia que tenga la persona. A manera de ejemplo, el orgullo, el ego y el deseo emocional pueden jugar un papel importante en el desarrollo de una persona relativamente no iluminada. Estaríamos fuera de lugar si forzáremos a estas personas a eliminar hábitos que todavía les son útiles. Por otro lado, si uno es una persona relativamente iluminada podría estar entonces en una posición en donde debiera comenzar a eliminar estos hábitos de su naturaleza.

Como podemos ver, lo que no constituye un pecado para una persona podría constituir uno para nosotros porque la acción en cuestión ya no sirve a ningún propósito en nuestro crecimiento espiritual. "De aquel a quien mucho se le ha dado, mucho le será requerido". Por consiguiente, dejando a un lado los requisitos básicos de comportamiento humano, lo que constituya un pecado dependerá de la etapa en nuestro adelanto espiritual en que nos encontremos.

Nadie se encuentra *en* una etapa específica de desarrollo de conciencia. Operamos dentro de un intervalo de niveles de conciencia. En nuestros estados mentales más altos, operamos en un nivel de conciencia el cual nos parece ser muy elevado. En otros momentos, operamos en un nivel de conciencia claramente más bajo. Existen seres cuyo intervalo de niveles de conciencia es mucho mayor al nuestro, así como también existen seres cuyo intervalo es menor. También hay seres cuyo intervalo de niveles de conciencia es cercano al nuestro.

Nos apoyamos sobre el límite inferior de nuestra conciencia y nos erguimos hacia el límite superior, intentando en todo momento ir elevando dicho límite superior cada vez más. Esta polaridad entre los límites de nuestra conciencia es lo que propulsa nuestro crecimiento espiritual. Cada vez que eliminamos una de las cualidades inferiores de nuestra naturaleza, hemos terminado para siempre con esta área y el límite inferior de nuestro intervalo de niveles de conciencia se mueve hacia arriba. Este proceso nunca termina por lo que no existe tal cosa como un estado final de iluminación. Todos somos iluminados hasta cierto grado y, esperemos, estamos laborando constantemente para convertirnos en más iluminados.

Quizás sería conveniente que dediquemos menos tiempo en descifrar lo que constituye o no un pecado e invirtamos más energía enfocada en cual será el próximo paso para nuestro crecimiento espiritual.

Yo puedo hacer eso.

Discutimos cómo los humanos existieron en otros campos o esferas antes de llegar al punto más denso en nuestra jornada de salida. En los primeros tiempos cuando los humanos estábamos en los niveles astral-emocional y etérico, el lenguaje no existía. Para estas épocas los humanos éramos todavía de una naturaleza más espiritual de lo que somos en la actualidad. Vivíamos en estrecha cercanía con los seres que estaban mucho más avanzados que nosotros y a los cuales llamábamos dioses. Nos podíamos comunicar telepáticamente porque todos éramos conscientes de los pensamientos de las otras personas.

En el futuro distante el estado de las cosas será similar a lo antes descrito, aunque con la diferencia de que la humanidad estará en un nivel más elevado del espiral de la evolución. Poco a poco nuestros cuerpos serán menos densos y más ralos, podremos volver a comunicarnos los unos con los otros telepáticamente y volveremos a vivir en comunicación más estrecha con la Jerarquía Espiritual, que son aquellos seres que se encuentran mucho más avanzados que nosotros en su nivel de conciencia.

Una buena práctica a desarrollar es una que mencionamos anteriormente y la misma consiste en actuar, estemos solos o en público, como si todos a nuestro alrededor pudieren leer nuestros pensamientos. Ya que esto será una realidad algún día, sería provechoso para nosotros actuar como si ya este fuera el caso. ¿Podemos imaginar cómo nuestros pensamientos y nuestras acciones cambiarían si todo el mundo tuviere la capacidad de leer nuestros pensamientos?

Ni tan siquiera quiero pensar acerca de eso. Estoy seguro de que me sentiría sumamente avergonzado en ciertos momentos.

No hay motivo para avergonzarse, muchas personas tienen pensamientos mucho peores que los nuestros. Aun cuando las personas no puedan leer nuestros pensamientos palabra por palabra, todavía pueden percibir la energía de los mismos y se ven afectadas por ellos. Conforme trabajemos para controlar nuestros pensamientos, recordemos que nosotros queremos que las personas que nos rodean se vean afectadas por los mismos de manera positiva.

¿Hemos contestado adecuadamente las preguntas concernientes al sexo?

[Riéndose] No fue exactamente lo que pensé que sería, pero ya he aprendido a esperar lo inesperado cada vez que le hago una pregunta. En definitiva me ha dado cosas sobre las cuales ponderar.

La pureza sexual completa será importante en algún punto de nuestro crecimiento espiritual, pero pocas personas han llegado allí. Aquellos que se preocupan por adquirir esta pureza sexual están creando una negatividad producto de su preocupación y su ansiedad. Esto los afecta a ellos y a otros y resulta más dañino al crecimiento espiritual que cualquier actividad sexual en la que se vean involucrados. Trabajemos primero en otros rasgos del carácter. Asumamos el control sobre nuestros pensamientos, emociones y ego, y el resto irá cayendo en su sitio.

HONESTIDAD

Una de las cualidades más importantes para el desarrollo espiritual es la honestidad. En una carta que le escribiera a A.P. Sinnett, uno de los Adeptos afirmó que nunca en su vida una falsedad había contaminado sus labios. ¿Cuántos de nosotros podemos decir eso haciendo honor a la verdad? No podemos avanzar mucho espiritualmente si no poseemos una honestidad escrupulosa. A manera de mejorar su carácter, aquellos estudiantes que dedican su tiempo a adquirir mayor información harían bien si dedicaran menos tiempo aprendiendo y más tiempo aplicando lo que ya han leído o escuchado. Uno nunca ha "aprendido" algo en realidad hasta tanto no lo haya aplicado en su propia vida y haya validado los resultados.

Temprano en nuestras vidas aprendemos que a veces mentir nos puede librar de ser castigados. Si esto funciona una vez, estamos dispuestos a intentarlo nuevamente aunque no siempre funcione. Más adelante en nuestras vidas mentimos para poder obtener lo que queremos. Reclamamos poseer habilidades o experiencia que en realidad no tenemos o pretendemos ser adinerados a manera de atraer la atención o de inducir a alguien a que entre en una relación con nosotros. Los perfiles que aparecen a través del internet son evidencia de esto. Eventualmente la verdad sale a relucir y recolectamos los beneficios del karma que hemos creado.

Hay algo curioso acerca del mentir y es que nadie miente todo el tiempo. Si esto se hiciere, sencillamente ignoraríamos todo lo que esta persona dijera. En vez de mentir todo el tiempo, aquellos que mienten también dicen la verdad a veces. El problema con esto es que nunca estamos seguros de si la persona está mintiendo o si está diciendo la verdad, por lo que siempre tenemos que ser cautelosos. La persona poco común que dice la verdad de forma invariable siempre es confiable y, si esta persona posee un gran intelecto y profunda experiencia, se convierte en alguien con quien quisiéramos estar.

¿Qué si alguien me pregunta algo que yo no quiero contestar?

Nada nos obliga a complacer la curiosidad de nadie. Si esa persona necesita conocer esa información por una razón válida, entonces debemos decir la verdad.

¿Cómo le digo a alguien, "Eso no es de su incumbencia", sin ser grosero?

La clave es la no reacción. Si nuestro lenguaje corporal y el tono de nuestra voz indican que nos hemos ofendido, esto puede actuar sobre la persona que nos está preguntando y causar en ella otra reacción. Siempre podemos contestar esa pregunta con otra pregunta: "¿Por qué quisiera usted saber eso?" Si la persona tiene alguna sensibilidad, se dará cuenta de que la pregunta que hizo es indiscreta y dará por terminado el asunto. También podemos cambiar el tema y sencillamente ignorar la pregunta.

¿Qué de las "mentiras blancas"? Si digo algo que no es verdad del todo para no causarle molestia a alguien, en especial si es un niño, de seguro que esto no sería un problema.

¿No lo sería? ¿Podemos creer que en algún momento el niño no se dará cuenta de que hemos mentido? Y cuando lo haga, dejará de confiar en que lo que le digamos es verdad siempre. Además de esto, ¿a quién estamos tratando de proteger, al ego del niño o al nuestro?

Me imagino que al ego del niño.

Si lo pensamos detenidamente, es a nuestro propio ego a quien tratamos de realzar. Queremos lucir bien ante los ojos del niño, de modo que estamos dispuestos a mentir para así mantener las cosas calmadas y no causarle molestias a nadie. A corto plazo esto puede aparentar que funciona, pero sencillamente no es una buena idea. Si siempre somos honestos por completo tendremos el respeto de todos, incluyendo el de nuestros enemigos. La cantidad de personas que son honestas escrupulosamente es pequeña, pero podemos estar entre ellas si así lo determinamos.

EL FIN NO JUSTIFICA LOS MEDIOS

Las personas y los miembros de organizaciones están convencidos, con demasiada frecuencia, de que el fin justifica los medios. De acuerdo a los que así piensan, como se está trabajando en beneficio de una religión o de una organización que está en lo "correcto", pues entonces está bien que se utilice cualquier medio necesario para alcanzar la meta deseada, aun si esta resulta en perjuicio de otras personas. Esta fue la actitud prevaleciente entre las personas que formaron parte de la Inquisición, la cual tuvo como consecuencia la muerte de cientos de miles de seres humanos. A lo largo de toda la historia ha habido individuos abusadores que se han escondido tras el manto de lo "correcto" para de esa forma infligir dolor sobre otras personas, con la esperanza de que no les aplique la ley del karma toda vez que ellos estaban del lado de lo "correcto".

Podemos sentirnos satisfechos diciendo: "Bueno, ya no matamos a las personas. Utilizamos otras maneras de manipularlas de forma que las podamos 'salvar' ". No importa cómo se quiera presentar, cada vez que utilizamos métodos que no son éticos para influir sobre otras personas, sencillamente estamos equivocados. Si ignoramos esta advertencia la hacemos a nuestro propio riesgo. El fin nunca justifica los medios, todo debe ser ético y honesto de principio a fin.

LA ÉTICA Y EL ASPIRANTE ESPIRITUAL

La honestidad presupone mucho más que nuestro mero actuar recíprocamente con otras personas. La ética es un término que comprende a nuestro carácter. ¿Pagamos el 100% de los impuestos que nos corresponden? ¿Requerimos que se nos hagan los pagos en efectivo para así no tener que pagar impuestos sobre los mismos? Si hacemos esto, entonces no somos honestos. No estamos haciendo la parte que nos corresponde en pagar por los servicios que utilizamos diariamente y alguna otra persona, probablemente con menos recursos económicos que nosotros, tendrá ahora que pagar más a manera de compensar por la parte que dejamos de pagar. La construcción y mantenimiento de carreteras, las escuelas, los bomberos, la policía, los servicios de salud, la asistencia social, la protección militar y los programas destinados al bienestar de nuestros conciudadanos, todo esto cuesta dinero.

He escuchado a gente decir: "Yo no voy a pagar por completo la parte que me corresponde hasta tanto los otros paguen su parte completamente".

Esa es otra forma de decir: "Yo soy deshonesto y no quiero admitir que soy egoísta, de manera que cuando todos los otros ciudadanos del país se conviertan en honestos, entonces me uniré al grupo". Como podemos ver, este es un argumento pueril el cual enfatiza cuán egoístas somos. En vez de ser los últimos en hacer lo correcto y lo que es honorable, seamos los primeros. Seamos un paradigma para los demás. Seamos a quien nuestras amistades y parientes miren como un ejemplo de cómo es que funciona y se comporta una persona iluminada.

Todos somos una sola familia, un solo mundo, una Vida Una. La persona que es egoísta y que solo se preocupa por sí misma, o que para ayudar a otras personas solamente da de lo que le sobra, tiene mucho que aprender. Solo aquel que se dedica al servicio de los demás puede ser en verdad iluminado.

La completa honestidad y la ética prístina solo se desarrollan cuando uno ha tenido suficiente experiencia de vida como para saber que la ley del karma es un hecho. Nadie en su sano juicio va a caminar justo hasta el borde del Gran Cañón del Colorado y entonces dar un paso adicional. Por experiencia propia sabemos que la ley de gravedad funciona y que sus resultados son instantáneos. Los resultados del karma a veces ocurren instantáneamente, pero la mayoría de las veces ocurren luego de un largo período de tiempo, a veces abarcando varias vidas. Como consecuencia, se requiere de una persona observadora para seguirle el rastro, una y otra vez, a las causas de lo que estamos experimentando al presente.

Con frecuencia vemos en las vidas de otros cómo es que el karma funciona antes de reconocerlo en nuestras propias vidas. No tenemos que cometer cada error de forma personal. Si queremos tomar el camino más largo hacia la iluminación, continuemos creyendo que la vida es injusta y que sufrimos sin razón alguna.

Continuemos quejándonos acerca de nuestra situación y culpando a los demás por lo que nos sucede. Podemos, por el contrario, hacer un enfoque distinto y dar un paso atrás, observando y prestando una atención detallada a los eventos que ocurren en nuestra vida y en la de otras personas a nuestro alrededor. Si observamos con detenimiento, sin juzgar y sin reaccionar, podemos comenzar a tener perspicacia acerca de cómo es que funciona la ley del karma. Con el tiempo nuestro universo se balancea de forma exquisita. Durante el período de vida activo ocurren desbalances, pero todo se registra hasta el más mínimo detalle. Ningún pensamiento, emoción o acción ocurre sin que tenga su resultado. Es decisión nuestra el considerar dicho resultado como una recompensa o como un castigo.

La exageración es una forma de deshonestidad también. Los niños saben cuando sus padres están exagerando. El "te he dicho un millón de veces que no juegues en la calle" es ignorado porque el niño sabe que papá está mintiendo. Esto parece ser algo insignificante, mas nada lo es cuando se trata del sendero espiritual. Ignoremos a nuestro propio riesgo las cosas pequeñas, pero no nos quejemos cuando averigüemos que no estamos logrando progresar. Seamos precisos en nuestra comunicación con los demás. La persona que rara vez habla pero cuando lo hace siempre tiene algo importante que compartir cuando habla, recibe más atención que la persona que habla sin parar y rara vez tiene algo importante que decir. Aquellos que hablan no saben; aquellos que saben no hablan. Quizás una de las peores cosas acerca de mentir es cuando las personas se mienten a sí mismas.

En realidad, ¿hacen esto las personas?

Todo el tiempo. Darle un giro distinto a algo, justificar mentalmente la razón para hacerlo o sencillamente negar la verdad que resulte obvia, todo esto son cosas que las personas hacen regularmente. Cerramos nuestros ojos y oídos a propósito porque no queremos enfrentarnos a la verdad. Es el ego quien no quiere que veamos las cosas como son. El ego fomenta en nosotros que nos creamos que somos honestos cuando no lo somos, que nuestros motivos son desinteresados en un 100% cuando solamente lo son en un 20%, y que estamos haciendo un esfuerzo honesto cuando es obvio de que no. El ego sabe que una vez veamos las cosas tal y como son tendremos claridad de visión. El fin de la mentira es el comienzo del ver con claridad y esto es desastroso para el ego.

¿Hacemos copias ilegales de CDs o DVDs para nuestras amistades?

Quisiera consultar con mi abogado antes de contestar esa pregunta.

Si eso es así entonces no estamos siendo honestos, ya que se sabe que esto es ilegal y antiético. Sabemos que les estamos robando a las personas que produjeron el material y quienes invirtieron dinero en equipos y en mercadeo para que dicho material estuviese disponible para la compra, mas sin embargo como quiera hacemos las copias ilegales. Por encima de todo esto, hacemos un chiste de ello para ocultar el hecho de que hablar sobre el tema resulta incómodo. Si pensamos que esto es una minucia que no tiene importancia, estamos equivocados.

De la forma en que hacemos algo es la forma en que lo hacemos todo.

LA LEY DE ATRACCIÓN

La ley de atracción está contenida dentro de la ley de armonía, la cual es la ley máxima que gobierna al universo. La ley de atracción tiene aplicaciones múltiples en todos los niveles de existencia. En la vida de los seres humanos esta ley determina cómo otras personas nos tratarán, cómo el universo nos tratará y la "calidad" general de nuestras vidas.

Con toda probabilidad hemos trabajado con personas que tienen la actitud de que ellos tienen que velar por sus propios intereses. Nadie va a hacer esto por ellos toda vez que todo el mundo siempre está tratando de engañarlos. ¿Sabemos algo? Esa persona se enfrentará, inevitablemente, a situaciones en donde será maltratada y en donde otras personas se aprovecharán de ella.

Todos nos acordamos de aquel arrogante burlón en la escuela primaria que llegaba hasta nosotros, nos daba una palmada en la espalda y nos decía: "¿Cómo estás?" Con la palmada había pegado un letrero en nuestra espalda que leía: "Patéenme", a cuya instrucción algunos estudiantes estaban más que dispuestos a obedecer.

Me temo que yo fui uno de esos arrogantes burlones.

Todos tenemos letreros en nuestra espalda. Algunos leen: "Yo no merezco ser amado", o "Yo no merezco la prosperidad". Otros pueden leer: "Abusen de mí" o "Yo soy una víctima". ¿Sabemos algo?, somos los que ponemos esos letreros en nuestra espalda y todos con los que nos topemos podrán leerlos. Tal vez estos letreros no sean visibles a los ojos físicos, pero están ahí como quiera y todo el mundo responde a los mensajes subliminales que en ellos se exhiben.

Algunas personas repetidamente dicen: "Nada bueno me sucede a mí jamás". El universo responde: "Tu deseo es mi mandato", y nos presenta una catástrofe tras otra en nuestras vidas. ¿Por qué funciona la ley de atracción? Funciona debido a la existencia de los campos energéticos. Tanto en electricidad como en química, lo opuesto se atrae. Un ion positivo repele a otro positivo pero atrae a uno negativo. Con la ley de atracción, la energía con determinada cualidad atraerá más energía de esa misma cualidad. Cuando le decimos al universo que "nada bueno me sucede a mí jamás", hemos creado una afirmación y cada vez que la repitamos, aunque sea mentalmente, la misma va cobrando más fuerza. Nuestros pensamientos, los cuales están todo el tiempo a nuestro alrededor, atraen automáticamente a otras personas que tienen formas de pensamiento similares. Podemos enfermarnos a nosotros mismos pensando que estamos enfermos. Atraemos el infortunio cuando sentimos temor a experimentarlo. El temor a fracasar atrae al fracaso.

Pero es obvio que lo contrario también es cierto.

Seguramente que sí. Todos hemos conocido personas que son unos optimistas perpetuos y a ellos les suceden cosas buenas invariablemente. Aun cuando surja una situación difícil, ellos siempre le buscan algo positivo a la misma. Ellos reconocen que cada obstáculo en el sendero de la vida es una oportunidad para crecer, para aprender algo nuevo y para adquirir una experiencia que en el futuro será de un valor incalculable.

Si somos desinteresados por completo, si somos amorosos y amables, si ayudamos a nuestros compañeros viajantes en el sendero de la vida, entonces la vida para nosotros será cómoda, llena de afecto y generosidad y nunca nos faltará nada que necesitemos para seguir hacia delante y prosperar. La persona que es un instrumento de paz puede que no sea la más pudiente en el mundo en términos monetarios, pero posee una riqueza sin límites.

Existe una advertencia acerca de la ley de atracción. Muchas personas de la "Nueva Era" han malentendido dicha ley y no la han aplicado de forma correcta en sus vidas. Estas personas ignoran la parte de la ley que tiene que ver con el desinterés y tratan de utilizar dicha ley para realzar su propio ego. "Quiero tener más dinero en la vida, de modo que creo una afirmación: Yo merezco más de lo que poseo en la actualidad y el universo me concederá este pedido porque tengo una idea clara sobre lo que yo quiero". Esta persona entonces espera que el dinero le caiga del cielo, o peor aún, gasta en juegos de azar el poco dinero de que dispone en la seguridad de que el universo responderá a su afirmación y lo convertirá en un ganador de un premio de la lotería. El resultado de esto es el enojo, la frustración y el resentimiento. La solución, si lo que queremos es más dinero en nuestras vidas, trabajemos más arduamente, trabajemos de forma más inteligente, ejercitemos nuestro intelecto, hagamos algo que en verdad traiga ese dinero. Lo que resulta importante no es alcanzar nuestra meta, sino el sendero que tomamos para llegar a ella y la experiencia que adquirimos en el camino.

Una vez hayamos aprendido cómo lograr que se manifieste lo que hayamos puesto en nuestras miras, este principio puede aplicarse de mil maneras distintas. Nunca perderemos esa experiencia, ni aun entre encarnaciones. Algunas personas se convierten en "exitosas de la noche a la mañana" porque pagaron su cuota hace mucho tiempo atrás y aprendieron las lecciones valiosas de cómo alcanzar sus metas. El éxito nunca le es dado a alguien sin que este haya trabajado arduamente para conseguirlo.

Capítulo 15

LA COMPASIÓN DE LOS NIRMĀNAKĀYAS

> Ahora dobla la cabeza y escucha bien, oh Bodhisattva, la compasión habla y dice: "¿Puede haber dicha cuando todo lo viviente tiene que sufrir? ¿Puedes tú ser salvado y escuchar al mundo entero llorar?"
>
> *La Voz del Silencio*

EL PROPÓSITO DE ESTE LIBRO

Nuestro propósito al escribir este libro es el proveerles ideas prácticas a las personas que se encuentran en el punto de su evolución espiritual en donde pueden lograr un progreso más acelerado si así escogen hacerlo. Como el lector habrá podido ver por los capítulos anteriores, este rumbo acelerado no resulta fácil. El mismo requiere de autodisciplina, tenacidad y una determinación firme para alcanzar la meta independientemente del esfuerzo que se requiera. No todo el mundo ha tenido suficiente experiencia de vida como para hacer esta decisión. Sin embargo, toda persona llegará, aunque no sea en la vida que se vive en el presente, a un punto en donde ha alcanzado todo lo necesario para pasar más allá del campo o esfera humano. Los requisitos para esto nunca cambian. Existen dos opciones ante nosotros: o no hacemos nada diferente y simplemente continuamos como lo hemos hecho en el pasado, o podemos hacer el esfuerzo requerido para discernir cómo es que funciona la vida. Si decidimos hacer esto último, escojamos una o dos cualidades de carácter que queremos desarrollar y hagamos un hábito de trabajar cada día para desarrollarlas. Si nuestro esfuerzo es persistente, veremos progreso.

¿Tiene usted algunas sugerencias que podamos implementar como una práctica espiritual diaria?

La meditación y la contemplación son casi siempre la base de la práctica espiritual de un estudiante. El mejor momento es temprano en la mañana. Algunos estudiantes se levantan a las 3:00 a.m. para meditar y luego vuelven a dormir. Esta práctica no funcionará para todo el mundo, pero la misma ha sido una utilizada comúnmente en monasterios durante cientos de años. Quizás los monjes saben lo que están haciendo.

Programemos conservar un momento de silencio tres veces durante el día; tan pronto nos despertemos, al mediodía y antes de acostarnos por la noche. Esto nos puede tomar solo dos minutos o un poco más si lo deseamos, pero lo importante es ser consistente. En la mañana, reflexionemos acerca de lo que queremos lograr durante el día. ¿Sobre qué rasgos de carácter tenemos la intención de trabajar para lograr adquirirlos? Al final del día veremos si hemos o no logrado algún progreso en nuestro objetivo. Al mediodía, o cuando tengamos la oportunidad durante el día, volvamos a sostener un momento de reflexión en silencio. Cerremos los ojos y dejemos que nuestros músculos se relajen. Sintamos como la tensión va desapareciendo a medida que nos erguimos mentalmente para contactar a nuestra alma. Comprendamos, aunque sea por un instante, que el propósito de la vida es adquirir experiencia. Al final de cuentas, todos los detalles de la vida cotidiana serán olvidados y solamente se retendrá la esencia de las experiencias vividas. Tratemos de poner todo en perspectiva. Antes de irnos a dormir por la noche, revisemos los eventos acaecidos durante el día. ¿Logramos alcanzar lo que nos propusimos para el día de hoy? Si no lo logramos, ¿qué podemos hacer mañana para mejorar esto? Durante el día de hoy, ¿fuimos amables, respetuosos y fraternales en nuestro actuar hacia con los demás?

El lapso de tiempo entre el trabajo y el dormir es de primordial importancia. Mantengamos un espacio tranquilo para la lectura, la escritura, la contemplación u otro tipo de expresión creativa. Si uno es un músico, tocar su instrumento puede ser una forma de meditación. Para muchas personas el arte es una parte importante de la práctica espiritual.

Seamos cuidadosos con lo que comemos al final del día. Si llegamos a casa cansados de trabajar, encendemos el televisor, ingerimos una cena pesada y luego nos vamos a la cama a dormir, por varias horas no podremos entrar en ese estado meditativo que resulta esencial para nosotros, amén que la calidad de nuestro sueño no será buena. Si uno va a ingerir alimentos por la noche, que sea una cena ligera. Algunos aspirantes siguen la regla prevaleciente en ciertos monasterios de no comer después de las 2:00 p.m. Esto no es posible para todo el mundo, pero seamos conscientes de qué es lo que funciona para los "expertos" y tratemos de adoptar tantas de sus prácticas como sintamos que nos puedan beneficiar.

Evitemos el alcohol por completo. Podemos estar convencidos de que necesitamos un trago para relajarnos, pero esto entumece el cerebro. Una mente alerta operando a través de un cerebro libre de todo tipo de drogas es esencial para el aspirante espiritual.

AFIRMACIONES

He aquí algunas afirmaciones que quizás queramos utilizar en nuestras meditaciones:

- Más radiante que el sol, más puro que la nieve, más sutil que el éter es el Yo, el espíritu que mora dentro de mi corazón. Yo soy ese Yo. Ese Yo, yo soy.
- Me sumerjo dentro del pozo de la sabiduría. De ahí vengo, siendo para mi prójimo el portador de sus misterios.
- Señor, haz de mi un instrumento de tu paz.
  Que allí donde haya odio, ponga yo amor,
  donde haya ofensa, ponga yo perdón,
  donde haya discordia, ponga yo unión,
  donde haya error, ponga yo verdad,
  donde haya duda, ponga yo fe,
  donde haya desesperación, ponga yo esperanza,
  donde haya tinieblas, ponga yo luz,
  donde haya tristeza, ponga yo alegría.

  Oh, Maestro, que yo no busque tanto
  ser consolado como consolar,
  ser comprendido como comprender,
  ser amado como amar.
  Porque dando se recibe,
  olvidando se encuentra,
  perdonando se es perdonado,
  y muriendo se resucita a la vida eterna.

La primera de estas afirmaciones es del libro *Los Maestros y el Sendero* por Charles W. Leadbeater. La segunda proviene del libro *El Discipulado en la Nueva Era, Volumen I* por Alice Bailey. La tercera de estas afirmaciones es la tan conocida Oración de San Francisco de Asís. Esta no es una oración que fuera utilizada en su tiempo, de hecho, nadie sabe quién fue el que la escribió, pero hasta donde se sabe la misma se usó por primera vez en el 1912. Esta oración fue impresa en francés en una tarjeta con la imagen de San Francisco y desde entonces se la ha asociado con el nombre de este santo.

Claro está, podemos tener otras afirmaciones propias las cuales podemos utilizar. Muchas personas usan el Padre

Nuestro u otra oración. No importa lo que utilicemos, repitámoslo con intención cada vez. Si repetimos las palabras simplemente como el papagayo, el efecto será equivalente al esfuerzo mental que hayamos dedicado. Debemos enfocarnos en el significado detrás de las palabras y estemos claros en cuanto a la intención de lo que queremos transmitir. Imaginemos que le estamos recitando la afirmación u oración a un grupo de estudiantes que están bien vivos y prestos a captar cada palabra y sentir el poder que emana a través de nosotros. Esta intención incrementada comienza en nuestras meditaciones y se esparce a todas las áreas de nuestra vida. Nuestras palabras serán más poderosas por el pensamiento y la intención que les ponemos. No es de mucha importancia si hacemos las afirmaciones en voz alta o en silencio. Intentemos de ambas maneras y veamos cómo cada una es efectiva a su forma.

Muchas personas encuentran en la palabra sánscrita OM una afirmación o mantra poderoso. Cuando dicha palabra se vocaliza con intención y en forma de cántico, la misma tiene un efecto notable sobre todos los que están cerca. La vocalización debe durar por toda la exhalación luego de una inspiración profunda. Al comienzo la boca se pone en forma de O y el sonido es muy abierto. Luego los labios se van cerrando lentamente hasta que al final el sonido es enteramente el de la letra M.

Si nos proponemos seguir el sendero espiritual, cada aspecto de nuestras vidas debe revisarse. Resulta intimidante al principio cuando estamos al pie de una montaña y miramos hacia arriba lo que aparenta ser una altura insuperable. Nunca llegaremos a la cima si no damos el primer paso, y luego de esto todo es asunto de dar un paso tras otro. El único paso que importa es el que estamos dando en el momento. Entonces, un día, nos sorprenderemos al ver que hemos llegado al pico que parecía inalcanzable.

El progreso que una persona puede lograr en una vida es inmenso, pero esto sucederá únicamente si ejercemos un esfuerzo persistente. Sin esa presión constante de nuestra parte el progreso será mínimo y en algunos casos insignificante.

VEGETARIANISMO

¿Es necesario ser vegetariano? Yo tengo amistades que insisten en que nadie puede ser muy espiritual que digamos a menos que sean estrictamente vegetarianos.

Podemos lograr mucho progreso espiritual sin ser vegetarianos. Debemos seguir nuestros propios instintos. Si sentimos que ser vegetariano es lo correcto para nosotros pues hagámoslo, y si no lo sentimos esto no debe ser motivo de preocupación. Es cierto, sin embargo, que la mayoría de los discípulos que han alcanzado los más altos niveles de espiritualidad siguen una dieta vegetariana. Ello es por dos razones. En primer lugar, a medida en que nos vamos convirtiendo en más iluminados y en más conscientes de las criaturas con las cuales compartimos el planeta, desarrollamos una sensibilidad mayor hacia el sufrimiento. Como corolario a esto, no queremos ser la causa de muerte de ningún animal, aun si hemos contratado a otra persona que lo sacrifique. En segundo lugar, llega el momento cuando un estudiante está listo para trabajar intensamente en la comunicación telepática con sus instructores y condiscípulos. A manera de poder desarrollar tanto una visión precisa en los niveles más elevados como una comunicación perfecta, es esencial que se excluya de la dieta a la carne animal. Esto elimina una de las últimas ataduras a nuestra antigua naturaleza animal y abre la puerta hacia las fases finales de la existencia, de forma completa y total, en los niveles del alma.

EL AYUNO

¿Qué del ayuno? ¿Es eso algo que debo incluir en mis prácticas espirituales?

¿Cómo el ayuno nos puede ayudar a ser más espirituales?

No lo sé, quizás porque nos ayuda a ser más disciplinados.

Todo en los estudios espirituales y en el desarrollo espiritual personal debe ser razonable y lógico. Sintamos la libertad de intentar algo por un tiempo siempre y cuando lo mismo no sea antiético, pero si vemos que no hay resultados y no empece ello persistimos en seguir practicándolo, entonces se convierte en una superstición. Una superstición es una creencia que no está fundamentada en una realidad. Luego de haber practicado algo durante un período de tiempo razonable, debemos evaluar los resultados. Si los resultados no van a tono con los esfuerzos hechos, entonces debemos dejar esto a un lado por el momento.

El ayunar de hecho nos ayuda en el crecimiento espiritual, pero solo si comprendemos cómo y por qué. Muchos estudiantes visualizan el ayuno como un tipo de ascetismo. Cuando se lleva hasta el extremo, el mismo se convierte en una especie de autocastigo digno de un gran mártir. Cuando se practica de esta forma, no resulta ser más que una manera de realzar el ego.

La razón del ayuno es simple; cuando el cuerpo físico demanda atención, no podemos estar en un estado mental meditativo. Aunque ellos mismos no lo sepan, muchos estudiantes espirituales reciben enseñanza en los planos internos mientras el cuerpo está durmiendo. A veces tenemos atisbos de estas sesiones de enseñanzas en forma de sueños vívidos o en visiones. Si hemos ingerido una cena fuerte o alimentos muy condimentados antes de irnos a dormir, el cuerpo físico demanda atención en forma de la digestión de los mismos y a veces en forma de una indigestión. El cuerpo no descansa como es debido y esto previene cualquier posibilidad de aprendizaje durante el sueño. El alcohol paraliza al cerebro de tal manera que aun cuando se nos enseñe algo durante el sueño, el cerebro físico no es responsivo ni capaz de traer ningún recuerdo significativo de lo enseñado.

¿Cuál sería una práctica apropiada de ayuno?

Debemos ayunar todos los días. ¿Cuál es la primera comida que ingerimos en la mañana?

El desayuno.

Exactamente. Bien lo dice la palabra; des-ayuno, o sea, negación o inversión del ayuno. Hemos estado ayunando toda la noche, pero si comimos tarde en la noche pues entonces esto no es mucho de ayuno que digamos. El objetivo es ingerir alimentos temprano en el día. Por ejemplo, tal y como mencionamos anteriormente algunos monjes no comen después de las 2:00 p.m., y podría ser de utilidad seguir esta guía.

Me temo que me sentiría muy hambriento si hiciere eso, y no podría ser capaz de concentrarme.

Hagamos lo que funcione mejor para nosotros. Todo lo que ingiramos más tarde en el día debe ser algo fácil de digerir y que sea poco probable de que nos cause indigestión. Estemos alerta en cuanto a cómo nuestras prácticas dietéticas afectan nuestra capacidad para estar alertas y nuestro bienestar general, tanto física como mentalmente. Si somos lentos mentalmente o si nuestro cuerpo está utilizando para sí todas las fuentes de energía, entonces no podremos ser capaces de meditar bien y no podremos recordar las lecciones nocturnas que se nos dan en los planos internos. En la parte postrera del día, debemos evitar la cafeína y las azúcares refinadas. Los estimulantes afectan nuestra receptividad durante la noche.

GERENCIA

La persona que está dedicada completamente al servicio de los demás siempre tendrá todo lo que necesite. El universo provee para estas personas dedicadas porque ellas comprenden el concepto de gerencia. Consideran que nada es de su propiedad personal, sino que consideran que es una responsabilidad fiduciaria utilizar todas las cosas para el propósito más elevado y mejor y de una manera que sea beneficiosa para toda la humanidad.

No poseemos nada, ni nuestra casa, ni nuestro automóvil o aun ni nuestro cuerpo o los talentos que tenemos. Todo lo que poseemos, aun si nos lo hemos "ganado", es sencillamente parte de nuestra responsabilidad fiduciaria. Siendo un instrumento del universo, se requerirá mucho más de nosotros que de otras personas.

DAR

Yo siempre he tenido conflicto con el dar como caridad o ayuda para con otras personas. Cuando hablamos de dar, ¿cuánto es suficiente?

Lo importante no es cuanto uno dé, sino la actitud que uno tenga al dar. El sannyasin de antaño así como el monje en el monasterio cedían todo en el mundo material para entrar en el campo de la contemplación solitaria. Se espera que el sannyasin contemporáneo y el monje guerrero contemporáneo vivan en el mundo pero que no estén apegados a él. No podemos hacer esto sin tener algún tipo de posesión material. La meta es viajar ligero de equipaje y que nos percatemos de la actitud que tenemos hacia las posesiones materiales. ¿Utilizamos las riquezas que tenemos para realzar nuestro ego o para el servicio de la humanidad? Nos debemos hacer las siguientes preguntas:

- ¿Cuán importante es para mí obtener riqueza financiera en la vida y cómo pienso utilizarla?
- ¿Cuánto de mi tiempo lo utilizo para alcanzar objetivos financieros y cuánto para alcanzar objetivos espirituales?
- Cuando le doy dinero a una persona sin hogar, ¿lo hago porque me siento culpable de que tengo algo que esta persona no tiene, porque me hace sentir bien cuando esta persona me dice "gracias", o porque puedo enviar

una bendición junto con la limosna, aun si mi regalo es utilizado para comprar drogas o alcohol?
- Si yo perdiere todo lo que poseo como consecuencia de una catástrofe financiera, ¿cuál sería mi reacción? ¿Cuál sería mi proceder para recuperarme de esto?
- ¿Cuáles son mis posesiones más valiosas en la vida?
- ¿Cuánto de mi tiempo lo dedico a trabajo voluntario?
- Si yo supiere que me voy a morir pronto, ¿qué pensaría en cuanto a perder todas las cosas materiales por las cuales he trabajado tan arduamente para poder acumular?

COMPASIÓN

Todos aquellos que han escogido seguir el sendero espiritual deben tener siempre presente la variación enorme que existe en los niveles de experiencia entre nuestros compañeros viajantes. Algunos son novicios y luchan por comprender aun los conceptos más simples. La curva de aprendizaje resulta interesante. Dedicamos cientos de vidas aprendiendo lo básico en el curso Vida 101. Surge entonces una vida en donde se nos introduce a las enseñanzas de la Sabiduría Antigua y algo dentro de nosotros dice, "Eso suena a verdad". Esto marca el comienzo de una jornada larga y tortuosa. Durante varias vidas logramos progresar un poco y entonces llegamos a un punto en donde existen varias opciones. No hay letreros que indiquen cuál es el mejor rumbo para nosotros y no hay dos personas que tomen exactamente el mismo rumbo. El poeta español Antonio Machado escribió, "Caminante no hay camino, se hace camino al andar".

Muchas veces somos desviados del sendero por espejismos, conocidos de otra forma como ego, deseo y apegos. Sustituimos nuestros deseos espirituales por deseos materiales y a las formas más elevadas del ego por las menos elevadas. Más adelante nos percatamos de que estos también son obstáculos que debemos superar. El glamour de las emociones nos alcanza una y otra vez y caemos en la trampa de su encanto sobre nuestro ego. Vamos venciendo todos los obstáculos uno a uno, y conforme lo hacemos nuestra visión se va aclarando.

Al presente, hay un incremento de energía que se está enviando alrededor del mundo a manera de ayudar a llenar algunas posiciones muy necesarias en la Jerarquía Espiritual. Este sistema de forzar las cosas no es el procedimiento normal, pero el tiempo en que vivimos es uno crítico. Esta es nuestra oportunidad, si así lo decidimos, de lograr un progreso más acelerado de lo normal. En la actualidad, todos aquellos que den el grado experimentarán un repunte tremendo en su crecimiento espiritual. Dentro de un tiempo breve, hablando desde un punto de vista cósmico, se cerrará esta ventana de oportunidad y la humanidad tendrá disponible entonces solamente el sendero normal y más lento.

LOS DOS PORTALES

Cuando un ser iluminado llega al nivel de conciencia que representa la meta para nuestro grupo actual de almas, aparecen ante él dos portales. Uno de ellos lleva a nirvāna y al descanso eterno. Esto es el derecho de aquellos que han logrado llegar hasta alturas tan estupendas. El otro portal lleva al sendero de la renunciación. El ser iluminado que entra por este portal ha renunciado a nirvāna y ha elegido mantenerse rezagado hasta tanto todos sus hermanos estén a salvo.

"La compasión habla y dice: '¿Puede haber dicha cuando todo lo viviente tiene que sufrir? ¿Puedes tú ser salvado y escuchar al mundo entero llorar?' " Este sendero de la renunciación es el escogido por el Buda y por el Señor Cristo. Ellos han hecho el compromiso solemne de no entrar al estado de descanso hasta que toda la humanidad haya recibido todas las oportunidades posibles para alcanzar el mismo estado de iluminación que ellos poseen.

No todos aquellos que logran alcanzar el nivel de conciencia al que hemos hecho referencia, escogen el portal de la renunciación. Aquellos que lo hacen son llamados Nirmānakāyas, los que han renunciado a la dicha de nirvāna a manera de poder ayudar a otros. Esto representa un sacrificio enorme y uno por el cual podemos estar agradecidos eternamente. Aquellos que todavía no hemos llegado al punto en donde esta decisión surja ante nosotros, podemos aun así decidir si estamos interesados solo en lograr la iluminación para nosotros mismos o si utilizaremos nuestro tiempo y nuestra energía para ayudar a los que nos rodean.

Es enorme el estrés que surge en las vidas de aquellos que realizan un esfuerzo consciente hacia la transformación propia. Cualquier persona que haga ese esfuerzo merece todo nuestro respeto. A menudo estos que se esfuerzan cometen errores, y mucho de ellos tienen egos del tamaño de una casa. Aun así, estas personas también están aprendiendo lecciones valiosas que nos ayudan a todos. No hay nada malo en observar las fallas de otras personas. Después de todo, si prestamos atención, los errores de otras personas pueden ser una herramienta de aprendizaje para nosotros. Recordemos que las otras personas tienen la misma meta que nosotros; lograr la iluminación. Todos cometemos errores graves de vez en cuando, no acrecentemos los mismos mediante la crítica a aquellos que fracasan.

Seamos tolerantes con nuestros compañeros viajantes en el sendero. El sendero no es uno fácil de hollar, y es responsabilidad nuestra el inspirar y ayudar cada vez que podamos, en especial cuando nuestros hermanos caen. Seamos bondadosos con nosotros mismos cuando fallemos en actuar en conformidad con nuestro potencial máximo. Cada vez que tropecemos debemos levantarnos y seguir adelante, nunca flaqueando en nuestra determinación de llegar a la meta. Necesitamos toda la ayuda que podamos conseguir.

RESUMIENDO

Esperamos que este tratado sea de ayuda para aquellos que tienen un amor profundo y duradero para con su prójimo y que su dedicación sea ayudar a los que viajan con nosotros en el sendero de la evolución espiritual. Ha sido un honor y un placer compartir algunos conceptos que hemos aprendido con otras personas. Si esto sirve de ayuda a tan siquiera una persona para que alcance la meta, todo el esfuerzo habrá valido la pena.

He pensado cuidadosamente acerca de todo lo que usted ha dicho. Todavía no lo comprendo todo y hay cosas con las cuales no estoy de acuerdo, pero ahora tengo algunas herramientas que puedo utilizar e intento hacer algunos cambios en mi vida. Confío que en el futuro seré capaz de hacer un mejor uso todavía de lo que usted me ha enseñado.

¿Dónde estamos?

Aquí.

¿Qué hora es?

Ahora.

¿Qué falta en nuestras vidas?

Nada.

Todo está bien.

Existe una paz
que sobrepasa el entendimiento;
la misma mora en los corazones
de aquellos que viven en lo Eterno.

Existe un poder
que renueva todas las cosas;
el mismo vive y se mueve en aquellos
que conocen al Yo como uno.

                Annie Besant

GLOSARIO

Sánscrito — संस्कृतम् — es un idioma clásico en Asia, tal como el griego y el latín lo son en Europa. Max Müller, famoso orientalista del siglo 19, lo llamó la hermana mayor de todos los idiomas conocidos. Muchas palabras en idiomas europeos nos vienen del sánscrito. Además, muchas palabras utilizadas en la filosofía esotérica son también de raíz sánscrita. Hay personas que han intentado encontrar términos equivalentes en otros idiomas para expresar conceptos que ya están bien desarrollados en sánscrito, pero los resultados obtenidos han sido decepcionantes. Quizás sea mejor simplemente aprender algunas palabras claves del sánscrito. La mayoría de los idiomas toman palabras de otros idiomas, sobre todo de los que han existido desde hace muchos siglos y por lo cual poseen una riqueza no encontrada en idiomas más jóvenes.

En ciertos textos antiguos que tratan de la sabiduría antigua, la transliteración no es consistente. Por eso, los lingüistas han desarrollado una forma normalizada de utilizar una combinación de letras del latín y marcas diacríticas para representar letras específicas escritas en devanāgarī, el alfabeto en que se escribe el sánscrito. Este sistema se llama el Alfabeto Internacional de Transliteración Sánscrita, o AITS. Hindi y otros idiomas indios usan también el alfabeto devanāgarī.

La guía que aparece a continuación ayudará al estudiante a poder aproximar la pronunciación apropiada de palabras sánscritas. Las vocales en devanāgarī se escriben como se muestra a continuación únicamente cuando las mismas ocurren al principio de una palabra. De lo contrario, las vocales se indican con marcas diacríticas junto con otras letras. Por lo general, en una palabra cada consonante es seguida por una vocal. Si dos consonantes han de pronunciarse sin una vocal entre medio, una letra especial creada de ambas letras así lo indica. El sánscrito es bastante científico y complicado en su estructura y su gramática. El nombre mismo "sánscrito" quiere decir pulido o perfeccionado.

Gracias a Vasuki Seshadri del Samskrita Bhāratī por su ayuda con la gramática y transliteración del sánscrito.

Nota del traductor:

Pocas lenguas tienen una fonética que pueda indicar, tan solo de forma aproximada, los sonidos de la pronunciación sánscrita. El idioma inglés ha surgido y se ha desarrollado como consecuencia del intercambio humano entre habitantes de diversas etnias y regiones geográficas. Esto ha ocasionado que el idioma inglés, quizás en mayor cuantía que otros, haya incorporado libremente muchísimas voces provenientes de diversas culturas, lo que ha redundado en que dicho idioma incluya una variedad y diversidad de sonidos difícil de encontrar en otras lenguas.

El intento que se hizo para reproducir la fonética sánscrita basado en encontrar palabras en español que tuvieran el mismo sonido que las palabras en inglés que se utilizaron en el texto original como ejemplo de dicha fonética sánscrita, no brindó el resultado deseado. Por tal razón, hemos decidido que lo más apropiado para que el lector tenga una idea de la pronunciación de las palabras en sánscrito, es retener las palabras en inglés que se utilizan como ejemplo en el texto original.

En caso de que el lector no esté familiarizado con la pronunciación de las palabras en el idioma inglés que se ofrecen como ejemplo para reproducir la pronunciación sánscrita, lo exhortamos a buscar en la web para acceder a una guía para dicha pronunciación que incluya un archivo de audio para que así se pueda escuchar la pronunciación correcta de las letras en sánscrito utilizando el idioma español.

Transliteración	Devanāgarī	Pronunciada como en
Vocales		
a	अ	organ
ā	आ	father
i	इ	lift
ī	ई	flee
u	उ	pull
ū	ऊ	pool
ṛ	ऋ	river (short trill)

ṝ	ॠ		**ree**d (short trill)
ḷ	ऌ		(l with short trill)
ḹ	ॡ		(l with longer trill)
e	ए		gr**ey**
ai	ऐ		**ai**sle
o	ओ		n**o**
au	औ		h**ow**

Consonantes

k	क		**k**arma
kh	ख		bac**kh**oe
g	ग		**g**ive
gh	घ		do**gh**ouse
c	च		**ch**um
ch	छ		Chur**ch**ill
j	ज		**j**ar
jh	झ		hed**geh**og
ṭ	ट		**t**op
ṭh	ठ		ho**th**ouse
ḍ	ड		**d**ome
ḍh	ढ		roa**d h**og
t	त		**t**ip
th	थ		hi**t h**im
d	द		**d**im
dh	ध		re**d h**ot
p	प		**p**ull
ph	फ		loo**ph**ole
b	ब		**b**oy
bh	भ		clu**bh**ouse
ṅ	ङ		ha**ng**

ñ	ज	bench
ṇ	ण	mend
n	न	none
m	म	more
y	य	young
r	र	run
l	ल	love
v	व	very
ś	श	ship
ṣ	ष	shore
s	स	same
h	ह	have

Absoluto Sat en sánscrito, aquello sobre lo cual nada se puede decir. No tiene cualidades, así que no se puede describir ni medir. Es lo que "era" antes que nada existiese, pero aún esto no es correcto. Es el potencial para la existencia. Es "el ser" mismo.

Adepto (l.) Uno que ha alcanzado cierto dominio sobre las fuerzas de la naturaleza por su comprensión acerca de cómo funcionan y por sus años de capacitación disciplinada. Un maestro de la filosofía esotérica.

Advaita Vedānta अद्वैत वेदान्त Una secta de Vedānta que enfatiza la unidad o la naturaleza no dualística de la vida, en contraposición al Dvaita Vedānta, la cual enfatiza el dualismo, el yo versus el no yo. Advaita fue enseñado por Shankaracharya (Śaṅkarācārya), el mayor de los sabios del brahmanismo.

Ahura Mazda La deidad personificada de los parsis. La palabra "Ahura" es semejante a ātma. El principio de luz divina.

ājñā आज्ञा El chakra ubicado en el centro de la frente. A veces se estimula durante la meditación y puede ser útil en la telepatía. Tiene relación con el cuerpo pituitario y con el remanente de un ojo que funcionaba externamente hace eones y que todavía funciona de manera limitada en ciertos animales.

ākāśa आकाश A veces identificado incorrectamente con el éter, es la esencia sutil y espiritual que penetra todo espacio. Ākāśa es la substancia empleada en kriyāśakti yoga. Es la substancia que hace posible la telepatía verdadera y la comunicación espiritual elevada.

alma El Nephesh de la Biblia. En los escritos esotéricos se usa generalmente como sinónimo del Yo Superior o alma humana. Es el yo espiritual individual que estimula o incita a la personalidad para que crezca en conciencia y sabiduría hasta que haya alcanzado el nivel del alma. Cuando este momento llega, el alma deja de existir habiendo cumplido su cometido y todo el desarrollo espiritual subsiguiente es bajo la guía de la Mónada.

alquimia La química de la naturaleza. La química moderna debe sus orígenes al trabajo de los alquimistas. La creencia común es que el enfoque principal de ellos era la conversión de metales básicos en oro. Los verdaderos alquimistas eran metafísicos, y eran los químicos, farmacéuticos, físicos, y médicos de su época. La meta de los alquimistas más avanzados era transformar humanos comunes en seres espirituales, así que el simbolismo de transformar plomo en oro tras una purificación describe este proceso. En la Era del Oscurantismo, los alquimistas se vieron forzados a trabajar en secreto. La penalidad al ser descubiertos era la muerte a manos de la iglesia.

altruismo (l.) Lo opuesto a egoísmo. La cualidad que predispone a uno a actuar para beneficio de otras personas. Es el no egoísmo en contraposición al egoísmo.

amanasa अमनस Sin mente. Término utilizado en *La Doctrina Secreta* para describir las primeras razas humanas, razas poco comparables a humanos modernos. La mente estaba tan poco desarrollada en ellos que eran más parecidos a los animales más inteligentes de hoy día.

amrita o **amṛtam** अमृतम् Ambrosía, la comida o néctar de los dioses. El elixir de la vida, lo que imparte inmortalidad. Es equivalente al jugo soma de los Mayores Misterios. A veces escrita amrit, o en la forma femenina, amritā.

ānanda आनन्द Dicha o gozo, una cualidad que existe en los reinos más espirituales. No puede existir al nivel de las emociones ni al de la mente inferior. Fue también el nombre del discípulo favorito de Gautama Buddha.

ángel Deva o "el que brilla" en sánscrito. El reino angélico evoluciona en paralelo con el de los humanos, pero sus miembros no tienen cuerpos físicos densos. Visto en toda su amplitud, incluye criaturas menos desarrolladas en conciencia que los animales, llamadas con frecuencia espíritus de la naturaleza, hasta individuos poderosos que sobrepasan por mucho en conciencia a los humanos. Algunos han pasado por la evolución humana en previos ciclos, otros la pasarán en el futuro. Algunos tienen formas y otros no, pero en los que la tienen, la misma no es para nada semejante a la humana salvo en forma muy general. Los artistas a menudo los representan con forma humana por su tendencia de antropomorfizar. Los ángeles no tienen alas, pero el patrón fluyente de energía en la área que corresponde a los hombros en los humanos da la apariencia de tenerlas. Hoy día hay poca verdadera comunicación entre ángeles y humanos, pero aumentará en los siglos por venir.

anillo de no paso (*ring-pass-not* en inglés) Un término muy singular que significa un campo de acción definido, no solo físicamente, sino en los planos superiores también. El cuerpo humano, incluyendo su aura, es el anillo de no paso para una persona durante su encarnación y el correspondiente campo ovoide de energía es el anillo de no paso cuando se está desencarnado o ausente del cuerpo físico durante el sueño. El anillo de no paso para un sistema solar incluye no solo el sol central físico y sus planetas, sino también el campo vibratorio extendido en los planos superiores de conciencia.

antahkaraṇa अन्तःकरण El sendero o el puente entre los campos o esferas mental superior e inferior. Sirve de medio de comunicación entre el Yo Superior y el yo inferior y se desarrolla a través de muchos años de meditación y práctica espiritual. Solo la parte noble, altruista y divina de la vida personal puede transmitirse al alma por medio del antahkarana. Por otro lado, mediante el desarrollo de una fuerte conexión con el alma, esta puede inspirar y dirigir a la personalidad cuando el antahkarana esté desarrollado lo suficiente.

arhat अर्हत् Alguien que ha pasado la cuarta iniciación y está a punto de llegar al nivel de Adepto. La quinta iniciación, la del Adepto o Asekha, frecuentemente puede pasarse en la misma encarnación. En ciertos libros, los términos arhat y Asekha se emplean indistintamente.

arūpa अरूप Sin forma. Los seres que existen únicamente en niveles más elevados que el mental inferior no tienen forma. Los humanos y otros seres espirituales tienen una parte de su existencia con forma y una parte sin forma. En los humanos, ātma, buddhi y el manas superior son todos sin forma, mientras el mental inferior, astral-emocional y físico-etérico tienen una forma que llamamos la personalidad o yo inferior.

asceticismo Un estilo de vida caracterizado por abstinencia de placeres mundanos, a menudo con el propósito de progresar espiritualmente. Si se convierte en una obsesión, es un obstáculo a la iluminación y no una ayuda. Llevado al extremo, es una forma de masoquismo y engrandece al ego en lugar de eliminarlo.

Asekha असेख "El que no tiene más que aprender". Es un término budista para un Adepto, o sea uno que ha aprendido todo lo necesario en el reino humano.

astral El plano de manifestación que incluye las emociones. Hay siete subplanos, con las emociones más groseras existiendo en los niveles más bajos y las emociones más elevadas, tal como la bondad y el estar satisfecho y no desear lo que no se tiene, en los niveles más elevados. La persona iluminada eliminará todas las emociones salvo aquellas más elevadas en su naturaleza y actuará desde el nivel del alma y no desde el de la personalidad.

astrología (gr.) Tal como la química y la física modernas evolucionaron de la alquimia antigua, así mismo la astronomía moderna evolucionó de la astrología antigua. La astrología que se practica hoy día es un pobre vestigio de la que era una ciencia mucho más exacta. Muchos astrólogos modernos usan cálculos y cartas astrológicas como punto de partida para observaciones clarividentes, pero a menos que dichos astrólogos sean adiestrados por iniciados, los resultados obtenidos serán rudimentarios. La astrología retomará su lugar apropiado en siglos por venir cuando haya más Adeptos que puedan dedicar el tiempo necesario para actualizarla.

atavismo Enfoque en el ego o personalidad. El atavismo se enfoca primordialmente en la importancia del individuo y es egoísta, no altruista.

Atlántida (gr.) Un gran continente que atravesaba los océanos Atlántico y Pacifico y que era la patria de hasta dos mil millones de personas. A medida que crecieron en inteligencia, los habitantes se pusieron más malvados y egoístas en su naturaleza, eliminando casi todo lo que era más espiritual. A lo largo de miles de años, todo el continente se sumergió y millones de habitantes fueron destruidos. Platón menciona la última isla, Poseidonis, la cual se hundió en 9,564 aC, según uno de los Adeptos.

ātma आत्म El Espíritu Universal. El Alma Suprema. El aspecto más espiritual de nuestro ser.

ātma-buddhi-manas आत्म बुद्धि मनस् La Tríada Divina o Mónada, es Espíritu e intuición operando a través del aspecto más elevado de la mente. Cuando el cuaternario inferior, la personalidad, ha sido completamente dominada, únicamente opera la naturaleza divina en forma de ātma-buddhi-manas.

avatāra अवतार Una encarnación divina. Por lo general, se refiere a un individuo que ha sobrepasado el reino humano en su desarrollo, pero que escoge encarnar a manera de cumplir una misión especial en la Tierra.

avīchi अवीचि El estado sin ondulaciones. Considerado como el equivalente al infierno, puede ser el estado de una persona que todavía viva en la Tierra, pero con más frecuencia es el de humanos que, después de la muerte, se encuentran sin haber desarrollado cualidad alguna durante su vida que pueda redimirlos. Afortunadamente, esto es poco común.

bautismo (gr.) Los rituales de ablución han sido parte de ritos religiosos por miles de años, simbolizando una purificación y renovación. Era una práctica en los rituales caldeos y asirio-babilónicos, así como en las ceremonias nocturnas en las pirámides egipcias.

bardo (tib.) El período intermedio entre dos encarnaciones en la Tierra, incluye kāma-loka y devachan.

Bhagavad Gītā Se traduce literalmente como La Canción del Señor. Es una parte del gran poema épico de la India, el Mahābhārata महाभारत. El Bhagavad Gītā es un diálogo entre Krishna, el conductor de carros de batalla y Arjuna, su discípulo, sobre principios esotéricos de la vida. En la historia, Arjuna representa la personalidad y Krishna el Yo Superior en la batalla que está a punto de comenzar entre el Hombre Espiritual y el hombre terrenal.

bhakti yoga भक्ति योग El yoga de la devoción a un ideal. La meta es ser uno con el Amado por medio de esfuerzos para parecerse a él. Muchas personas devotas practican el bhakti yoga sin ser conscientes de ello. El peligro potencial mayor es una tendencia a depender de las figuras de autoridad en vez de depender en uno mismo para determinar lo que es verdadero.

bodhi बोधि Sabiduría o iluminación.

bodhidharma बोधिधर्म La Sabiduría Antigua. Enseñanzas de una naturaleza esotérica que eran bien guardadas de los profanos y enseñadas solo a los que se habían probado merecedores por una purificación de la naturaleza inferior.

bodhisattva बोधिसत्त्व   Palabra derivada de bodhi (sabiduría) y sattva (esencia), es un título que se le confiere a los que están en el umbral para convertirse en un Buddha, uno que es iluminando y tiene derecho a nirvāṇa.

Brahma o **Brahman** ब्रह्मन्   Sin confundirlo con Brahmā, Brahma es el principio supremo del universo de cuya esencia todo emana y a lo cual todo regresa. No tiene ni principio ni fin y penetra todo, animando los seres más espirituales hasta los átomos más sencillos.

Brahmā ब्रह्मा   El componente masculino y creativo en la trinidad india de Brahmā, Visnú, y Śiva. Brahmā se manifiesta periódicamente de Brahma y luego desaparece cuando llega el estado de pralaya.

buddha बुद्ध   Iluminado. Un estado muy elevado de desarrollo espiritual, marcado por un desapego completo de todo lo impermanente y pasajero, un estado supremo de santidad que hace al que lo posee acreedor del gozo eterno si así se escoge.

buddhi बुद्धि   El campo o esfera de conciencia donde yace la intuición. Buddhi es el vehículo de ātma. El hombre, a su nivel más alto de desarrollo, funciona como una tríada de ātma-buddhi-manas.

buddhi-manas बुद्धि मनस्   En su naturaleza inferior, el ser humano funciona por kāma-manas, la mente inferior la cual recibe impulso por los deseos y las emociones. Una vez llegado a cierto estado de iluminación, el ser humano ha obtenido dominio sobre los deseos y las emociones personales y ahora funciona como un ser humano verdaderamente espiritual, operando por medio de la mente superior, la cual recibe impulso por ātma y buddhi.

Cábala   Sabiduría esotérica de los rabinos hebreos de la Edad Media, la cual se derivó de enseñanzas más antiguas concernientes a cosmogonía y teología, las cuales a su vez surgieron durante el tiempo en que los judíos estuvieron cautivos en Babilonia. A todas las enseñanzas de una naturaleza esotérica se les denomina cabalísticas.

caduceo (gr.)   La vara de Mercurio. Los griegos adoptaron el símbolo del caduceo de los egipcios. Metafísicamente, representa el descenso de la materia primordial hacia el mundo terrestre, la Realidad Una transformándose en ilusión. Físicamente, representa las corrientes de vida que animan la forma humana. La vara simboliza la columna vertebral y las dos serpientes entrelazadas representan la trayectoria en espiral tomada por la energía kuṇḍalinī mientras desde su origen en la base de la espina dorsal hasta su destino en el centro de la cabeza.

cascarones o **sombras** Ambos términos se refieren a los remanentes astrales de una persona muerta que ya ha continuado adelante en su experiencia post mórtem. Los cascarones y las sombras tienen una pequeña diferencia entre sí, pero ambos denotan los vehículos desechados los cuales languidecen y se desintegran con el paso del tiempo. Significan lo mismo que pisāchas.

Cátaros Un grupo cristiano cuyas creencias incluían muchos elementos gnósticos. Vivieron primordialmente en el sur de Francia en los siglos 12 y 13. Eran predominantemente vegetarianos y se oponían a la pena capital. Por motivo de que la iglesia romana consideraba que sus creencias constituían herejía, fueron perseguidos severamente por la Inquisición. En 1209, cien prisioneros cátaros fueron dejados ciegos y mutilados por soldados y luego se les permitió regresar a manera de que sirvieran como advertencia a los demás. Después de asaltar al pueblo de Béziers, el líder del ejercito de cruzados, Arnaldo, le escribió al Papa Inocencio III, "Hoy, su Santidad, 20,000 herejes fueron pasados por la espada, sin consideración de rango, edad, o sexo". Muchos católicos intentaron proteger a los cátaros porque ellos eran vecinos amables y apacibles, pero muchos de estos católicos también fueron matados por su simpatía hacia los cátaros. Asaltos sin tregua por los ejércitos de los cruzados lograron exterminar por completo a los últimos remanentes de esta secta luego de haber matado a decenas de miles de seres humanos únicamente por sus creencias.

chakra o **chakram** o **cakra** चक्रं Una rueda o disco, es un campo de energía de naturaleza circular. La mayoría de las veces se refiere a los siete centros mayores de energía en la parte etérica del cuerpo físico. A medida que uno va adquiriendo mayor iluminación, estos centros adquieren más energía y parecen girar, despacio al principio y luego con una velocidad que va en aumento. A la vista de un vidente, los chakras junto con el aura personal indican el nivel de adelanto espiritual de esa persona.

chela o **cela** चेल En obras esotéricas, se refiere por lo general a los discípulos de un gurú o guía espiritual.

chit o **cit** चित् Conciencia abstracta, aunque a menudo el término quiere decir la actividad mental.

ciencias ocultas El estudio del lado escondido de la naturaleza en todos los campos o esferas, o sea, el físico, el astral, el mental y el espiritual. Incluye la filosofía hermética, el cábala, yoga, enseñanzas esotéricas budistas, y las tradiciones esotéricas de los Brahmanes. Estas enseñanzas han estado escondidas del mundo externo por épocas. Ha sido solo en tiempos recientes que se ha levantado el velo ligeramente.

Chohan (tib.) Señor o Maestro.

clarividencia (fr.) La capacidad de ver a un nivel más elevado del físico, ya sea a la distancia o en las inmediaciones. Se aplica también al pasado, al presente y al futuro. Clarividentes promedios o psíquicos ven casi en su totalidad en el nivel astral-emocional, y su visión está influida por sus prejuicios y expectativas personales. Únicamente un iniciado capacitado por un Adepto o por uno de sus discípulos más adelantados puede ver en niveles más altos e interpretar con precisión lo que se ve en los campos o esferas astrales. Eso requiere muchos años de purificación, mental, emocional y física, además de un adiestramiento arduo a fin de aprender a separar la imaginación de la realidad.

crux ansata o **anj** El símbolo egipcio de la vida. Es en forma de cruz, pero en lugar de la parte superior del brazo vertical hay un círculo. Por su asociación con el sol, era frecuentemente construida en oro, aunque a veces se utilizaba el cubre pulido.

cruz Un símbolo antiguo. El asta vertical representa el descenso del Espíritu hacia la materia. La barra horizontal indica el sentido de separación experimentado por los habitantes de los campos o esferas inferiores y la posibilidad de vencer esta separación para reunirnos otra vez con nuestra Fuente Espiritual original. Ser crucificado es adquirir dominio sobre nuestra naturaleza inferior, abriendo así el sendero para regresar al Espíritu.

cuaternario inferior La personalidad, compuesta por el cuerpo físico, la fuerza vital en forma de prāṇa, el vehículo astral-emocional, y el vehículo mental inferior. Es el reflejo inferior de la Tríada Espiritual ātma-buddhi-manas.

cuerpo astral Liṅga śariram en sánscrito, es la parte de la personalidad que existe en el campo o esfera astral-emocional. Clarividentes capacitados pueden ver el aura del cuerpo astral y determinar la naturaleza emocional de un individuo, tanto en términos generales como en el momento actual.

cuerpo causal Un término utilizado a veces en la literatura esotérica para indicar aquella parte de nuestra naturaleza humana que existe en los niveles más elevados del campo o esfera mental. Es "causal" porque es el depósito de la esencia de cada encarnación individual. Por tanto, es el aspecto más permanente de nuestra esencia humana, lo que se conserva y se lleva de una encarnación a la próxima. Las causas o karma continúan de encarnación a encarnación por la acción intermediaria del cuerpo causal hasta que todas ellas sean resueltas y no haya ya más necesidad de adquirir experiencia en forma humana.

deva देव De la raíz sánscrita div, que quiere decir brillar. Se les alude como los dioses resplandecientes. El término deva incluye a todos los miembros del reino angélico. Algunos son mucho más elevados que otros, y aquellos de los niveles menos elevados no son necesariamente buenos.

devachan देवचन् El reino de los dioses, de los resplandecientes. El término se usa sobre todo para describir el estado de aquellos que debido a su karma, merecen una estadía en el "cielo" antes de regresar a una nueva encarnación. El período de tiempo en el devachan puede variar desde unas horas hasta varios siglos, según la cantidad de energía acumulada que sea merecedora de esa experiencia.

devanāgarī देवनागरी El idioma o alfabeto de los dioses. Las letras del idioma sánscrito. Se utilizan también en hindi, marathi y nepalí.

dharma धर्म La ley o ley natural. A veces se traduce como "deber" o aún "religión". Combina los preceptos de armonía, justicia, equidad y virtud. Por lo general, indica lo que es un modo apropiado de conducta personal en línea con la ley natural.

dharmakāya धर्मकाय Ver Nirmānakāya.

Dhyān Chohan (tib.) Los "Señores de Luz". Siendo el equivalente a los arcángeles en la iglesia cristiana, son inteligencias divinas encargadas de supervisar el Cosmos.

dhyāna ध्यान Contemplación. Siendo una de las etapas de la meditación, es un estado de conciencia que trasciende el plano de la percepción sensual. Es el equivalente a Chán en chino, Zen en japonés, Seon en coreano y Samten en tibetano.

Día y Noche de Brahmā Según fuentes esotéricas, el día y la noche juntos componen un período de 4.3 millón de millones de años. El día es un manvantara, un período de actividad y manifestación. Cuando esta fase activa disminuye y llega la noche, hay un período de descanso o pralaya durante el cual los mundos creados desaparecen y todo entra en una fase de reposo. Hay cierto misterio sobre el tiempo atribuido a estos períodos, pero uno puede decir con seguridad que son de una duración inmensa.

djinn o **jinn** (árabe) Un elemental o espíritu de la naturaleza. La palabra jiné es análoga a djinn.

Doctrina Secreta El nombre que se le da en términos generales a los escritos esotéricos antiguos. Es la Sabiduría Antigua.

dodecaedro (gr.) Platón afirma en su obra *Timaeus* que el universo es construido basado en la figura del dodecaedro, el cual es una esfera compuesta de doce pentágonos regulares.

drama El alboroto emocional que es una adicción para muchas personas. A medida que uno progresa en su desarrollo espiritual, la adicción a las emociones fuertes y a los deseos disminuye paulatinamente hasta que casi ninguna queda en la vida de un iniciado.

Dugpa (tib.) Un miembro de una secta de lamas budistas. Antes de la época de Tsong-ka-pa en el siglo 14, casi todos los lamas tibetanos habían adoptado los principios adulterados de la vieja religión Bon o Bön, cuyos practicantes estaban dados a brujería y magia negra. Después de la purificación instituida por Tsong-ka-pa, los lamas de la secta Gelugpa (sombrero amarillo) tenían una práctica escrupulosamente pura, mientras los de la secta Dugpa (sombrero rojo) continuaban siendo adictos a la embriaguez, la inmoralidad y la brujería. Hoy en día no es posible distinguir entre las dos sectas solo por el color del sombrero, dado que no siempre estas siguen las viejas tradiciones.

dukkha दुक्ख Pena y dolor. En las Cuatro Nobles Verdades del budismo, a dukkha se le reconoce como omnipresente en el mundo. El deseo de eliminar la pena y el dolor es lo que impulsa a los humanos a avanzar en el sendero espiritual.

Dzyan (tib.) El equivalente a dhyāna en sánscrito y al Zen japonés. Representa la sabiduría y más específicamente la Sabiduría Divina. El Libro de Dzyan, el cual es la base para La Doctrina Secreta, es por consiguiente un libro de sabiduría o conocimiento divino. Este libro es únicamente una parte de la serie de textos conocidos como Kiu-Te.

ego (lat.) El yo o identidad de sí. El yo dentro del concepto del yo contra el no yo. En muchos libros esotéricos ego o Ego se utiliza para denominar el Yo Superior, que es la parte más permanente de la existencia humana. En este libro se usa como sinónimo de la personalidad o yo inferior, aquello con lo con que la persona promedio se identifica cuando piensa de sí misma.

egoísmo Identificación con el yo, estar solamente ocupado o interesado por uno mismo. Fijación en los deseos y necesidades personales en contraposición a ser sensible a las necesidades de los demás.

elementales Espíritus de los elementos. Están asociados a la tierra (gnomos), aire (silfos), fuego (salamandras) y agua (ondinas). Cuando son utilizados en el trabajo llevado a cabo por iniciados capacitados, los elementales pueden producir mucho bien. Los elementales también pueden ser utilizados por magos negros para producir maldad, y a menudo hay psíquicos que involuntariamente pueden caer bajo el hechizo o encanto de estos elementales, a veces con resultados desastrosos. Los elementales son reconocidos por casi todas las culturas y podemos encontrarlos bajo nombres tales como peris, devas, genios, sátiros, faunos, duendes, hadas, trasgos, elfos y otros.

elementarios Sin confundirlo con elementales, este término se aplica casi siempre a los restos inútiles de lo que eran los vehículos del astral y mental inferior de un individuo después de la estadía en kāma-loka. Estos vehículos se desintegran paulatinamente, tal como en el caso del cuerpo físico. Retienen una memoria imperfecta del individuo que previamente era su dueño, y los médiums muy a menudo los confunden con individuos muertos. Es por esta razón que las comunicaciones con "espíritus" raramente tienen mucha sustancia. Se llaman también cascarones, sombras o umbras.

eón (gr.) Originalmente quería decir "vida" y más tarde la longitud de una vida. Más tarde aún se utilizaba para indicar una era, un período de tiempo muy largo, una eternidad. Está relacionado con la palabra sánscrita "kalpa" y la palabra hebrea "olam".

Esenios Del hebreo Asa, un sanador. Una secta judía misteriosa cuyos miembros vivieron cerca del Mar Muerto. Los Esenios seguían muchas ideas y practicas budistas. Se cree que eran los cristianos originales o seguidores de Jesús. A los miembros se les consideraba como parte de una gran familia, y el uso del término "hermano" en la iglesia cristiana llega de los Esenios.

esotérico (gr.) Escondido, ocultado, secreto. Enseñanzas que son reservadas para un grupo íntimo de estudiantes, los iniciados.

espíritu Este término ha sido utilizado en tantos contextos que resulta desconcertante para el estudiante. En este libro el uso de este vocablo se reserva para describir aquello que está más cerca del Absoluto en contraposición a lo que está más lejos. El Espíritu es aquello de naturaleza más elevada y a lo que aspiramos alcanzar.

espiritual Aquello que nos guía hacia un grado mayor de iluminación o conciencia. Es aquello que está en sintonía con la ley natural de la evolución del espíritu.

espiritualismo En filosofía, significa aquello que es de naturaleza más espiritual que material. Desafortunadamente, en los Estados Unidos y Gran Bretaña este término ha venido a significar la comunión con los espíritus de los muertos mediante la intervención de médiums. Es la necromancia de antaño y es mejor dejarla tranquila, ya que no ayuda ni a los vivos ni a los muertos. Puede interferir con, y retrasar, el proceso normal por el cual una persona pasa luego de la muerte.

espíritus de la naturaleza Ver elementales.

Espíritus Planetarios o Logoi Planetarios Los dirigentes o gobernantes espirituales de los planetas. De la misma manera que nuestro planeta tiene una Jerarquía Espiritual afiliada a él, así mismo sucede con todos los otros planetas en donde se está llevando a cabo una evolución. Son relativamente pocos los planetas en donde se está llevando a cabo una evolución física tal y como nosotros la conocemos, pero existen muchos planetas que poseen esquemas evolutivos en otros niveles de conciencia. Los Espíritus Planetarios corresponden a los arcángeles del cristianismo. Todos ellos han pasado ya hace mucho tiempo la etapa equivalente a nuestra propia evolución humana. Nuestra Tierra es por mucho muy joven para haber producido, de su propia humanidad, algún Espíritu Planetario. Por consiguiente nuestro Logos Planetario, Sanāt Kumāra, y sus asistentes vinieron a nosotros de otro sistema de evolución. El Señor del Mundo, que es uno de los títulos que ostenta nuestro Logos Planetario, es lo más cercano que los humanos tenemos a un "dios personal", aunque él no cumple con muchas de las cualificaciones que generalmente se le adscriben a semejante ser. La mayor parte de las conceptualizaciones que se tienen de un dios personal son una amalgama de rasgos del Absoluto, de varios miembros de la Jerarquía Espiritual, e inclusive de los elementales.

éter Este término ha sido usado de varias maneras diferentes, pero indica principalmente una red o medio de materia fina y sutil que todo lo permea. En este libro se usa específicamente para denotar los cuatro subplanos superiores del campo o esfera físico. Estos subplanos superiores no se pueden percibir por la persona promedio, pero hay personas sensibles que pueden sentir, ver, u oír vibraciones en estos niveles. Es la substancia por la cual la telepatía es posible mientras estemos en un cuerpo físico. Etérico es el adjetivo para describir lo que pertenece a este campo o esfera de existencia.

eternidad Esta palabra se usa para significar muchas cosas diferentes. Una de ellas es indicar el infinito o el hecho que no hay ni comienzo ni fin al proceso que llamamos vida. Puede también referirse a campos o esferas de existencia en donde el "tiempo" no tiene significado. Ciertamente existen fases del proceso de vida que duran períodos de tiempo extremadamente largos. Los términos "eón" y "eternidad" se pueden utilizar para indicar estos períodos. Por tal razón, encontramos referencias a algo que dura "siete eternidades".

evolución El crecimiento continuo que ocurre según un Plan Divino. Aunque ocurren varias experiencias y cambios durante el proceso evolutivo, los métodos generales y la meta final se conocen desde el principio. La evolución ocurre no sólo en las formas físicas, sino que aún más importante en la iluminación o la expansión de conciencia. Los cuerpos físicos que están en continuo cambio son sencillamente vehículos que permiten que ocurra la expansión de conciencia.

faquir (árabe) En la India el término se utiliza para referirse a un asceta islámico más o menos equivalente a un yogui. Por lo general quiere decir alguien que ha desarrollado uno o más siddhis por medio de ciertas prácticas.

fenómeno (Gr.) En misticismo, este término se refiere generalmente a algo que aparece debido a causas invisibles. Una vez nosotros entendemos la relación existente entre una causa y su resultado, entonces lo llamamos ciencia. Hasta tanto esto no sea así, lo observado parece ser magia o un "milagro". Nada que contradiga a las leyes de la naturaleza podrá existir jamás. Aquellos que sepan cómo trabajar con dichas leyes naturales, podrán producir fenómenos que aparenten ser milagrosos ante los ojos de los no iniciados.

fohat (tib.) La potencia masculina o activa de Śakti, el poder reproductivo femenino en la naturaleza. Es la esencia de la electricidad cósmica. Fohat es la Fuerza Vital propulsiva universal.

fuego En términos esotéricos denota la Vida Una. El sol es el símbolo externo de fuego viviente. El fuego y la electricidad, en sus varias formas, son los responsables por la vida tal como la conocemos.

Ganesh o **Ganesha** गणेश El hijo de Śiva, Ganesh es de forma humana con la cabeza de un elefante y se le considera como el Dios de la Sabiduría. Es el mismo que Tot-Hermes y Anubis de los egipcios.

Gaṅgā गङ्गा El Ganges, el río más sagrado en la India. Se considera un buen karma el morir en Varanasi en las riberas de este río.

Gāyatrī गायत्री También conocido como Sāvitrī सावित्री. Es el mantra sagrado en veneración al sol como representante del Logos Solar. Una de sus frases se puede traducir como: "Meditamos sobre la Luz Divina de ese adorable Sol de Conciencia Espiritual. Que el mismo estimule nuestro poder de percepción espiritual". Con frecuencia se canta cada mañana y cada atardecer.

glamour Un estado de ilusión o māyā el cual es la cruz o la ruina para el discípulo espiritual. Estar sujeto al glamour es equivalente a estar bajo un hechizo o encanto. El estado de glamour existe por completo en el plano astral y es la carnada que atrapa a los egos humanos. En la mitología griega esto es representado por el cántico de las sirenas. La ilusión es el resultado de la combinación de todas las emociones humanas a lo largo de cientos de miles de años. Se requiere de un gran esfuerzo para sobreponerse a este campo o esfera del glamour y la ilusión. Nadie puede ver las cosas con claridad hasta tanto no se haya librado del ego y del glamour.

gnosis Conocimiento. Escuela de filosofía esotérica religiosa que existió antes del advenimiento de la era cristiana y que continuó por los primeros siglos de dicha era. Los gnósticos se vieron forzados al clandestinaje cuando la iglesia cristiana con base autoritaria alcanzó el poder y decidió erradicar todas las escuelas de filosofía religiosa que consideraba heréticas. Es el equivalente a gupta vidyā. El conocimiento era impartido solamente a los iniciados en los Misterios Sagrados.

gnósticos Los practicantes del gnosticismo, los cuales florecieron durante los primeros tres siglos de la era cristiana. Entre ellos sobresalen Simón el Mago y Valentín el Gnóstico.

guṇa गुण Cualidad o atributo. Triguṇa त्रिगुण es un término que incluye tres cualidades específicas: rajas (creación o actividad), sattva (bondad o esencia) y tamas (inercia o descomposición).

gupta vidyā गुप्त विद्या Ciencia esotérica o secreta. Conocimiento de naturaleza espiritual que se imparte solo a aquellos que han pasado por un proceso de purificación y que por sus esfuerzos son acreedores a ser instruidos en la Doctrina Secreta.

gurú गुरु Un maestro espiritual.

hatha yoga हठ योग   Escuela de yoga basada en poses y posturas (āsanas) y ejercicios de respiración (prāṇāyāma). El sabio hindú del siglo 15, Swatmarama, es considerado como el fundador del hatha yoga, disciplina que es una preparatoria para formas más elevadas de yoga, incluyendo el rāja yoga. Hatha es un término sánscrito que significa persistencia o forzado.

Hermes Trismegisto (Gr.)   Trismegisto significa tres veces grande. Es un personaje mítico egipcio que lega el nombre a la filosofía hermética. Es el mismo que el dios egipcio Thoth. En la antigua Grecia, Hermes era considerado como el dios de la sabiduría.

hierofante   Palabra griega que significa "uno que explica las cosas sagradas, el líder de los iniciados". En Ática, era el sacerdote jefe de los Misterios Eleusinos. El título se aplica a los Adeptos más elevados, aquellos que enseñan los misterios a sus discípulos.

hilozoísmo   La doctrina, principalmente entre ciertos filósofos griegos, de que toda la materia contiene vida. Conforme uno de sus proponentes, "Toda forma está compuesta de muchas formas, y todas las formas, sean estas de naturaleza compuesta o simple, son la expresión de una vida inmanente o alma. La fusión de la vida con la substancia viviente produce otro aspecto de la expresión: la conciencia".

Horus (egipcio)   El último en la línea de reyes divinos en Egipto. Se dice que era el hijo de Osiris e Isis. Se le reverenciaba particularmente en forma de un infante durante el solsticio de invierno.

Hypatia   Una neoplatónica que vivió en Alejandría durante el siglo 5 de la era cristiana y que fue famosa por sus conocimientos de lo oculto. La iglesia cristiana la consideró peligrosa por su renombre, y fue asesinada por los seguidores de Teófilo, obispo de Alejandría y su sobrino Cirilo. Con su muerte se puso fin a la escuela neoplatónica.

illuminati (l.)   Adeptos iniciados, aquellos que son "iluminados".

iniciado   En la antigüedad, este término denotaba a aquellos que habían tomado ciertos pasos en el proceso de avanzar espiritualmente, esto bajo la tutela de los hierofantes y altos sacerdotes de los templos. Hoy en día la iniciación la confiere la Jerarquía. Debido a que es el alma y no la personalidad quien es iniciada, es posible el haber pasado por algunas de las iniciaciones menores sin ningún recuerdo de ello en el cerebro físico. Algunas de estas iniciaciones menores también pudieron haber ocurrido en una vida anterior.

involución El acto de envolver o enmarañar. El halar hacia adentro. Aunque el vocablo evolución cubre el proceso completo del descenso del espíritu hacia la materia y su retorno eventual a la Fuente, el proceso puede dividirse en dos fases, con involución describiendo el incremento de densificación y "enmarañamiento" durante el descenso y evolución describiendo el viaje de retorno.

Isis Issa o Isis era la diosa virgen y madre egipcia, la personificación de la naturaleza. Ella es el reflejo femenino de Osiris y con frecuencia se le representa como la madre de Horus. La leyenda de la virgen madre podemos verla en los relatos acerca de muchos de los instructores del mundo.

jāgrat जाग्रत् El estado de vigilia. Se considera generalmente como un estado normal de conciencia.

Jerarquía Espiritual La hermandad de seres avanzados que velan por la evolución de nuestras formas físicas y de nuestra conciencia. Incluye a los iniciados de mayor rango, Adeptos, Chohans, Mahāchohans, Manus, Bodhisattvas, Buddhas, el Logos Planetario y los arcángeles, entre otros.

jīva जीव La fuerza de vida. Aquello que vivifica la forma y que cuando se retira sobreviene la muerte. Jīva es el principio universal y prāṇa es su equivalente a nivel personal.

jñāna yoga ज्ञान योग El jñāna yoga enseña que hay cuatro maneras de alcanzar la iluminación o de escapar el ciclo de nacimiento y muerte por medio del conocimiento. Estas son: viveka (discernimiento), vairagya (desapego), shatsampatti (desarrollo de seis virtudes para controlar a la naturaleza inferior) y mumukshutva (un anhelo profundo por la liberación).

Kālī काली Vocablo derivado de kāla, que significa negro. Kālī es un término que se aplica a Parvati, consorte de Śiva y sinónimo de oscuridad y maldad. A Kālī se le considera como la diosa del tiempo y el cambio.

kali yuga कलियुग La era del vicio o la oscuridad. A las distintas eras le son adscritas diferentes períodos de tiempo de duración dependiendo de la fuente que se consulte. Se dice que algunas de estas eras duran 432,000 años. De acuerdo a una fuente, esta era comenzó a la medianoche del 18 de febrero de 3102 a.C. y el primer ciclo terminó alrededor del 1897.

kalpa कल्प Un período principal de tiempo en la evolución cósmica. Representa un día y una noche de Brahmā o mil mahāyugas. De acuerdo a ciertas fuentes, este período dura 4,32 mil millones de años, aunque esta cifra tiene un significado esotérico y no equivale necesariamente al mismo período de tiempo en años terrestres.

kāma काम El deseo en sus formas más bajas, tal como lujuria, codicia, envidia, gula y soberbia. Con frecuencia se asocia este término con Māra, el tentador, quien trata de fortalecer nuestra naturaleza animal.

kāma-loka कामलोक Un estado de ser luego de la muerte en donde las emociones humanas más burdas tienen que resolverse. Puede durar desde algunos minutos en el caso de personas con elevada pureza, hasta varias décadas para aquellos que no pudieron subyugar sus deseos más bajos mientras estuvieron vivos. Es el Hades de los antiguos griegos y el Amenti de los egipcios, la tierra de las sombras silentes.

kāma-manas काममनस् El nivel inferior de la mente el cual recibe ímpetu por las emociones. La mayor parte de los seres humanos operan en el campo o esfera de kāma-manas, pero los Adeptos y los iniciados más elevados operan mediante Buddhi-manas, en cuyo caso la emoción nunca llega a ser un factor motivador.

karma कर्म Acción. Desde el punto de vista metafísico este término se refiere a la ley de causa y efecto, no a un sistema de recompensa y castigo como algunos piensan. Es la ley natural que guía inequívocamente a todas las criaturas sensibles en su trayectoria de evolución espiritual. Aquellas acciones que son de naturaleza egoísta y contrarias a la ley natural traerán dolor y sufrimiento, mientras que las acciones que sean cónsonas con la ley natural traerán una dicha indescriptible. El karma no puede ser erradicado por fuentes externas, lo que va en contra de la idea de expiación vicaria. El karma generado durante una vida se arrastra a una vida futura por medio del cuerpo causal hasta que dicho karma sea resuelto mediante la acción apropiada.

karma yoga कर्म योग El yoga de la acción, el de ser presente completamente en el ahora en cada acción que se realice. Con frecuencia incluye actos de caridad y ayuda física hacia los demás. Es la acción correcta de los budistas.

Krishna o Kṛṣṇa कृष्ण Una encarnación divina y altamente reverenciada de Visnú. Es el dios más popular del hinduismo. El relato de su concepción, nacimiento y niñez es muy similar al de Jesús en el Nuevo Testamento.

kriyāśakti क्रियाशक्ति El poder del pensamiento en acción, una de las siete fuerzas de la naturaleza. Es el poder creativo o siddhi de un Adepto, la capacidad para ejecutar magia verdadera.

kuṇḍalinī śakti कुण्डलिनी शक्ति El poder serpentino, el cual se mantiene enroscado en la base de la espina dorsal y es la fuerza vital que hace de un cuerpo una forma viviente. El despertar el poder del kundalini mediante la meditación y ejercicios de respiración puede resultar en videncia para los que estén listos espiritualmente, pero puede resultar en demencia o muerte si se despierta prematuramente.

kuṇḍalinī yoga कुण्डलिनी योग Las prácticas utilizadas para despertar la energía del kundalini. Este tipo de yoga debe realizarse solamente bajo la guía de un gurú espiritual altamente avanzado, quien sea a su vez un vidente. Mucho de lo que se denomina kundalinī yoga en las clases de hatha yoga no lo es en realidad.

lama (tib.) Usado apropiadamente, es un título aplicable solamente a los sacerdotes de más alto nivel en el budismo tibetano. Desafortunadamente, muchos de los "lamas" en el Tíbet contemporáneo son poco más que adivinos de un grado notablemente inferior.

laya लय Aquel punto en donde la substancia se torna homogénea y no es capaz de diferenciarse. Ver pralaya.

laya yoga लय योग Escuela de yoga que se enfoca en los chakras. El kundalinī yoga es un tipo de laya yoga.

Lemuria Término utilizado originalmente por los biólogos pero que fue adoptado por los esoteristas como el nombre de un continente que precedió a Atlántida. En las etapas tempranas de su desarrollo, sus habitantes, conocidos como lemurianos, estaban todavía descendiendo hacia la materia física. Más tarde, dichos habitantes adquirieron cuerpos físicos completos, comenzaron a desarrollar la mente y el intelecto e inventaron el lenguaje como forma de comunicación. Con anterioridad a esta etapa, el medio utilizado para la comunicación de ideas era la telepatía.

Lévi, Eliphas Un cabalista muy conocido. Su nombre cristiano era Alphonse Louis Constant. Fue un abate, que es un tipo de clero en la iglesia católica francesa, y fue miembro de una fraternidad esotérica llamada los Hermanos de la Luz. Escribió cinco libros muy conocidos: *Dogme et rituel de la haute magie* (1856), *Histoire de la magie* (1860), *La clef des grands mystères* (1861), *Legendes* *et symbols* (1862) y *La science des esprits* (1865). La iglesia católica lo expulsó de la orden cuando se hizo famoso como cabalista.

Lha   Seres altamente evolucionados. Por tanto, Lhasa es el lugar donde mora Lha.

liṅga śarīram लिङ्ग शरीरम्   El vehículo astral-emocional utilizado durante la encarnación física de una persona. Luego de la muerte, el mismo se desintegra con el tiempo y se construye uno nuevo para la subsiguiente encarnación, tal y como sucede con el cuerpo físico.

liṅgam लिङ्गम्   Un símbolo de la polaridad masculina de la fuerza creadora.

Logos (gr.)   La "Palabra" o el "Verbo" tal y como se utiliza en su sentido metafísico en la Biblia. Es el "Vāch" en sánscrito. Indica el poder creador utilizado para crear planetas y sistemas solares y se refiere a los miembros de la Jerarquía Espiritual a cargo de los mismos.

loka लोक   Un campo o esfera o un lugar circunscrito. El término es utilizado para indicar distintos campos o esferas de conciencia, por ejemplo, el kāma-loka. El vocablo en latín locus, de donde proviene la palabra lugar y *location* en inglés, se deriva de este término en sánscrito.

loto   La *Nelumbo nucifera* es una flor sagrada en Egipto y en la India. Simboliza nuestra búsqueda por la iluminación. Las semillas de esta planta, las cuales se encuentran en el cieno presente en el lecho de cuerpos de agua lóbregos, germinan y producen tallos lo suficientemente largos como para salir a la superficie para así poder recibir los rayos del sol. En términos esotéricos, a nuestro sistema solar se le representa como un loto de doce pétalos.

Lucifer (l.)   El portador de luz, aplicado con frecuencia al planeta Venus por ser la estrella mañanera. Previo a los trabajos de John Milton, nunca se había utilizado como nombre del demonio. Resulta desafortunado que el mal uso de este término haya degradado lo que era antes un símbolo hermoso.

maga मग   Los sacerdotes del sol que se mencionan en Vishnu Purana. Luego se convirtieron en los magi de Caldea y Babilonia.

magi   Eran los sacerdotes del Dios Fuego. Este término es la raíz del vocablo castellano mago y del inglés *magician*. La leyenda de los tres Reyes Magos que visitaron al niño Cristo viene de la idea de que ellos eran hombres muy adelantados en el conocimiento metafísico, incluyendo la astrología.

magia El uso de fuerzas naturales en un acto de creación, ya sea para el beneficio de la humanidad en lo que se conoce como magia blanca, o con fines egoístas sin consideración alguna a los efectos que esto podría tener en los demás, que es lo que se conoce como magia negra. El curso de acción más seguro es el no tratar de desarrollar estos poderes, sino en vez trabajar en el desarrollo del carácter propio. A medida que uno va creciendo en entendimiento, los poderes vendrán de forma natural conforme los mismos sean necesarios en el trabajo con la Jerarquía Espiritual.

magia negra Todo tipo de magia utiliza el mismo principio de kriyāśakti, el cual comprende la creación de una forma mental poderosa creada por pensamientos y el introducirle energía elemental para poder así construir la forma en materia. La materia se puede quedar estrictamente en el campo o esfera mental, o se puede extender hasta los campos o esferas astral-emocional y físico-etérico. Hay magia blanca, negra y gris, según los motivos que haya detrás de la misma. Si es puramente motivada por amor de la humanidad, sin ningún egoísmo, es magia blanca. Si es motivada por ganancia personal que afecta de manera negativa a otras personas, es magia negra. Cada ser humano practica una forma débil de magia sin darse cuenta. Nosotros nos creamos las circunstancias en la vida por medio de nuestros pensamientos y la energía que estos atraen. La mayoría de estos pensamientos son en parte altruista y en parte egoísta, produciendo así una clase de magia "gris". A medida que alcanzamos mayor iluminación, la magia que creamos es más pura y eventualmente la misma será blanca. La magia de un ser avanzado es mucho más fuerte que la de la persona promedio.

mago Este término ha llegado a significar una persona que utiliza artefactos, ilusión y juegos de mano para imitar lo que un mago verdadero puede lograr en realidad. El mago verdadero nunca utiliza sus poderes para asombrar o impresionar a las personas.

Mahābhārata महाभारत La gran guerra. Un poema épico hindú que incluye tanto al Ramayana como al Bhagavad Gītā.

Mahāchohan (tib.) Quien está a la cabeza de una hermandad espiritual de Adeptos. En específico, el jefe o líder de la hermandad transhimaláyica.

mahātma महात्म "Gran alma". Un Adepto sumamente avanzado. Los mahātmas son seres iluminados que han alcanzado el dominio sobre los campos o esferas inferiores y que poseen conocimiento y poderes muy por encima de los de la humanidad promedio.

Maitreya Buddha मैत्रेय बुद्ध Un alto miembro de la Jerarquía Espiritual. Maitreya es el Instructor del Mundo quien, junto a varios otros Adeptos, es responsable por la diseminación de nuevas enseñanzas a medida que la humanidad va alcanzando mayores niveles de conciencia. Ostenta el rango de Bodhisattva.

manas मनस् Mente, la facultad que distingue a los seres humanos de los animales. El vocablo *man*, que significa hombre en inglés, se deriva de manas. Todos los seres que se encuentren en el nivel humano de conciencia o más allá de este, son capaces de utilizar alguna forma de mente para lograr alcanzar sus deseos o anhelos. Kāma-manas es el uso de la mente para lograr la realización de los deseos personales y egoístas. Buddhi-manas es el uso del aspecto más elevado de la mente para el bien de todos, sin consideración alguna por los deseos personales.

mantra मन्त्र Un cántico u oración, una afirmación capaz de crear una transformación. La creación de mantras sánscritos es tanto un arte como una ciencia. Algunos mantras son sumamente poderosos, tal como los Gāyatrī.

Mantra Shāstra मन्त्र शास्त्र Los textos brahmánicos que contienen información acerca de la creación de mantras.

manvantara मन्वन्तर Literalmente significa el período de tiempo entre dos Manus. Es un período de manifestación activa seguido de pralaya, un período de descanso. Cuando comienza un período nuevo de actividad, un nuevo Manú está a cargo del mismo. Catorce Manus con sus respectivos manvantaras hacen un kalpa, un eón o un día y noche de Brahma. El Manú actual es Vaivasvata Manu.

Māra मार El demonio que trató de seducir al Gautama Buddha tentándolo con visiones de mujeres hermosas. Él es la personificación de las fuerzas que intentan mantener a los humanos enmarañados en el mundo inferior tanto como sea posible, ejerciendo su fuerza de atracción apelando a nuestros deseos terrenales por medio del encanto y el glamour de forma que no podamos ver las cosas con claridad.

māyā माया Ilusión. Es el poder universal que hace posible la existencia de lo fenomenal. Solamente el Absoluto es lo real, todo lo demás es ilusión o māyā, aunque dicha ilusión nos da la oportunidad de adquirir experiencia.

māyāvirūpa मायाविरूप Vocablo derivado de māyā (ilusión) y rūpa (forma o cuerpo). Es un cuerpo o vehículo temporal creado por seres avanzados a manera de comunicarse con alguien que no es capaz de comunicarse con ellos al nivel de conciencia elevada en que se encuentran tales seres avanzados. Este cuerpo o vehículo se utiliza solamente por el tiempo que sea necesario para cumplir con su cometido. Dado que la forma tiene que ser mantenida unida por medio de la fuerza de voluntad, la misma se desintegra tan pronto como dicha fuerza es retirada. El māyāvirūpa puede ser una forma humana completa o una parcial.

Mente Universal El intelecto o mente existe en más que meramente el plano mental de conciencia. A medida que nos elevamos en conciencia, nuestra existencia es cada vez menos individualizada y se convierte más en un fenómeno grupal.

metamorfosis El uso sucesivo de diversas gradaciones de formas para hacer posible el crecimiento de la conciencia, lo que constituye el propósito de la vida. Este concepto está incorporado en la máxima cabalística: "Una piedra se convierte en planta, una planta en animal, un animal en hombre, un hombre en espíritu y un espíritu en dios".

metempsicosis (gr.) Este término se usó con anterioridad para referirse a lo que en la actualidad llamamos reencarnación. Por un tiempo durante el siglo 19 el término reencarnación se refería solamente a casos en donde el alma utilizaba, para crear la personalidad, los mismos vehículos astral y mental inferior de la vida previa. Esta situación es rara y por lo general tiene aplicación solo en los casos de muerte de un niño pequeño o de alguien que nunca progresó mentalmente más allá del nivel equivalente al de la niñez. Esto puede suceder únicamente cuando la reencarnación tiene lugar casi inmediatamente luego de la muerte, y ocurre porque la persona fallecida nunca llegó a la edad en donde podía ser responsable por sus actos, lo cual sucede normalmente entre las edades de siete a ocho años. En la reencarnación normal, tanto los vehículos astral y mental inferior son de creación nueva, tal y como sucede con el cuerpo físico. Hoy día los términos metempsicosis y reencarnación se intercambian, lo que hace que algunos textos del siglo 19 resulten algo confusos.

Misterios Conceptos que frecuentemente se enseñan en forma teatral o por otros medios para seleccionar a quienes estudiarán lo referente al origen del universo, la naturaleza del espíritu humano, la caída hacia la materia y el plan de redención mediante el poder purificador de las prácticas espirituales. En los templos antiguos, los hierofantes iniciados interpretaban cual obra dramática los Misterios Sagrados. Los mismos métodos se utilizan todavía para instruir a los neófitos, pero esto no tiene lugar en el campo o esfera físico sino que ocurre en los niveles más elevados del plano mental, el campo o esfera del alma.

Misterios eleusinos De las antiguas escuelas de misterios, ésta se considera como una de las más grandes. Se cree que los orígenes de esta escuela datan de aproximadamente 1500 aC. El sigilo era de suma importancia entonces tal como hoy. Eleusina es un pueblo unos 18 km de Atenas.

moksha o moksa मोक्ष Liberar o dejar ir. Es el fin del ciclo de reencarnación.

mónada (gr.) Uno o unidad. En los textos esotéricos se utiliza este término para referirse a la Tríada Divina, ātma-buddhi-manas, o la Díada ātma-buddhi. La mónada es para el Adepto lo que el alma es para un ser humano. Es aquella parte de nuestro ser que nos inspira a ir cada vez más hacia lo alto en nuestra búsqueda por una mayor iluminación.

mudrā मुद्रा Un sistema de símbolos místicos que se hace con las manos. Son en imitación a letras antiguas en sánscrito que tenían poderes mágicos. Luego fueron mal utilizadas por los Tantrikas para propósitos de magia negra.

mukti मुक्ति Liberar o dejar ir. Es la práctica del desapego. Su aplicación tiene como resultado la liberación de los campos o esferas inferiores, y quien la práctica es un candidato para mokṣa, o sea, la liberación del ciclo de muerte y reencarnación.

mūlaprakṛti मूलप्रकृति La raíz parabráhmica, el principio femenino abstracto o la materia no diferenciada. Constituye las fases más tempranas de un manvantara nuevo.

mumukṣutva मुमुक्षुत्व Deseo intenso por liberarse del ciclo de muerte y reencarnación. Una de las cuatro maneras hacia la salvación según el jnāna yoga.

nāga नाग Una serpiente. Nāga con frecuencia es un símbolo de sabiduría.

neoplatonismo Una escuela ecléctica de filosofía fundada por Ammonius Saccas en Alejandría al principio de la era cristiana. Su propósito era conciliar las enseñanzas de Platón y Aristóteles con la filosofía esotérica oriental. Fundamentado en pura filosofía espiritual, metafísica y misticismo, el neoplatonismo representó un esfuerzo por traer un entendimiento superior a un mundo sumido en la superstición y la fe ciega. La muerte de Hypatia a manos de fanáticos cristianos puso fin al movimiento neoplatónico.

Nirmāṇakāya निर्माणकाय Cuando uno llega al nivel más elevado de iluminación propuesto para la humanidad actual, se ha convertido en un Buddha y es acreedor de adoptar la vestidura de Dharmakāya, entrando a un estado de dicha eterna si así se escoge hacer. Si uno hace esto, es separado del mundo de las formas y el sufrimiento para siempre. Por el contrario, si se escoge la vestidura de Nirmāṇakāya, uno se embarca en una misión de autosacrificio para ayudar a su prójimo en su propia lucha por la iluminación. Esto comprende un acto supremo de compasión.

nirvāṇa निर्वाण El reino de aquellos Buddhas que escogieron la vestidura de Dharmakāya, un estado de gozo indescriptible libre de dolor y sufrimiento de cualquier tipo.

nous Término utilizado por Platón para referirse al Yo Superior o alma. En su uso más común simplemente significa mente o intelecto. Ver psique.

Obea Secta de hechiceros en África y partes del Caribe. Sus prácticas son una forma inferior de magia, la cual es un remanente de los tiempos de Atlántida.

od (gr.) Término utilizado a mediados del siglo diecinueve para describir a una fuerza que puede ser manipulada. Está comprendida en el magnetismo, actividad química, electricidad, calor y luz. A veces se refiere a ella como fuerza "ódica" u "odilica". Este término está casi en desuso hoy día.

Om o Aum ॐ o ओम् La Palabra Sagrada en la India. Es a su vez una invocación, una bendición, una afirmación y una promesa. El símbolo se denomina praṇava.

Orfeo Un gran maestro en la mitología griega. Algunos textos esotéricos sugieren que fue Arjuna, el hijo de Indra y discípulo de Kṛṣṇa. El nombre mismo de Orfeo significa pardo, alguien con una tez oscura. Se le considera como el fundador de los Misterios Órficos.

Osiris El dios principal del antiguo Egipto, hijo de Geb, símbolo del fuego celestial y de Nut, símbolo de la materia primaria y el espacio infinito. Es el mismo que Ahura Mazda de los Parsis. De acuerdo a una leyenda, Osiris nació en el Monte Sinaí y fue asesinado a la edad de veintiocho años por su hermano Set o Tifón. Los cuatro aspectos principales de Osiris son: luz (espíritu), mente (intelecto), luz lunar (naturaleza psíquica) y forma física, por lo que él representa la naturaleza dual del hombre, una combinación de lo espiritual y lo material. La leyenda relata que tres días luego de ser enterrado, Osiris se levantó y ascendió al cielo.

pagano En sus orígenes el término significaba morador del campo. Muchos paganos poseían visión astral y adoraban la vida inmanente en todas las formas, sean estas mineral, vegetal, animal o humanas. A medida que la iglesia cristiana fue adquiriendo poder, a los paganos se les declaró idólatras y se realizaron esfuerzos para aplastar sus creencias tradicionales, absorbiéndolos dentro de la iglesia por medio de la creación de festivales cristianos que substituyeran a los festivales paganos existentes. Esto podemos verlo muy específicamente en las celebraciones de Navidad y de Pascua.

pāli Lenguaje clásico de la India que precedió al sánscrito, el cual era más refinado. Las primeras escrituras budistas fueron hechas en Pāli.

Parabrahm o Parabrahman परब्रह्मन् Significa literalmente "más allá de Brahm". Es el Absoluto, aquello sobre lo cual nada puede ser dicho.

Pāramitā पारमिता De acuerdo con la filosofía budista, una lista que puede variar de seis a diez virtudes que si se cultivan conducen a la iluminación. La lista más extensa incluye la generosidad, la moralidad, la renunciación, la sabiduría, el esfuerzo diligente, la paciencia, la honestidad, la determinación, la bondad y la ecuanimidad.

Patañjali पतञ्जलि El fundador del rāja yoga o la filosofía yoga. Todas las demás escuelas de yoga se derivan de sus sūtras. Algunos orientalistas afirman que Patañjali vivió aproximadamente en el 200 a.C., pero los esoteristas reclaman que él vivió alrededor de 500 años antes de esa fecha.

pecado Cualquier acción que vaya en contra del flujo natural de la evolución espiritual, pero ello toma en consideración el nivel de conciencia actual que se tiene. De esta forma, para la persona más iluminada existen más acciones a las cuales se les considera pecaminosas que las que existen para una persona que tenga menos experiencia en el reino humano. "De aquel a quien mucho se le ha dado, mucho le será requerido".

personalidad Aquello que la mayor parte de los humanos identifican como el yo. A la personalidad la componen los vehículos físico, astral-emocional y mental inferior. Para la persona promedio ninguna parte de la personalidad reencarna, para cada encarnación todos los vehículos son de nueva creación. Esta es la razón principal de por qué no nos acordamos de las vidas pasadas, ya que el alma ignora los detalles de la vida de la personalidad. Tampoco nos sería de ayuda el acordarnos de los detalles de las vidas pasadas, toda vez que esto nos llevaría a reasumir los resentimientos y los pensamientos negativos anteriores. El tener un conjunto nuevo de vehículos nos da la oportunidad de hacer un comienzo nuevo, sin ninguna otra carga que la del karma de vidas pasadas, el cual no puede ser descartado.

pisācha o **piśāca** पिशाच   Espíritu maligno o espectro. Los pisāchas son los cascarones o elementarios de las personas fallecidas que han pasado por el kāma-loka. Cuando son animados por conducto del poder de médiums o de espíritus de la naturaleza, estos cascarones pueden exhibir muchas de las características de la persona. Sin embargo, debido a que se ha retirado la conexión con el Yo Superior, estos cascarones parecen asemejarse más a actores que a personas vivientes.

Pistis Sophia   Un texto gnóstico importante que data desde tan temprano como el siglo segundo d.C. Fue redescubierto en el 1773.

pitṛis पितृ   Los ancestros espirituales de la humanidad.

Pitágoras   Filósofo griego famoso. Nació alrededor del 570 a.C. en Samos, una isla griega en el Mar Egeo. Viajó extensamente y sus enseñanzas traían consigo la marca de su vasta experiencia con varias culturas. Estudió con los Brahmanes en la India y aprendió astrología y astronomía en Caldea y en Egipto. Eventualmente se instaló en Crotona, una colonia griega en el sur de Italia, en donde estableció un grupo llamado la Hermandad Pitagórica, una sociedad dedicada al estudio de las matemáticas. Tanto el Rosacrucismo como la Francmasonería reclaman tener sus orígenes en la Hermandad Pitagórica. En su tiempo, Pitágoras fue uno de los principales expertos en geometría. Él es el responsable por la creación de la palabra filósofo, compuesta por dos palabras griegas que significan amante de la sabiduría. No solo fue versado en las ciencias físicas sino en las ciencias ocultas también. Enseñó acerca de la reencarnación y estudió las propiedades matemáticas de la música. Murió alrededor del 495 a.C.

plano   Tal y como es utilizado en los textos esotéricos, un plano denota un intervalo de conciencia específico. Cada plano comprende vibraciones de una naturaleza particular, pero con muchas variaciones en características. Cada plano tiene siete subplanos. Los tres subplanos inferiores de nuestro campo o esfera físico son las tan conocidas divisiones de sólido, líquido y gas y los cuatro subplanos superiores contienen materia de una naturaleza etérica. De la misma forma que hay una coincidencia en parte entre subplanos físicos adyacentes, también existe una coincidencia parcial en todos los niveles, tanto entre planos como entre subplanos de un mismo plano. A medida que crecemos en conciencia, nos percatamos más y mejor de la extensión de estos planos.

Platón Iniciado de los Misterios Antiguos que vivió aproximadamente entre el 424 a.C. y el 348 a.C. Se le considera como a uno de los grandes filósofos griegos. Fue discípulo de Sócrates y maestro de Aristóteles.

Popol Vuh El libro sagrado de los Quichés (K'iche) de Guatemala. Durante la ocupación española de Centro América, casi todos los registros mayas fueron destruidos, pero las leyendas fueron pasadas por medio de la tradición oral. En el 1558 d.C., un nativo transcribió dichas leyendas en la lengua Quiché utilizando letras latinas. De acuerdo a los relatos de la creación en la primera parte, los animales fueron creados primero y los seres humanos después. La primera raza de humanos fue creada a partir de tierra y barro, pero los mismos se disolvieron. La segunda raza fue creada a base de madera pero carecían de alma y mente. Estas leyendas incluían también relatos acerca de un gran diluvio que cubrió la Tierra.

Porfirio Uno de los más grandes filósofos neoplatónicos. Siguió los preceptos del rāja yoga. Nació en la ciudad de Tiro alrededor del 234 d.C. y murió alrededor del 305 d.C. Él dijo, "No profanes la divinidad con las imaginaciones vanas de los hombres; no podrás lastimar aquello que es bendecido de por siempre, pero te cegarás a ti mismo a la percepción de las realidades más grandes y vitales". (*Ad Marcellam*) "Si queremos liberarnos del asalto de los espíritus malignos, debemos mantenernos libre de aquellas cosas sobre las cuales los espíritus malignos tienen poder, porque ellos no atacan al alma pura, la cual no tiene afinidad con ellos". (*De abstinentia ab esu animalium*) Los líderes de la iglesia protestaban agriamente contra Porfirio y sus puntos de vista, los cuales ellos consideraban como herejía. No solo Porfirio predicaba la pureza de vida sino que la vivía también, de modo que los líderes religiosos pensaron que quizás era mejor dejarlo tranquilo.

Poseidonis (gr.) El último remanente del que fue el gran continente de la Atlántida. De acuerdo a fuentes esotéricas, se hundió en el 9,564 a.C.

prakriti o **prakṛti** प्रकृति La naturaleza o materia, en contraposición a puruṣa o espíritu. Juntos puruṣa y prakṛti forman la fase primera de cada manvantara. De acuerdo a *La Doctrina Secreta*, ambos son "dos aspectos primarios de la Deidad Única Desconocida".

pralaya प्रलय Período de inactividad u oscurecimiento, ya bien sea planetario o cósmico. Es lo contrario a un manvantara. Tal y como un manvantara corresponde al período de vigilia activa de una persona, de esa misma forma pralaya corresponde a la etapa de sueño o descanso durante la noche.

prāṇa प्राण El principio vital o soplo de vida, aquello que imparte "vida" a una forma. Es la manifestación de fohat en un nivel más individual. El prāṇa es comparable al qi o chi de los chinos.

praṇava प्रणव El nombre del símbolo utilizado para Om.

prāṇāyāma प्राणायाम Ejercicios yoga de respiración. Son más poderosos de lo que uno pueda pensar, y deben practicarse únicamente bajo la supervisión de un instructor competente.

psicología La ciencia de la mente y personalidad humana. Ha logrado grandes avances en el último siglo. Los estudios esotéricos siempre han hecho énfasis en la necesidad de entender la psicología humana y, mediante este entendimiento, lograr dominar a la naturaleza inferior. Esto le permite al Yo Superior el utilizar la personalidad como un instrumento para ayudar a la evolución espiritual del mundo. Este es un aspecto que irá adquiriendo más ímpetu dentro de la psicología esotérica en las décadas venideras.

psicometría (gr.) Forma de percepción extrasensorial que utiliza el contacto físico con un objeto y su campo energético para ver cosas que han afectado a dicho objeto.

psique La mente inferior, más específicamente el kāma-manas, en contraposición a nous o buddhi-manas.

psíquico Relativo a la clarividencia astral y la médiumnidad. Los fenómenos psíquicos pertenecen al campo o esfera astral-emocional. Aquellas personas que están adiestradas en las técnicas para percibir vibraciones en los planos de conciencia más elevados mientras están todavía en el plano físico, se les llama videntes.

pūjā पूजा El culto a, o la ofrenda a , un ser divino o a una persona reverenciada. Adoración.

puruṣa पुरुष El Espíritu que permea el universo. El aspecto espiritual primario de primera manifestación, en contraposición a prakṛti. El "Yo Espiritual".

rabino En sus orígenes este término significaba maestro o instructor de los Misterios Sagrados. Más tarde, todo miembro varón de la tribu de Levi era considerado un rabino.

rāja राज Un príncipe o rey. Mahārāja महाराज denota un rāja de posición elevada.

rāja yoga राज योग El sistema para desarrollar contacto con el alma y videncia mediante la práctica de la meditación y el control del pensamiento, tal y como enseñó Patañjali en los yoga sūtras.

rajas रजस् Una de las tres guṇas. Es responsable por la acción, la energía y la preservación.

Religión de la Sabiduría El corazón de todas las religiones y filosofías del mundo que ansían la verdad. La teosofía se basa en esta Religión de la Sabiduría.

reencarnación En sus orígenes, este término tenía un significado más limitado (ver metempsicosis), pero hoy día significa la creación de una serie de personalidades que tienen una experiencia de vida en el mundo físico. Solamente la esencia de cada vida es lo que el Yo Superior retiene y constituye la base, junto con todo el karma residual, para la siguiente encarnación. El que el alma se revistiera de carne sucesivamente era una creencia universal entre muchas culturas antiguas.

Rig Veda o **Ṛg Veda** ऋग्वेद Una colección de los himnos védicos sánscritos sagrados antiguos. Es primordial entre los cuatro Vedas.

rūpa रूप Cuerpo o forma, lo contrario a arūpa. Incluye no solo las formas físicas, sino también aquellas en los niveles astral y mental inferior del ser.

sabiduría La habilidad de extrapolar conceptos nuevos del conocimiento actual y, más específicamente, aplicar tal conocimiento en maneras que eleven la conciencia. La sabiduría es el uso inteligente del conocimiento para adelantar el plan de evolución.

sabiduría antigua El bodhidharma de los Brahmanes, la cábala de los judíos, el Tao de los chinos y la Prisca Theologia de los cristianos. Es el corazón de cada gran religión. Las enseñanzas son las mismas a través de los eones, únicamente cambian los métodos de enseñanza, siempre adaptándolos para que sirvan a los representantes más elevados del desarrollo espiritual humano de la época.

salamandra El nombre rosacruz para los elementales del fuego. El nombre en sánscrito es muy similar, salamandala सलमण्डल.

salvación El logro del nivel máximo de conciencia que se espera de la humanidad. Una persona que es salva se libera del ciclo de muerte y renacimiento y reencarnará solamente si así lo decide para ayudar a su prójimo.

samādhi समाधि Un estado de dicha absoluta. Porfirio se refirió a esto como "éxtasis sublime, en cuyo estado se nos revelan las cosas divinas y los misterios de la naturaleza". Es la meta del rāja yoga y el lograr esto es el distintivo de alguien que ha dominado la naturaleza inferior.

Sanāt Kumāra सनात् कुमार El principal de los siete Kumāras, regentes de nuestro planeta, y uno de los títulos que ostenta el Señor del Mundo, nuestro Logos Planetario.

saṅgha o **saṃgha** सङ्घ Una comunidad o asociación de monjes o monjas budistas. También puede significar un grupo de seguidores laicos que se reúnen para meditar o para la enseñanza espiritual.

Śaṅkarācārya शङ्कराचार्य Un gran reformista religioso en la India. Nació en el 788 d.C. y Adwaitees lo considera como una encarnación de Śiva.

sannyāsī o **samnyāsin** संन्यासिन् Uno que ha renunciado a todo lo mundano y se ha dedicado a la meditación y la contemplación. En tiempos anteriores esta persona se hubiera retirado en soledad a una jungla o a la cima de una montaña, pero se espera del sannyāsin moderno que "esté en el mundo pero que no sea del mundo".

sánscrito o **Saṃskṛtam** संस्कृतम् Una lengua clásica de la India, utilizada originalmente por los Brahmanes iniciados. Era una lengua misteriosa por la secretividad que la rodeaba.

santería Sistema de creencias traído al Nuevo Mundo por los esclavos que se importaron para trabajar en las plantaciones azucareras en el Caribe. Sus prácticas incluyen el entrar en una condición de trance para comunicarse con ancestros muertos y con deidades, el sacrificio de animales y el toque de tambores ceremoniales que inducen al trance.

santo de los santos Sanctasanctórum o lugar sagrado interno de muchos templos de la antigüedad. Era una característica predominante en los templos asirios, egipcios e hindúes. Normalmente se permitía entrar a él solamente a los máximos sacerdotes e iniciados.

Sat सत् Lo inefable, el Absoluto, aquello sobre lo cual nada puede decirse. Es algo que resulta incomprensible, indefinible, indescriptible, inconcebible e indivisible. "Condición de Ser" (*Be-ness* en inglés) es un término que se ha acuñado para sugerir el potencial de ser que se le atribuye a Sat, pero aun este término no es preciso.

sattva सत्त्व La esencia o naturaleza innata de algo. Es el más depurado de los tres guṇas.

Sello de Salomón o **Estrella de David** El símbolo antiguo del triángulo doble entrelazado también se usa en la India, donde representa el "Signo de Visnú". El triángulo que apunta hacia arriba significa el Espíritu y el fuego divino, mientras que el triángulo que apunta hacia abajo significa la materia o el principio femenino. Los triángulos entrelazados son un símbolo apropiado para la involución y la evolución, el sendero del Hijo Pródigo.

senzar Lengua sacerdotal secreta conocida solamente por los Adeptos iniciados del mundo. Las Estancias de Dzyan fueron escritas en senzar.

Shaddai o **El Shaddai** (heb.) El nombre de la deidad suprema hebrea. Aparece en los libros bíblicos de Génesis, Éxodo, Números, Ruth y Job. Se traduce usualmente como Dios Todopoderoso.

shakti o **śakti** शक्ति Las fuerzas dinámicas creativas femeninas que se mueven a través del universo. Ver también kundalini śakti.

shatsampatti पट्संपत्ति El desarrollo de seis virtudes en el jñāna yoga, las cuales consisten de: sama (control de la mente), dama (control de los sentidos), uparati (renunciación de las actividades que no constituyan deberes), titiksha (tolerancia y paciencia), śraddhā (fe) y samadhāna (concentración perfecta).

siddhi सिद्धि Poder o destreza especial que desarrolla uno que se dedique a ciertas prácticas de yoga. El yogui verdadero nunca exhibe sus poderes a manera de impresionar o entretener a otras personas.

simbolismo La expresión de una idea o un concepto en forma gráfica. La escritura antigua no tenía letras individuales sino más bien ideogramas o pictogramas, con un símbolo representando una palabra o una frase completa. La lengua china y otras lenguas asiáticas descienden de estos lenguajes que utilizaban símbolos de esta manera.

skandha स्कन्ध Significa literalmente un mazo o grupo de cinco deseos por: la forma, la sensación, la percepción, los procesos mentales y la conciencia. Luego de la muerte, después de que toda la energía astral-mental haya sido descargada en el kama-loka y toda la energía mental superior en el devachan, estos deseos se hacen valer y causan que una persona reencarne. Esto no debe confundirse con el karma que se retoma al comienzo de una encarnación nueva.

śloka श्लोक   Metro clásico sánscrito formado por treinta y dos sílabas, tanto en cuatro versos de ocho sílabas o dos versos de dieciséis sílabas.

sofía (gr.)   Sabiduría, Mente Universal, el Logos femenino de los gnósticos.

soma   Nombre para la luna. También significa una bebida hecha con la planta sagrada soma y utilizada en los templos con propósitos de entrar en trance.

sthūla śarīra स्थूल शरीर   El cuerpo físico material.

sufismo   Una secta mística en Persia (Irán en la actualidad). Esta secta reclama tener la doctrina esotérica del Islam verdadero y enseña el respeto y la tolerancia hacia todas las religiones. Para los sufís hay cuatro etapas de iniciación, la última de las cuales lleva al éxtasis o samādhi.

superstición   Práctica o creencia que no está basada en una razón lógica. A menudo la creencia está basada en pensamientos tradicionales o en dogmas religiosos autoritarios. Los estudiantes de filosofía de la Nueva Era están tan propensos a la superstición como lo están los que adoptan creencias más tradicionales.

Sūryadeva सूर्यदेव   El sol adorado como un dios, la Deidad Solar de los Vedas. El hijo de Aditi (espacio), quien es la madre de los dioses, y esposo de Sarijnā, la conciencia espiritual. El sol físico que vemos es solamente una fracción y un símbolo incomprensible del Logos Solar, el regente espiritual de nuestro sistema solar.

sushupti o **suṣupti** सुषुप्ति   Un dormir profundo sin soñar. Inconciencia.

sūtra सूत्र   Significa hilo o filamento en sánscrito, cualquier cosa sobre la cual otras se puedan acordonar. En filosofía este término significa una colección de aforismos o enseñanzas en forma de manual.

svapna स्वप्न   Seminconsciencia. El estado de conciencia prevaleciente durante el sueño o bajo hipnosis.

svāstika स्वास्तिक   Símbolo antiguo de una cruz de cuatro brazos. Puede encontrarse en numerosos lugares en la India y en organizaciones esotéricas. Cuando aparece con sus brazos rotando en contra de las manecillas del reloj es símbolo de involución, y cuando la rotación es a favor de las manecillas del reloj simboliza la evolución. Resulta desafortunado el que Hitler la haya escogido como un símbolo de su régimen represivo y asesino, toda vez que la svāstika nunca se había utilizado de esa manera anteriormente.

talismán Vocablo proveniente de la palabra arábica tilsam que significa literalmente "imagen mágica". Es un objeto de piedra, metal o madera permeado, para un propósito en particular, con una energía específica por alguien con conocimiento esotérico, comúnmente para ofrecer protección o brindar sanación. Sin embargo, su poder principal existe debido a la fe de quien lo posee, la cual magnifica por mucho la energía original impartida por quien fabricó el objeto.

tamas तमस् Oscuridad, ignorancia, inercia, muerte. Es uno de los tres guṇas. La vida tamásica es una marcada por la indolencia, excusas, falta de ambición y el estarse quejando. Vivir de esta forma implica el ignorar el funcionamiento de la ley del karma.

taṇhā (Pāli) El hambre por la vida o deseo por una existencia sensible. Equivale a skandha. El Buddha identifica al taṇhā como la causa principal del dolor y el sufrimiento.

Tantra तन्त्र Prácticas místicas que trabajan específicamente con la potencia creativa femenina o śakti. En sus formas más bajas, se convierte en magia negra comprendiendo rituales sexuales. Las prácticas originales del Tantra se desarrollaron en la India medieval y eran de naturaleza espiritual.

Tao La filosofía del sabio chino Lao-Tzu. El vocablo chino significa "el camino o el sendero". Es una filosofía metafísica que tiene como uno de sus principales objetivos el convertirse en El Sendero. Muchos de los principios de la religión taoísta fueron incorporados luego al confucianismo, al chán y al budismo zen, en donde representa el orden natural del universo y la esencia primaria de la naturaleza. El Tao incluye el reconocimiento del Absoluto.

Tathāgata तथागत Un nombre para los Nirmāṇakāyas que se utiliza con frecuencia como un título reverencial para el Señor Buddha. Con frecuencia Gautama Buddha usaba este término cuando él se refería a sí mismo. El término significa tanto a uno que ha ido como a uno que ha venido, lo que resulta apropiado para describir a alguien que, confrontado con la alternativa de entrar a la dicha eterna o renunciar a ella y regresar para ayudar a sus compañeros viajantes, se decide por esto último.

tattva तत्त्व Esencia o estado verdadero. Se utiliza generalmente para referirse a la naturaleza esencial de las diversas deidades o ideales.

tau Ver crux ansada.

taumaturgia El ejecutar maravillas o "milagros". Otra palabra para magia. "Trabajo divino" en griego.

teodicea Un derecho divino o privilegio de un dios omnisciente, omnipresente, omnipotente y amoroso de infligir dolor y sufrimiento a personas que parecen ser inocentes. El término también se utiliza en el sentido de ser una justificación o defensa formal de la Divinidad.

teosofía Vocablo derivado del griego *theosophia*, que quiere decir "Sabiduría Divina". Es la base de todas las religiones y filosofías del mundo. En la práctica la teosofía es ética pura y divina.

Titanes (gr.) En la mitología griega, eran los gigantes de origen divino que hicieron la guerra contra los dioses y que fueron destronados por una raza de dioses más jóvenes. Representan a los primeros humanos los cuales tenían una forma que todavía no era física por completo.

tríada espiritual Ver ātma-buddhi-manas.

trinidad En las religiones antiguas existen varias trinidades, incluyendo a Brahmā-Visnú-Śiva y Osiris-Isis-Horus. Estas eran trinidades de padre-madre-hijo. Atanasio, líder de la iglesia que definió la trinidad cristiana como dogma, cambió ligeramente el concepto de trinidad a Padre-Hijo-Espíritu Santo. El Espíritu Santo tiene un aspecto femenino que es distinguible y, en los escritos gnósticos, Jesús se refería al Espíritu Santo como su madre.

Tulku (tib.) En el budismo tibetano este término se aplica a los líderes espirituales avanzados, quienes son capaces de determinar la manera y circunstancias de su próxima encarnación, la cual ocurre muy poco tiempo después de su muerte. El Dalai Lama y el Panchen Lama son los dos ejemplos que mejor se conocen acerca de este fenómeno, pero existen aproximadamente dos mil personas a las cuales les aplica esto.

turya तुर्य Superconsciencia. La conciencia que se experimenta durante una meditación profunda.

Upanishads उपनिषद् Colección de escrituras sagradas del brahmanismo. Es de los Upanishads, los cuales son reflejos de la primigenia Religión de la Sabiduría, que se desarrolla la filosofía Vedānta. El número de tratados que se aceptan como parte de los Upanishads asciende a cerca de 150, cubriendo materias tales como el origen del universo, el Absoluto, las relaciones primitivas y actuales del Espíritu con la materia, la universalidad de la mente y la naturaleza del alma humana.

vāch वाच् La personificación mística de la comunicación verbal, la "Palabra" en el Evangelio de San Juan. En un sentido es la fuerza creadora y en otro el "poder del Espíritu Santo" o las "lenguas de fuego" que inspiraron a los profetas.

vairāgya वैराग्य Indiferencia al placer o al dolor. Ecuanimidad. Es una cualidad esencial para el crecimiento espiritual e incluye tanto la no reacción como el desapego.

Vedānta वेदान्त La sabiduría esotérica de los Upanishads. Se desarrolló, mediante el esfuerzo de generaciones de sabios, en una filosofía que interpreta las enseñanzas sagradas contenidas en los Upanishads.

Vedas वेद El conjunto de textos sagrados del hinduismo.

vidente Aquel que puede ver, por medio de una visión espiritual interna, en los campos o esferas más elevados que los planos astral o mental inferior. Esta habilidad se adquiere a un costo de varias vidas utilizando todos los recursos disponibles para alcanzarla, y está en contraposición al psiquismo bajo o clarividencia astral.

vidyā विद्या Conocimiento y, más específicamente, las ciencias ocultas, gupta vidyā o conocimiento oculto.

Visnú विष्णु La segunda persona de la trinidad hindú. El vocablo proviene de una raíz sánscrita, *vish*, que quiere decir permear. En el Rig Veda, Visnú no es uno de los dioses mayores, pero en escrituras subsiguientes se le confiere el rango superior de Preservador.

viveka विवेक Discernimiento. La habilidad de distinguir entre lo que es real y lo que es irreal, entre lo que es de ayuda al aspirante y lo que no lo es.

Voluntad El primero de todos los poderes. En la filosofía esotérica la Voluntad es aquello que crea y gobierna los universos manifestados durante un manvantara, a lo que a veces se le refiere como la Voluntad Divina. Es propiedad de todos los seres espirituales y se manifiesta con mayor fortaleza conforme estos se van liberando de la materia. Paracelso enseñaba que "la voluntad determinada es el principio de todas las operaciones de magia". La forma más baja de manifestación de la Voluntad es el deseo sexual, y una mucho mayor manifestación es la que crea sistemas solares y universos.

Yo Escrito con una ye mayúscula denota el Yo Superior o alma, cuya existencia se encuentra en los niveles más elevados del plano mental. Si se escribe con una ye minúscula, se refiere entonces al yo inferior o personalidad, compuesta por los vehículos físico, astral-emocional y mental inferior.

Yo Superior El término es aplicado por lo general a la Tríada Divina, o sea al ātma-buddhi-manas, pero en algunas ocasiones se utiliza para referirse solamente al ātma. El Yo Superior se denomina así para diferenciarlo del yo inferior o personalidad, la cual la compone el cuerpo físico, el vehículo astral-emocional y el vehículo mental inferior.

yoga योग Escuela de filosofía fundada por Patañjali, aun cuando su tratado está fundamentado en escritos anteriores a él. Las prácticas de meditación del rāja yoga conducen al contacto con el alma, al control de la mente y eventualmente al desarrollo de la videncia.

yoni योनि Un símbolo de la polaridad femenina de la fuerza creadora.

yuga युग Una época o era consistente de cuatro edades denominadas satya yuga, treta yuga, dvapara yuga y kali yuga.

Zaratustra o Zoroastro El gran instructor y legislador, fundador de la religión zoroastriana, aquella de los Parsis en la India. Zoroastro no fue un individuo sino una serie de grandes instructores, tanto como trece según algunas fuentes. Muchos de sus textos sagrados fueron destruidos por Alejandro Magno.

Zen Una escuela budista que se originó en China en el siglo 6 d.C. Se diseminó primero a Vietnam y luego a Corea y Japón. El Zen se enfoca en alcanzar la iluminación mediante la meditación y mediante la aplicación práctica del conocimiento espiritual.

Zend Avesta El nombre general para las escrituras sagradas de los Parsis o Zoroastrianos. Zend significa comentario o explicación, mientras que vesta significa la ley.

Zeus El "Padre de los dioses" en la mitología griega. Es el mismo que Júpiter en la mitología romana.

BIBLIOGRAFÍA

A Brahmin. *Some Thoughts on the Gita.* Talent, OR: Eastern School Press, 1983.

Algeo, John. *Theosophy: An Introductory Study Course.* 4th ed. Wheaton, IL: The Theosophical Society in America, 2007.

Arnold, Sir Edwin. *The Light of Asia.* Philadelphia: Henry Altemus Company, 1899.

Autobiography of Alfred Percy Sinnett. London: Theosophical History Centre, 1986.

Bailey, Alice A. *A Treatise on Cosmic Fire.* New York: Lucis Publishing Company, 1962.

-------. *A Treatise on White Magic.* New York: Lucis Publishing Company, 1934.

-------. *Discipleship in the New Age, Volume One.* New York: Lucis Publishing Company, 1944.

-------. *Discipleship in the New Age, Volume Two.* New York: Lucis Publishing Company, 1955.

-------. *Esoteric Astrology.* New York: Lucis Publishing Company, 1951.

-------. *From Intellect to Intuition.* New York: Lucis Publishing Company, 1932.

-------. *Glamour: A World Problem.* New York: Lucis Publishing Company, 1950.

-------. *Initiation, Human and Solar.* New York: Lucis Publishing Company, 1951.

-------. *Reappearance of the Christ.* New York: Lucis Publishing Company, 1948.

-------. *Telepathy.* New York: Lucis Publishing Company, 1950.

-------. *The Externalisation of the Hierarchy.* New York: Lucis Publishing Company, 1957.

-------. *The Light of the Soul.* New York: Lucis Publishing Company, 1955.

-------. *The Soul and Its Mechanism.* New York: Lucis Publishing Company, 1965.

Barborka, Geoffrey A. *The Divine Plan: Written in the Form of a Commentary on H.P. Blavatsky's Secret Doctrine.* 2nd revised. ed.

Adyar, Chennai, India: The Theosophical Publishing House, 1964.

-------. *The Mahatmas and their Letters.* Adyar, Chennai, India: The Theosophical Publishing House, 1973.

-------. *The Story of Human Evolution.* Adyar, Chennai, India: The Theosophical Publishing House, 1980.

Besant, Annie. *A Study in Consciousness.* Adyar, Chennai, India: The Theosophical Publishing House, 1938.

-------. *Thought Power: Its Control and Culture.* Wheaton, IL: The Theosophical Publishing House, 1995.

Besant, Annie and Charles Webster Leadbeater. *Man: Whence, How and Whither.* Adyar, Chennai, India: The Theosophical Publishing House, 1913.

-------. *Thought Forms.* Adyar, Chennai, India: The Theosophical Publishing House, 1901.

Blavatsky, Helena Petrovna. *The Key to Theosophy.* London: The Theosophy Company Ltd, 1889.

-------. *The Secret Doctrine: Volumes I and II—A Facsimile of the Original Edition of 1888.* Los Angeles: The Theosophy Company, 1964.

-------. *Theosophical Glossary.* Los Angeles: The Theosophy Company, 1973.

-------. *Transactions of the Blavatsky Lodge: Discussions on the Stanzas of the First Volume of The Secret Doctrine.* Pasadena, CA: Theosophical University Press, 1946.

Bulwer-Lytton, Edward. *Zanoni.* London: George Rout-ledge & Sons, 1901.

Codd, Clara M. *Meditation: It's Practice and Results.* Adyar, Chennai, India: The Theosophical Publishing House, 1952.

Collins, Mabel. *The Idyll of the White Lotus.* New York: The Metaphysical Publishing Co., 1900.

Cranston, Sylvia. *HPB: The Extraordinary Life and Influence of Helena Blavatsky, Founder of the Modern Theosophical Movement.* New York: G.P. Putnam's Sons, 1993.

Das, Bhagavan. *The Science of the Emotions.* 3rd ed. Adyar, Chennai, India: Theosophical Publishing House, 1924.

Eek, Sven. *Damodar and the Pioneers of the Theosophical Movement.* Adyar, Madras, India: The Theosophical Publishing House, 1978.

Farthing, G.A. *After Death Consciousness and Processes.* San Diego, CA: Point Loma Publications, 1993.

Five Years of Theosophy: Mystical, Philosophical, Theosophical, Historical and Scientific Essays Selected from "The Theosophist." London: Reeves and Turner, 1885.

Gawain, Shakti. *Creative Visualization: Use the Power of Your Imagination to Create What You Want in Life.* Novato, CA: New World Library, 1995.

Guirdham, Arthur. *The Cathars and Reincarnation: The Record of a Past Life in Thirteenth-Century France.* Welling-borough, Northamptonshire, England: Turnstone Press Limited, 1970.

H.P. Blavatsky to the American Conventions. Pasadena, CA: Theosophical University Press, 1979.

Haich, Elisabeth. *Sexual Energy and Yoga.* New York: Aurora Press, 1982.

Hall, Manly P. *The Secret Teachings of All Ages: An Encyclopedic Outline of Masonic, Hermetic, Qabbalistic and Rosicrucian Symbolical Philosophy.* Los Angeles: The Philosophical Research Society, 1975.

———. *Twelve World Teachers: A Summary of Their Lives and Teachings.* 3rd ed. revised. Los Angeles: Philosophical Research Society, 1973.

Hanson, Virginia. *Masters and Men: The Human Story in the Mahatma Letters: A Fictionalized Account.* Wheaton, IL: The Theosophical Publishing House, 1980.

Harrison, Vernon. *H.P. Blavatsky and the SPR: An Examination of the Hodgson Report of 1885.* Pasadena, California: Theosophical University Press, 1997.

Hints on Esoteric Theosophy. Varanasi, India: Theosophical Publishing Society, 1909.

Hodson, Geoffrey. *Reincarnation: Fact or Fallacy?* Wheaton, IL: The Theosophical Publishing House, 1967.

———. *The Brotherhood of Angels and of Men.* London: The Theosophical Publishing House, 1927.

———. *The Yogic Ascent to Spiritual Heights.* Manila: Stellar Books, 1991.

Incidents in the Life of Madame Blavatsky: Compiled from Information Supplied by Her Relatives and Friends, Alfred P. Sinnett, Editor. London: George Redway, 1886.

Jayakar, Pupul. *Krishnamurti.* New York: Harper and Row, 1986.

Leadbeater, Charles Webster. *Dreams.* 4th ed. Adyar, Chennai, India: The Theosophical Publishing House, 1918.

--------. *Man Visible and Invisible.* Adyar, Chennai, India: The Theosophical Publishing House, 1925.

--------. *The Astral Plane.* Adyar, Chennai, India: The Theosophical Publishing House, 1933.

--------. *The Chakras.* Adyar, Chennai, India: The Theosophical Publishing House, 1927.

--------. *The Hidden Side of Things.* Adyar, Chennai, India: The Theosophical Publishing House, 1913.

--------. *The Masters and the Path.* Chicago: The Theosophical Press, 1925.

--------. *The Monad and Other Essays upon the Higher Consciousness.* Adyar, Chennai, India: The Theosophical Publishing House, 1920.

Letters from the Masters of Wisdom, First Series. 3rd ed. (Transcribed and compiled by C. Jinarajadasa). Adyar, Chennai, India: The Theosophical Publishing House, 1945.

Letters from the Masters of the Wisdom, Second Series. (C. Jinarajadasa, editor). Chicago: The Theosophical Press, 1926.

Lévi, Eliphas. *Dogme et Rituel de la Haute Magie.* (two volumes). Paris: Editions Niclaus, 1947.

Light on the Path. (written down by M.C.) Philadelphia: David McKay Company, 1885.

Lutyens, Lady Emily. *Candles in the Sun: The Story of a Spiritual Ferment.* Philadelphia: J.B. Lippincott Company, 1957.

Māvalankar, Dāmodar K. *The Service of Humanity.* Santa Barbara, CA: Concord Grove Press, 1985.

Mills, Joy. *Reflections on an Ageless Wisdom.* Wheaton, IL: The Theosophical Publishing House, 2010.

Morehouse, David. *Remote Viewing: The Complete User's Manual for Coordinate Remote Viewing.* Boulder, CO: Sounds True, 2011.

Pagels, Elaine. *The Gnostic Gospels.* New York: Random House, 1979.

Ponder on This: A Compilation. New York: Lucis Publishing Company, 1971.

Psychiatry and Mysticism. Stanley R. Dean, editor. Chicago: Nelson-Hall, 1975.

Ruiz, Don Miguel and Don José Ruiz. *The Fifth Agreement: A Toltec Wisdom Book.* San Rafael, CA: Amber-Allen Publishing, Inc., 2010.

Sender, Pablo D. *Las Siete Dimensiones del Ser.* Argentina: Editorial Teosófica en Español, 2011.

Sinnett, Alfred P. *Esoteric Buddhism.* (revised). London: The Theosophical Publishing House Ltd, 1972.

———. *The Occult World,* 9th edition. London: Theosophical Publishing House London Ltd, 1969.

Stevenson, Ian. *Twenty Cases Suggestive of Reincarnation.* New York: American Society for Psychical Research, 1966.

Taimni, I.K. *Gāyatrī: The Daily Religious Practice of the Hindus.* Adyar, Chennai, India: The Theosophical Publishing House, 1978.

———. *The Science of Yoga: The Yoga-Sūtras of Patanjali in Sanskrit with Transliteration in Roman, Translation and Commentary in English.* Adyar, Chennai, India: The Theosophical Publishing House, 1961.

The Bhagavad Gita: Introduced & Translated by Eknath Easwaran. 2nd ed. Tomales, CA: Nilgiri Press, 2007.

The Mahatma Letters to A.P. Sinnett from the Mahatmas M. & K.H. Transcribed and Compiled by A.T. Barker, arranged and edited by Vicente Hao Chin, Jr. Adyar, Chennai, India: The Theosophical Publishing House, 1998.

The Voice of the Silence. (translated and annotated by H.P. Blavatsky). Wheaton, IL: The Theosophical Publishing House, 1992.

Tolle, Eckhart. *A New Earth: Awakening to Your Life's Purpose.* New York: The Penguin Group, 2005.

———. *The Power of Now: A Guide to Spiritual Enlightenment.* Novato, CA: New World Library, 1997.

Wood, Ernest. *The Occult Training of the Hindus.* 2nd ed. Adyar, Chennai, India: Ganesh & Company, 1952.

Yogi Ramacharaka. *The Spirit of the Upanishads.* Chicago: The Yogi Publication Society, 1907.

ÍNDICE

En negrita indica diagramas

A

Abrahám, religiones de, 197
Absoluto, 36-37, 66, 81, 117
Adán, 98, 108, 287
adicciones
  a relaciones de maltrato, 249-250
  al drama, 271-274
  a la preocupación, 266
Adeptos. Ver *también* Mahātmas; Jerarquía Espiritual
  mensajes de, 79
  en cuerpos físicos, 80
  buscando ayudantes, 86
  falsedades y, 291
afirmaciones, 187, 303-305
ahora eterno, 154, 165-180
alcohol, 75, 204, 278, 303, 307
alma. Ver *también* Yo Superior
  como emanación de espíritu, 151
  como puente, 91, 206, 161-162
  como Yo Superior, 44, 55
  en el reino de la mente superior, 41
  frecuencia vibratoria de, 43
  humana *versus* animal, 46
  lucha con la personalidad, 47, 90-91, 225
  naturaleza del, 23-26, 42-49
  no es terna, 44, 57, 148
  no tiene sexo, 286
  "perder al alma", 64
almas gemelas, 255-257
altruismo, 185
amor, 247-249, 251-254
ángeles, y la muerte, 63
animales
  almas de, 46
  domesticados, 15
  ego personal en, 11, 46
  instintos y, 12-14, 16, 115, 182
  mal y, 115
  naturaleza de, 13
antahkarana, 206
Apocalipsis, 92
aprendizaje, 94-95, 122, 155-158
árbol, conectarse con, 213-214
arca de Noé, 110
arcángeles, 79
Arnold, Edwin, 37
Arquitecto Divino, 118-122
arupa manas (mente superior), 40, 42
aspirantes, 81
atención, 271
Atlante, período, 107-114
ātma
  como aliento, 253
  como distinto al alma, 55
  como Espíritu, 29
  evolución y, 13
  Mónada y, 44
  mora internamente, 120
atracción, ley de, 297-300
ausencia de deseos, 131, 244
autoexamen, 83
autohipnosis, 203-204
avatares, 231
ayuno, 306-308

B

Bailey, Alice, 165, 304

bardo, 59
bellota, 152
Besant, Annie, 314
Bhagavad Gītā, 47, 51, 91
bhakti yoga, 200
Biblia, 71, 108
Blavatsky, Helena Petrovna, v, 275
Bodhisattvas, 117
brahmanismo, 197
Brhadaranyakopanishad, 3, 19
budismo, 197
Buddhas y budeidad, 26, 195
buddhi (intuición), 26, 39, 76, 195
buddhi-manas, 39, 48, 228
Bulwer-Lytton, Edward, 120

C
Cábala, 13, 197
caminata por la naturaleza, 215-217
carillón, 203
castigos, 129
catástrofes, 109-111
canalización, 81, 173
carácter, desarrollo de,
  contactar al alma y, 45
  rasgos de, 281
centro ājñā, 198
cerebro, 40, 165, 182
centro de mi universo, ejercicio, 212
chakra del corazón, 265
chakras, 198
chispas divinas, 150-151, 259
Chohans, 117
cíclopes, 105-106
ciclos de siete años, 163
ciclos de vida, 149-163

ciclos de vida humana
  primeros veinticinco años, 155-157
  segundos veinticinco años, 157-159
  terceros veinticinco años, 159-162
ciencia, 95, 106
ciencia espiritual, 95, 288
clarividencia, 173, 240, 244
cocreadores, 37, 47, 72
codependencia, 249, 255, 270
comer, 268-303
compasión, 301, 310-311
comunicar telepáticamente, 290
conciencia, 182-183
  animal *versus* humana, 14
  durante el sueño, 204-204
  durante los primeros años, 155
  estados de, **30**, **31**, 205-209
  exaltada, 38, 41-42, 205
  expansión de, 39–40
  evolución de, 15-17
  humana, 44, 46-47
  kāma-loka y, 63
  la muerte y, 208
  límites de, 289
  lograr experiencia y, 10, 71-72
  niveles de, 13, 28, **30**, **31**, 182-183
  realidad y, 81
conciencia crística, 230
conciencia elevada, 205-206
conocimiento, 27-28
consejería, 272
constitución, humana, 28, **31**
Constructor Divino, 48
contemplación, 27, 132, 184, 211, 309

control de emociones y pensamientos, 192, 195
1 Corintios, 39
  13:11, 149
Coué, Emile, 186
creencia, 34-35
Cristo, 230-231
cuerpo físico
  Adeptos que tienen, 80
  cambiar frecuencia de, 207
  cerebro y, 40
  división de sexos en, 287
  durante el sueño, 204
  edad espiritual y, 38
  ilusión de, 26
  muerte y, 55-56, 59
  seres avanzados y, 78-79
  versiones tempranas de, 287-288

D
Dalai Lama, 107, 266
dar, 309-310
demencia, 27
demonio personal, 121
desapego, 137, 244
"descanse en paz", 63
Descartes, René, 106
deseos
  como temporales, 175
  emocionales, 232
  hijo pródigo y, 4
  juguete mágico y, 19-22
despertares, 36-37, 63
devachan, 64-65, 68-70
devas, 78, 117
devoción, 200-201
diamantes, 8
diseño inteligente, 73
Dios
  concepto de, 103-105
  emociones sobre, 118-119
  maldad, sufrimiento y, 104
  naturaleza de, 103
  personal, 119-121
discernimiento, 81, 95, 243
discipulado, 83-88
Discipulado en la Nueva Era (Bailey), 165, 304
disfrutar, 73-74
domesticación de animales, 15
drama
  adicción al, 271-274
  de los otros, 264
  es temporal, 175

E
Eclesiastés, 60
edad espiritual, cuerpo físico y, 38
"efecto del observador", 123
ego personal
  en animales, 11-12
  honestidad y, 24-25
  nacionalidad y, 145-146
egoísmo, 93
Einstein, Albert, 27-229
electricidad, 198-199
elemental físico, 204
elogios, 135-142
emanación de espíritu, 17
emociones
  amor y felicidad, 247-249
  compuestas, 239
  control de, 60, 192, 195
  después de la muerte, 60
  frecuencia vibratoria de, 206-207
  gozo *versus* felicidad, 254-255
  kāma-manas y, 39

meditación y, 195
negativas, 206, 231
nivel de conciencia de, 48
orgullo, 270
pena y tristeza, 252-254
pensamientos y, 140, 233
poder de, 235-237
preocupación, 266-271
encarnaciones, 127, 153
energía
   campo de, 124-125
   después de la muerte, 62-63
   fluyendo de pensamientos, 181, 184
   ley de atracción y, 298
   negativa, 266, 280
enfermedad y preocupación, 268
enseñar, 158
espacio sagrado, 202-203
espiritismo, 242-243
espíritu, 25-26, **30**
espíritus de la naturaleza, 155
Espíritu Planetario, 117
estado ser, devachan es, 68
estrella de mar, 261-266
estudio como práctica espiritual, 190
ética, 294-297
Eva, 108-287
evolución
   adagio cabalístico y, 13
   de conciencia, 15-17
   espiritual, 286, 289
   física, 15-17
   humana, 106-107, 286-291
   vegetal, 8-9
exageración, 296
experiencia
   a través de varias formas, 71-72

del hijo pródigo, 3-6
después de una vida, 55
humana, 19-31
realidad de, 234-235
Yo Superior y, 64

F

familias, 143, 159
fe, 33-36
felicidad
   como temporal, 23
   gozo *versus*, 254-255
fenómenos astrales, 203
"fin justifica los medios", 294
formas, 13, 40, 48
formas de pensamiento, 139, 299
formas físicas, 13
fracaso, 72, 89, 277
fuerte intelecto, 92-98
futuro
   ciencia del, 106
   no existe, 177-180

G

Gautama Buddha, 26
Génesis, 98, 108
genio, 58
gerencia, 308-309
Gran Arquitecto, 149
glándula pineal, 105-106, 198
glándula pituitaria, 198
gong, 203
gozo *versus* felicidad, 254-255
gnosticismo, 197
gravedad, 295
grupos, pertenecer a, 142-143
grupos étnicos, 146-147
Guerra en los Cielos, 287
guías espiritistas, 239

H
hábito de preocupación, 268
hatha yoga, 197
Hijo Pródigo, 3-5, 150-152
hipnosis, 205
"hombres perfectos", 71
homosexualidad, 283-286
honestidad, 24, 291-293
humor, 87

I
identidad propia. Ver ego personal
iluminación
  como meta, 27
  enseñanzas religiosas y, 197
  expansión de conciencia y, 37-42
  nunca termina, 290
ilusión, 26-176
incienso, 202
inconsciencia, 204
infelicidad, 278
inframundo, 22-23
instintos
  de animales, 10, 13, 115, 133
  sexuales, 281
Instructor del Mundo, 231
intención, 305
interconexión, 13
interdependencia, 255
intuición, 183, 228
ira, 125
irrealidad, 81, 234-235

J
jāgrat, 204
Jardín del Edén, 108
Jefferson, Thomas, 105
Jerarquía Espiritual. Ver *también* Adeptos; Mahātmas
  como arquitectos, 149-180
  consciente de aspirantes, 276
  esfuerza especial de la, 45-47
  ganar un lugar en, 47
  guiando la humanidad, 109
  leyes de la naturaleza y, 11
  sacerdotes reyes y, 112
Jesús. Ver *también* Cristo
  crecimiento espiritual y, 10
  parábolas de, 47
  poder de pensamiento y, 124
  tentación de, 121
juguete mágico, 19-22, 228
juicio final, 64
juicios, 133-135, 171-173
justicia, 130-133
justificar, 297

K
kāma (deseo), 140
kāma-loka (reino de deseos), 61-63
kāma-manas, 39, 48, 140, 228
karma
  como ley de causa y efecto, 69, 123-130
  en reinos de la naturaleza, 16
  grupal, 142-148
  honestidad y, 295-296
  humanos y, 14
  padres y, 143
  países y, 145-146
  resultados de, 295-296
  tiempo de vivir y, 60
karma grupal, 142-148
karma yoga, 197
Krishnamurti, Jiddu, 41-42
kriyāśakti, 80, 99-101
kundalinī yoga, 198-202

L
laya yoga, 198
Leadbeater, Charles W., 304
Leda, 287
lemuriano, período, 107
lenguaje, 40-147
león, 233-282
Lévi, Eliphas, 33-276
ley de atracción, 297-300
ley de causa y efecto. Ver karma
leyendas, 105-107
leyes de la naturaleza, 9, 16, 35
libertad, 122
libre albedrío, 14, 108
Logos (Palabra), 99, 182
Logos Planetario, 117-118
Logos Solar, 117-118
Luz del Alma, La (Bailey), 181

M
Machado, Antonio, 310
Madre Teresa, 197
Maestros Ascendidos, 79
Maestros y el Sendero, Los (Leadbeater), 304
magia negra, 109,200
magia sexual, 200
Mahāchohans, 117
Mahātmas, 79-83. Ver *también* Adeptos; Jerarquía Espiritual
maldad, 103, 114-118
manas (mente), 27, 40, 140, 195
Manus, 117
mariposa, 6, 225-227, 245
materia, 25-26, 28, 30
Matrix, The (película), 106
māyā (ilusión), 176
medicación, 273
meditación
   como estado de ser, 191

   como práctica espiritual, 190-194
   efectos de, 190-193
   horario de, 302-303
   iluminación y, 197
   "mente tipo mono" y, 182, 193-195
   objetivo de, 181
   práctica de, 190, 211-212
   preparación para, 191
   samādhi y, 218
   seres avanzados y, 78
médiums, 173, 243
memoria
   como poco fiable, 167-170
   de vidas pasadas, 153-154, 171
mensajes de Adeptos, 80, 82
mensajes espirituales, 79-80
mente. Ver *también* manas
   control de, 140-141
   está evolucionando, 72
   existe a todos niveles, 182
   nivel del superior, 40-41
mente inferior, 182
mente superior, 40-41, 182
"mente tipo mono", 185, 193
"mentiras blancas", 293
migraciones, 6-7
Minority Report, The (película), 106
mariposa, 6, 225-227, 245
materia, 25-26, 28, 30
Matrix, The (película), 106
māyā (ilusión), 176
medicación, 273
meditación
   como estado de ser, 191
   como práctica espiritual, 190-194

efectos de, 190-193
horario de, 302-303
iluminación y, 197
"mente tipo mono" y, 182, 193-195
objetivo de, 181
práctica de, 190, 211-212
preparación para, 191
samādhi y, 218
seres avanzados y, 78
médiums, 173, 243
memoria
  como poco fiable, 167-170
  de vidas pasadas, 153-154, 171
mensajes de Adeptos, 80, 82
mensajes espirituales, 79-80
mente. Ver *también* manas
  control de, 140-141
  está evolucionando, 72
  existe a todos niveles, 182
  nivel del superior, 40-41
mente inferior, 182
mente superior, 40-41, 182
"mente tipo mono", 185, 193-194
"mentiras blancas", 293
migraciones, 6-7
Minority Report, The (película), 106

N
nacer, 143-144
nacionalidad, 144
naturaleza
  leyes de, 9, 11, 35, 113
  perfección en, 16
  reinos de, 7-11
  y el mal, 114-116
naturaleza divina, 120

naturaleza inferior, 120
niños, 155
Nirmānakāyas, 301-311
nirvāna, 311
nivel etérico, 106
no juzgar, 133, 202, 281
no reacción, 202, 244, 260-265, 293

O
Obea, 113
observaciones, 28
OM, 315
opiniones, 134, 138
oraciones, 186-187, 305
  de San Francisco, 304
orgullo, 270

P
Pablo (Apóstol), 23, 28, **30**
Padre Nuestro, 304-305
padres, 143
Palabra, 99
parábolas de Jesús, 47
paraíso, 253
pasado
  dejar ir al, 175
  no existe, 174
  recuerdos del, 165
Patañjali, 201, 204-206
patrones, 63, 149-150
paz, 132-133
pecado, 108, 288-290
pena, 251-253
pensamiento abstracto, 182
pensamiento concreto, 182
pensamientos
  como fuerza creativa, 99, 181, 184-185
  como patrón de energía, 184

concretos y abstractos, 182
control de, 184, 213
frecuencia y fuerza de, 185
ley de atracción y, 297-300
"mente tipo mono", 185, 193-195
negativos, 125-126, 185
poder del, 233-234
resultado de, 124-126
todos pueden leer mis, 223, 298
percepción, 169-174, 176
"perder al alma", 64
perfección, 16, 44, 59
período después de la muerte, 59, 63
períodos de silencio, 211, 302
personalidad
  después de la muerte, 56, 148
  y el alma, 206-209
  Yo Superior y, 55
  purificación de, 90
  el alma depende de, 143
  lucha con el alma, 47, 275
perspicacia, 94
plano/campo/esfera astral, 81, 194
  psíquicos y, 242-243
  relación al físico, 222
  frecuencia vibratoria de, 231
plano/campo/esfera búddhico, 183, 195, 228
plano/campo/ esfera mental, 182-183
planos de experiencia, 10
plantas, evolución de, 8-9
Platón, 110
plexo solar, chakra del, 265-266
poder, 116
  de emociones, 235-237

  del pensamiento, 233-234
poderes psíquicos, 200
portales, 311
Poseidonis, 110
prácticas espirituales, 190. Ver *también* meditación
  afirmaciones, 303-305
  árbol, conectarse con, 213-214
  ayunar, 306-308
  base de, 302
  caminata por la naturaleza, 215-217
  centro de mi universo, 212
  consistencia en, 302
  dar, 309-310
  diario en, 214-215
  gerencia y, 308-309
  movimiento ultralento, 217-218
  silencio y, 302
  todos pueden leer mis pensamientos, 223
  vegetarianismo, 306
  visualización, 218-221
pralaya (período de reposo), 183
Pranava-Vada, 44
predeterminación, 60
preocupación, 266-271
presente, 172, 197-198
probar leyes de la naturaleza, 35
progresión eterna, 44
Proverbios 4:18, 71
pruebas en el sendero espiritual, 276-277
psíquicos, 172, 178-179, 222-223, 241-242
pureza sin mancha, 89-91, 279
purificación, 90

R

rāja yoga, 195-196, 201
rayo (relámpago), 199
realidad
   Absoluto y, 66, 81, 176
   irrealidad y, 81, 234-235
   rehabilitación, 129
recordar vidas pasadas, 153
reencarnación
   como aprendizaje, 58-59
   el sueño recurrente y, 51-53
registros akáshicos, 170-172
reinos
   angélico, 78
   animal, 9-14, 72
   humano, 44
   mineral, 7-8
   vegetal, 8-9, 71-72
relaciones de maltrato, 249-251
relaciones familiares, 158
renunciación, 311
repetición, 186
responsabilidad, 14-15, 187, 278
resurrección, 55-56
retiro, 160
"retorno de Saturno", 163
riqueza, 115
roble (árbol), 152
rosa, 152
ruido, 188
"ruido blanco", 202

S

sabiduría, 27-28
sacerdotes-reyes, 107, 110, 112, 117
sacrificio, 80, 312
Salmos 119:34, 123
samādhi, 218
San Francisco, 76
Oración de, 162, 209, 304
San Pablo, 28, **30**
Santa Teresa de Ávila, 76
santería, 113
satanás, 119
"según es arriba es abajo," 149–153
semiconsciencia, 204-205
sendero/viaje espiritual
   experiencia en, 3-6
   co-viajeros, 313
   motivación y, 86
   sexo y, 279-286
   tres requisitos por, 88-98
   por los reinos de la naturaleza, 7-10
Señor del Mundo, 117
sensaciones, 8, 46
sensibilidad, desarrollo de, 213
ser uno con todo, 140
seres humanos
   avanzados, 76
   naturaleza animal y, 14, 280
   constitución de, 23, 28, 31
   naturaleza dual de, 120
   desarrollo temprano de, 106-114, 287-294
   meta de, 71-79
   guiados por la Jerarquía Espiritual, 107
   ciclos de vida de, 153-163
   desarrollo espiritual y, 75-76
servicio, como práctica espiritual, 190
sesiones espiritistas, 242-243
sexualidad, 283-291
Shiva, 163
Sinnett, A. P., 291
sistema inmunológico, 236
Sócrates, 82

sol, 118
sueños
  de noche, 183, 204
  del Hijo Pródigo, 5
  ilusión de, 26
  realidad de, 222
  recurrente, 51-53
sufismo, 197
sufrir, 104, 106, 278
sushupti (inconsciencia), 204
svapna (semiconsciencia), 204

T
tantra, 200
telepatía, 280
teodicea, 104
tercer ojo, 105-106
The Mahatma Letters to A. P Sinnett, 94
Thoreau, Henry David, 88
tiempo, como un solo punto, 174
Timaeus (Platón), 110
transformación, 7-8, 13, 35
tristeza, 252-254

V
vairāgya (ecuanimidad), 131, 243-244
valor indómito, 88-89
vegetarianismo, 306
vehículo explorador, 54
velas, 202
velo entre planos, 107, 195-196, 199
venganza, 125
verdad, 34-37
vibraciones y frecuencias vibratorias
  astral o emocional, 231
  de Krishnamurti, 41-42
  de la mente, 27, 40
  del cuerpo, 40
  elevándolas, 206
  las más elevadas, 26
  planos de experiencia y, 10
  purificación de, 89-90
  sensibilidad a, 74
vida eterna, 208-209
vida interior, 10, 15
vida, ¿justa o injusta?, 127
vida monástica, 76
vida no revisada, 82
violencia, 132-133
visión remota, 173
visiones, 183
visualización, 187, 218-221
viveka (discernimiento), 81-82, 243
"voz calmada y pequeña", 84
Voz del Silencio, La (Blavatsky), 275, 301
vudú, 113

Y
Yo. Ver alma
Yo Superior. Ver *también* alma
  alinearse con, 206-208
  meditación y, 173
  experiencia absorbida por, 64
  mensajes del, 81
  no es sexual, 279-280
  como el alma, 55
  lucha con la personalidad, 47, 91, 276
yoga (unión)
  bhakti, 200
  hatha, 197
  karma, 197
  kundalinī, 198-199

laya, 198
rāja, 195-196
yoga sūtras, 201

Z
Zanoni, 120
Zeus, 287

www.ingramcontent.com/pod-product-compliance
Lightning Source LLC
Chambersburg PA
CBHW021913180426
43198CB00035B/444